江苏人民教育家培养工程丛书（第三辑）

语文“生·动”课堂的追寻

YUWEN SHENG · DONG KETANG DE ZHUIXUN

张长松 著

江蘇鳳凰教育出版社
Phoenix Education Publishing, Ltd

图书在版编目(CIP)数据

语文“生·动”课堂的追寻/张长松著. —南京:江苏凤凰教育出版社,2022.11

(江苏人民教育家培养工程丛书.第三辑)

ISBN 978-7-5743-0187-0

Ⅰ.①语… Ⅱ.①张… Ⅲ.①语文课—课堂教学—教学研究—中小学 Ⅳ.①G633.302

中国版本图书馆CIP数据核字(2022)第218268号

江苏人民教育家培养工程丛书(第三辑)

书　　名	**语文“生·动”课堂的追寻**
作　　者	张长松
责任编辑	沈静明
出版发行	江苏凤凰教育出版社(南京市湖南路1号A楼　邮编210009)
苏教网址	http://www.1088.com.cn
照　　排	南京私书坊文化传播有限公司
印　　刷	南京顺和印刷有限责任公司
厂　　址	南京市江宁区麒麟街道天和路78号
开　　本	787毫米×1092毫米　1/16
印　　张	13.75
插　　页	2
版　　次	2022年11月第1版
印　　次	2022年11月第1次印刷
书　　号	ISBN 978-7-5743-0187-0
定　　价	39.00元
网店地址	http://jsfhjycbs.tmall.com
公 众 号	苏教服务(微信号:jsfhjyfw)
邮购电话	025-85406265,025-85400774
盗版举报	025-83658579

江苏人民教育家培养工程丛书（第三辑）编委会

总序 FOREWORD

为江苏未来教育家成长奠基

纵观世界教育史，每一次深刻的教育变革都离不开教育家的参与和推动。邓小平同志在1986年就提出“希望中国出现一大批三四十岁的优秀的科学家、教育家、文学家和其他各种专家”。2007年《国家教育事业发展“十一五”规划纲要》明确提出了“倡导教育家办学”的方针。《国家中长期教育改革和发展规划纲要(2010—2020年)》也明确提出，要创造有利条件，鼓励教师和校长在实践中大胆探索，创新教育思想、教育模式和教育方法，形成教学特色和办学风格，造就一批教育家，倡导教育家办学。

倡导教育家办学，要在扎根于民族文化土壤的同时，吸纳一切人类文明成果，形成具有本土特色和全球视野的教育实践和教育智慧。在我国源远流长的几千年文明发展进程中，不仅积淀了丰富的教育话语体系，而且涌现出一批又一批的优秀教育家。如，有被推崇为“大成至圣先师”“万世师表”的孔子，有“匹夫而为百世师，一言而为天下法”的韩愈，有“捧着一颗心来，不带半根草去”的人民教育家陶行知，等等。

江苏素有重教兴学的优良传统。明清两代全国202名状元中，有66人出自江苏，约占总数的三分之一。中华人民共和国成立以来，两院院士三分之一以上是江苏籍。“十一五”规划以来，江苏认真贯彻国家、省教育规划纲要，坚持把优先发展教育作为强省之基，把科教与人才强省作为经济社会发展的基础战略，扎实做好教育改革发展各项工作。为顺应发展要求，江苏在2009年启动实施“江苏人民教育家培养工程”，旨在通过培养一批具有教育家潜质的校长、教师，带动全省师资队伍建设，提高全省教育质量。工程启动和实施以来，得到了省内外同行的高度关注，《中国教育报》《人民教育》等权威教育媒体纷纷予以报道，给予了很多的支持和鼓励。在工程的带动下，全省基础教育人才队伍建设工作蓬勃开展，人才梯队不断优化，人才培养形成常态化。无锡的教育名家培养工程、常州和镇江的名师工作室、苏州的姑苏人才计划、南通和淮安的名师名校长培养工程、连云港的中小学高层次人才“333”工程、泰州的中小学卓越教师培养计划、扬州的领雁工程等都取得了良好成效，为江苏基础教育事业的明天提供了人才支撑。

一、设计思路

古今中外的教育家，虽然成长路径各不相同，但他们身上都有一个共同特点，那就是都有强烈的发展愿景，都是积极主动、持之以恒地追求自我发展。而有计划的培养可以促其自觉、促其坚定、催其奋进、助其提高。实践证明，有效整合社会资源，建立系统而完整的培养制度，对培养对象进行引领、促进、支持，给予他们相对良好的成长空间和必要的规制，有助于教师队伍更快更好地成长。我们认为，确立“人民教育家是可以培养的”观念，是科学的人才观、发展观在师资队伍建设中的体现。

确立目标宗旨。为一批立志终身从教、教育理念新、科研能力强、专长突出、风格鲜明、发展潜力大的中小学教师和校长创造条件，提供平台，给予重点培养，帮助他们在教育理论素养和创新实践能力等方面得到全面提升，使其个人专长更加凸显，特色风格更加鲜明，为他们成长为社会公认的人民教育家奠定基础，并以此带动和促进全省中小学师资队伍水平的整体提升，为江苏建设教育强省、率先实现教育现代化、办人民满意的教育做出更大的贡献。

制订培养计划。工程实施的目标是培养基础教育高端人才。从 2009 年起，计划在全省范围内分四批选拔 200 名特级教师进行重点培养。200 个培养名额，低于特级教师总数的 20%，不到中小学专任教师总数的万分之三。分四批培养，每批 50 人，确保每一名培养对象都能享有足够好、足够多的专家资源、活动资源、财力资源和实践平台，保证培养过程更加具有科学性、针对性和有效性。

明晰选拔标准。分析近代以来我国教育家表现出来的特质，我们发现他们具有三个方面的共同点：一是志存高远，具有远大的教育理想，“敢探未发明的新理”，善于发现和潜心研究教育问题，形成自己独到的教育思想；二是学高为师，具有丰富的学识和科学的经验，勇于探索，在办学理念和思路、学校建设与管理、教育教学方式等方面形成鲜明的特色和风格；三是身正为范，具有高尚的人格魅力，热爱学生，尊重学生，对学生有大爱之心，并有较大的社会影响。为此，在培养对象的选拔上，我们确定了“坚持一个基本条件、着重考察三个方面”的遴选原则。基本条件必须是特级教师，是“师德的表率、育人的模范、教学的专家”。在此基础上，着重考察培养对象是否有正确的、强烈的成长动机，有为人民教育事业奋斗终身的坚定理想和不懈追求；是否具有深厚的教育理论素养、文化素养和专业素养，有成为人民教育家的基础条件和发展潜力；是否具有高尚的人格魅力，在区域和学科专业领域内声望高、影响大、示范性强，受到同行、学生、家长和社会的广泛敬重和好评。

二、制度建构

“江苏人民教育家培养工程”是一项系统性工程，旨在探索高端教育人才培养的政策、制度和实践模式，以培养对象的教育思想、办学行为和先进事迹激发全省所有校长、教师的教育热情和奉献精神。经过五年的实践探索，逐步形成了一套比较完整的培养体系，制定了《江苏人民教育家培养工程实施指南》，形成了管理、培养、考核“三位一体”的培养工作机制。

建立了管理机构。在管理上，教育厅成立了“江苏省人民教育家培养工程领导小组”，负责培养工作的整体把握和指导，指定江苏省教育科学研究院负责工程的具体实施工作。根据培养对象的特点和研究方向，成立了分学段或分学科领域和学校管理等不同培养方向的五个研修组。与培养对象相对应，组建了五个专家指导小组，通过个别指导和集体指导相结合的模式，就培养对象的发展规划、研究方向、课题研究进行指导。

搭建了培养平台。在培养上，以“政府创设平台、专家引领指导、个人主动发展、团队共同提高”为培养机制，以帮助培养对象“提高师德修养、拓展教育视野、创新教学理念、提高教育教学能力水平”为核心培养内容，规划实施了九大系列培养计划：催生教育主张——培养对象理论素养提升计划；聆听高端讲座——培养对象知识结构更新计划；牵手农村教育——培养对象责任修炼计划；推动教育创新——培养对象实践模式构建计划；走近教育家——培养对象分类阅读计划；聚焦实践问题——培养对象小组合作研究计划；带动共同发展——培养对象团队建设计划；教育家办学——影响力论坛计划；行者无疆——教育考察计划。围绕计划，在2014年至2019年第三期培养对象培养期内，共开展省级集中活动20余次、小组活动近100次。

制定了考核制度。在考核上，省教育厅委托省教育科学研究院与培养对象签订“目标责任书”，依据目标责任书开展年度考核、中期考核和终期考核工作。其中，年度考核实行报告评价式考核，研修小组和培养对象每年要做一次工作总结，报告一次研修心得；中期考核在培养期的第三年举行，实行发展性评估考核；终期考核按目标责任书实行目标考核。培养周期完成，在个人考核的基础上，成立“培养工作评估项目组”，对项目实施情况进行整体评估。

提供了条件保障。主要从专家、平台、经费等方面为工程实施及培养对象提供专业支持、环境支持和政策支持。一是组建了专家指导团队，聘请了国内一流专家。目前共聘请专家119人次，其中为第三期培养对象聘请的专家有35人。二是设立省教育科学规划“十三五”人民教育家培养对象专项课题，鼓励培养对象申报教育科研课题研究项目，通过课题研究推动培养对象成长。三是为每位培养对象至少安排一次出国研修的机会、召开一次教育思想研讨会、资助出版一部专著，为他们形成教育教学思想创造条件。

三、实践成效

工程实施以来，每一位培养对象都以教育家的素养标准要求自己，经过五年努力，提升了综合素养，取得了很多教育教学成果，带动了区域内多元团队的共同发展，还通过跨区域的合作在更大范围发挥了重要作用。

素质显著提高。五年的研修对每一位培养对象来说都是一个迅速进步的过程，他们的专业素养与教育能力不断提升，教育思想已现雏形。其一，潜心读书，提升了专业素养。有的培养对象五年阅读了100多部专著，撰写了40多万字的读书笔记。其二，实践探索，提高了教育能力。通过构建自己的课堂教学模式提高课堂教学质量，通过成立名师工作室和建设学科基地发挥辐射作用，通过管理模式的变革寻求学校的优质发展，已成为培养对象的行为自觉。其三，活动研修，拓宽了教育视野，丰富了发展内涵，增强了服务江苏教育发展的责任感与使命感。其四，自省反思，凝练了教育思想。通过回顾和反思、梳理和归纳，做到更深刻地认识、更清晰地表达自己的教育理念，初步形成了自己的教育思想。

研究成果丰硕。五年来，各位培养对象在实践研究方面积极进取，取得了丰硕成果。据不完全统计，第三期培养对象公开发表论文880篇，其中在核心期刊发表191篇；编著图书79本，出版专著35本；主持市级以上课题（项目）研究166项，开设县级以上公开课、讲座1821节（次）；被媒体报道210次。教学办学上，他们不仅善于把自己的教育理念运用到实践中去，而且非常注重特色成果的形成，成为江苏基础教育改革大背景下一例例鲜活的典型。他们的教育教学实践获得了广泛认可，产生了深远的影响，累计获得各级各类荣誉表彰300余项。这些成果来之不易，体现了各培养对象不断超越、勤于探索的精神。

带动效应显著。培养对象皆有自己领衔的发展团队，不仅有学校管理团队、教师集体和学科教师团队，而且有市（区、县）的名师团队、骨干教师团队，为带动当地教师发展做出了很大贡献。在团队发展过程中逐渐形成了由“被动发展”走向“主动发展”、由“短期性发展”走向“持续式发展”的良好格局，表现出相当高的发展水平与强大的辐射力。另外，第三期培养对象共开展“牵手农村教育”活动近30次，覆盖近30个县、市（区）50多所农村学校，发挥了培养对象的专业服务作用，带动了农村地区教师的专业发展。难能可贵的是，他们在成为“培养对象”后，依然有着清醒的自我认识。他们常常淡看自己的努力和成就，却对“机遇”怀有感恩之心。正如一位培养对象所说：“孔子的彼岸是闻达于诸侯，我在想我们的彼岸是什么。

也许我一辈子也成不了教育家，但我可以拥有教育家的志向、教育家的情怀、教育家的理想。在培养工程一千多个日日夜夜里，我如农夫般日日耕耘，如哲人般时时自省。从此岸到彼岸，是岁月的距离，更是成长的步履。让我们揣着梦想、带着感恩、携着激情，执着行走在成为教育家的路上，不为彼岸只为海！"

当前，江苏教育系统正在全面学习贯彻落实党的十九大精神，全力推进教育现代化建设，坚持以立德树人为根本，以发展素质教育为主题，以提高教育质量为核心，以促进教育公平为重点，以服务经济社会发展为重任，以深化教育教学改革为动力，以扩大教育对外开放、提升教育国际合作交流水平为重要路径，以教育信息化为着力点，以争取加大教育投入、建设高素质专业化教师队伍为关键，探索建立中国特色现代学校制度，努力营造健康向上的校园文化和有利于教育改革发展的社会氛围，努力办好人民满意的教育。衷心地希望"江苏人民教育家培养工程"的实践探索能给我国推进教育发展和办学专业化、促进高端教育人才成长提供借鉴。

编委会

2020 年 11 月

序言 FOREWORD

让我们坚定而快乐地站在讲台前

每个优秀的教师，总是经历了不断修炼、不断提升的过程。

从一个普通的职业、谋生的饭碗，升华为忘怀得失、无怨无悔的名山事业，“由一己坚决之志愿，百折不挠之热诚毅力，纵牺牲极巨，阻难至多，仍必为之无懈”（吴宓语），一定备尝酸甜苦辣，历经风霜雨露。屹立三尺讲台，指点江山，充满激情，充满期待，是思维的训练，是文化的震撼，是精神的沟通，是思考的阶梯。我喜欢上课，我曾经说过，我的生命就是为了上课而来，只要登上讲台，就有神圣感、陶醉感、释放感、愉悦感。我至今仍然坚守讲台，躬耕不息，其乐无穷。

作为我比较喜欢的徒弟，我见证了长松的成长与飞跃。江苏人民教育家培养工程，不是为了培养一批理论家，而是要培养立足讲台、有实践基础的教育家。所以我欣赏长松的定位：做一个坚定地站在讲台前的教师，我相信他一定感觉到在教室里与学生在一起的时光是幸福而快乐的，看他在讲课时左右逢源、收放自如的样子就知道了。他在进行选题研究时，我就坚定地支持他立足语文，扎根课堂，好好研究教学。我应邀参加了他的教育思想报告会，听了他的报告后，我对他的这个“追寻”也表达了肯定与支持。如今，看着眼前的书稿，我很欣慰，长松一直在钻研课堂，切磋教艺。据他的学生说，他立志要把语文课上得跟体育课一样受学生欢迎，我觉得这倒不必。因为体育与语文一动一静，一是肢体训练，一是思维提升，是两种截然不同的课型，但立志把语文课上得生动、上出吸引力来，让学生学出兴趣，这是很值得肯定的地方。也是基于这个原因，长松老师才要追寻“生·动”课堂的构建吧。

语文课堂因人而生动，着眼于人的成长，是长松老师课堂教学理念的重要体现。高中阶段是人生的重要阶段，2019 年 6 月 19 日国务院办公厅发布了《关于新时代推进普通高中育人方式改革的指导意见》，明确指出“高中教育是国民教育体系的重要组成部分，在人才培养中起着承上启下的关键作用。办好普通高中教育，对于巩固义务教育普及成果、增强高等教育发展后劲、进一步提高国民整体素质具有重要意义。”语文教学活动关注学生生命本体、欣赏生命活动、提升生命质量、拓展生命价值。语文课堂教学过程中，丰富的文化内涵如一股炽热的血液，流淌不息，灌注学生的精神生命，成为生命的源泉。语文学科具有强烈的人文精神，散发着生命的光芒。比如《怀念红狐》这节课上，长松老师与学生在从容的对话中不断地深挖文本，得出了狐与人两个方面都是基于“为生活所迫”的立场而发生冲突的结论，这样就使一般只理解为赞扬红狐母爱的简单主题很好地深化了。让每个学生在宝贵的教育生活中感受语文的魅力，在丰富绚丽的语文世界中获得人与社会的融合，从而使学生获得生命个体的精神丰富，使语文精髓在学生生命的长河里永远流淌。

我一直认为，好课不是低水准的互动、满课堂的走动，而是逻辑、生动、激情这三者的结合。语文课堂因生成而有活力，要着眼思维的训练与提升。课堂教学，是一个复杂的工程，教学最大的特点就是不确定性。如情境的不确定、情绪的不稳定、学生个体状态的差异以及教学策略的不确定性。然而，在复杂的不确定背后，又隐藏着潜在的教学生成的契机。教师通过师生对话与追问，引导、激发学生的兴趣、活力，生成自然就出现了。成功的教师往往都对学生提出的问题保持浓厚的兴趣和敏锐的洞察力，能敏感地捕捉教学的契机，以不断追问的手段，催生出一串又一串的精彩生成。阅读书稿后面课例部分，我惊喜地看到长松老师很善于采用对话法与学生交流，以此引导学生积极参与。比如在课例《最后的常春藤叶》中，教师引导学生通过研究文本来探讨作者铺垫的技巧时，有学生通过时间变化“第二天早晨”“那一天总算熬了过去”“天色刚亮”“第二天”这些交代发现，时间已过去好几天了，而其他的叶子不停地掉落，可以看出这是铺垫；一位同学通过琼珊说“冥冥中似乎有什么使那片叶子不掉下来”，也觉得好像不是一个很自然的现象；一位同学读到“我没有心思替你当那无聊的隐士模特儿”，发现贝尔曼有拯救琼珊的心思，这也是铺垫。学生在教师的引导下相互启发，脑洞大开，生成了对文本的深入理解。

我与长松还有诗词唱和的雅趣。2017 年 12 月，我们到刘金玉校长所在的泰兴市洋思中学开展活动，我填词助兴:《浪淘沙·再访洋思中学——江苏省人民教育家培养工程第三期文科组 2017 第三次研修活动感怀》

江阔夜微茫，共话衷肠。洋思切磋绕雕梁。一路前行谁与共，凤舞龙骧。

随梦入池塘，暗度流光。霜风雪月费思量。眼界豁然惊起日，活色生香。

当天长松就有了《洋思中学小组活动——步导师周教授韵》

也惧路茫茫，愁断柔肠。导师麾指点津梁。迷雾重重逢正向，举座腾骧。

渔火满圩塘，沉醉星光。后教先学有功量。金玉其中成大器，江海留香。

2019年4月22日，我参加了长松老师的思想报告会，感觉到他的思想在经历一次次的打磨之后越来越清晰了，我在点评环节也表达了对他的祝贺，当然“生·动”课堂概念的提出与实践的探索还有很长的路要走，“追寻”正是这一探索过程的体现。作为一线教师，应永远立足于课堂，探究教学规律，回归语文本真，从而为学生提升语文核心素养作出应有的贡献，有诗为证：

纷纷细雨到苏州，
顿挫抑扬见远谋。
乔木青苔皆有数，
长松郁郁绝横流。

是为序。

周建忠

（南通大学学术委员会主任、二级教授、博士生导师，国家万人计划教学名师，国家社科基金重大项目首席专家、中国屈原学会副会长，教育部高中语文课标审核专家、教育部统编高中语文主审专家、范曾艺术馆终身馆长、江苏高校哲社重点研究基地主任、江苏省优秀传统文化传承基地主任）

2019年12月30日

目录 CONTENTS

第一章　语文教学的守正与回归 / 1
第一节　重视学生心智的成长，回归教育本义 / 2
第二节　促进知能的生成，守住教学的基础 / 4
第三节　明确师生关系，定位教师的角色 / 8
第四节　把握阅读特性，提升学科素养 / 10
第五节　守住人文的对话，回归精神哺育 / 12

第二章　语文“生·动”课堂的内涵 / 16
第一节　“生·动”的内涵 / 16
第二节　生命的课堂基础 / 20
第三节　生活的课堂坐标 / 21
第四节　生成的课堂特色 / 23
第五节　主动的学生本位 / 29
第六节　互动的课堂呈现 / 32
第七节　灵动的质量追求 / 35

第三章　语文“生·动”课堂特征 / 39
第一节　全员参与性 / 39
第二节　自然展现性 / 42
第三节　生态层次性 / 43
第四节　和谐相融性 / 45
第五节　平等均衡性 / 48
第六节　鲜活创造性 / 51

第四章 语文“生·动”课堂的建构策略 / 54
第一节 激发生命活力 / 54
第二节 走进生活世界 / 71
第三节 促进优质生成 / 81
第四节 精设语文活动 / 96
第五节 创新交互形式 / 115

第五章 语文“生·动”课堂的实践 / 121
第一节 独具匠心的朗读课教学 / 121
第二节 独抒性灵的写作课教学 / 130
第三节 传承文化的文言文教学 / 135
第四节 洞察世相的小说教学 / 144
第五节 笔含情理的散文教学 / 153
第六节 披文入情的诗歌教学 / 163
第七节 如临现场的实用文本教学 / 170
第八节 分层切入的整本书阅读教学 / 176

附录 / 184
一、《作文立意思路拓展训练》案例点评 / 184
二、《最后的常春藤叶》案例点评 / 185
三、《声声慢》案例对话与点评 / 188
四、张长松教育思想报告会点评 / 194

参考文献 / 200

后记 / 205

第一章　语文教学的守正与回归

语文教育教学的意义是什么？是守护民族的精神家园。1999 年联合国教科文组织决定将每年的 2 月 21 日定为国际国语日，理由是“母语是一个族群的灵魂”。回顾语文教学的发展历程，我们可以看到，语文学科教学一直走在被质疑、被争论的曲折道路上。1904 年，清政府在推出新政实行改革之后，颁布了《奏定学堂章程》，即癸卯学制，这是我国第一个正式颁布后在全国实际推行的学制，也是我国近代第一个较为系统、完备的学制。这套章程对学前、小学、中学等各学科的教学内容、教学时间、教学方法等都做了原则规定。也就是从这一年开始，“语文”从读经中剥离，成为在全国推行的、学科意义上的独立的学科。也就是从这一年出发，语文开始了它百年坎坷的历程。每一段历程都牵动着无数学人关切的目光，虽然在争论中有周密严整的说理，有声色俱厉的批评，也有据理力争的辩驳，但语文人担负教育的责任、爱之切求之真的赤诚以及力争革弊图新的追求，昭然可见。自语文学科独立出来，几乎每隔十年都要经历一番驿动与争论。如从新文化运动开始的文白之争、弃文教白，到 1934 年恢复文言教学的大声疾呼，接着后来的抢救国文的大讨论，都使语文教学摇摇摆摆地行走在社会舆论的风口浪尖上。后来又出现了语言与文学之争、工具与人文之争，到 1998 年 3 月 27 日《羊城晚报》的《误尽天下苍生是“语文”?》这篇批评文章横空出世，更是引起了对语文学科空前的世纪末大讨论。这也直接引出新世纪又一轮密集的语文教学改革。

2001 年 6 月 8 日教育部《基础教育课程改革实施纲要（试行）》印发，标志着新一轮课程改革的启动，语文课程改革势头强劲，名家林立，新思维、新理念、新教法在各报章杂志层出不穷。各地语文人聚集在新课程的麾下，努力追寻语文教学的捷径。于是生出于漪、欧阳代娜、程翔等的情感派，钱梦龙、蔡澄清、黎见明等的导读派，魏书生、张富等的控制论管理派，洪镇涛等的语感训练派，张孝纯、姚竹青的大语文派，武镇北、王文延的目标教学派，杨初春等的快速写作派，程汉杰、晏茂心等的快速阅读派，周正逵、史绍典等的语文教材体系改革派，还有宁鸿彬、王大绩等人的思维派，等等。于是富有创意的系列新语文理念——“××语文”就雨后春笋一般催生出来了。如李吉林老师的“情境语文”，黄厚江老师的“本色语文”，蔡明老师的“生态语文”，赵谦翔老师的“绿色语文”，韩军老师的“新语文”，李震老师的“生命化语文”，董旭午老师的“生活化语文”，王君老师的“青春语文”，董一菲老师的“诗意语文”，丁卫军老师的“简约语文”，程少堂老师的“语文味”，王旭明老师的“真语文”，干国祥老师的“深度语文”，熊芳芳老师的“生命语文”……每一种理念的提出，都凝聚了研究者几十年的心血，这都是他们在语文教学前沿摸索尝试的心血与结晶。他们都为丰富语文教育的内涵、推动语文学科教学的发展做出了卓越的贡献。他们在全面回顾语文教学发展历程，深入实践教学改革的过程中，也都看到了当前语文课堂教学在课程改革大潮进程中面临的难点和出现的问题。

第一节　重视学生心智的成长，回归教育本义

语文其实很好玩，可是为什么语文课却成了许多学生的负担？

语文其实很有趣，可是为什么语文课却让许多学生头疼烦恼？

对语文来说，什么是最大的悲剧？我说，对语文来说，最大的悲剧就是痛失了“粉丝”，学生不再喜欢语文了。为什么本应是灵动有趣的语文却成了被学生嫌弃的学科、厌倦的课堂？这是值得我们每一位语文老师深思的问题。语文应有的魅力、应有的趣味都到哪里去了呢？是什么让语文缺失了她该有的趣味，又是什么让她给学生背负了太多的压力而让学生生厌呢？

语文课程改革已走过了几轮，每一位老师都认识到母语的重要性，都认识到语文对人一生的意义，于是大家都很重视语文，可是重视的形式是什么呢？增加分数！让各种升学考试都增加分数！大家都言之凿凿，一致认为这个增加分数的措施就是撬动语文教学的重要砝码。确实，增加语文学科在考试中的比重是提升语文学科地位的一个重要措施。然而，这样随之而来的大压力大期望，让语文课堂难承其重，因为语文重要，所以语文学科便是掌控学生命运的学科，所以语文老师便是承担学生升学使命的天神，没有理由让学生在语文考试中出现失误。在这种环境的压力下，语文老师只能以应考为第一要务，苦心钻研语文命题者的思路，精心总结考题作答的套路，努力寻找提升学生语文成绩的出路。语文课堂是否有趣，并非一定在教师考虑的范围之内，能让学生提高分数才是最重要的。于是语文课成了训练课，语文阅读教学就是阅读考试的训练教学。“深耕细作，精研考法”成为最重要的教研内容，某个文本可能在哪个地方出题，可能会问到哪一个词的用法，可能会赏析到哪一句话，每一篇课文都是考场上可能出现的阅读题素材。各地力推“高效课堂”，所谓高效课堂就是能让学生在课堂上尽可能多地掌握应试技能和答题技巧的课堂。家长们追捧的是那些班级成绩好的老师，学校表扬的是那些升学率高的班级，至于学生对学习是否有兴趣，至于语文课堂是否有趣味，那是其次的其次了。语文这门学科的趣味就是这样被抹掉了。学生整天埋头在做题做题做题，教师想着的是训练训练训练。本应是学生一生都离不开的重要学科、必备素养，成了学生用之即扔的升学的敲门砖。当学生喊着语文作业太多时，教师没有动摇，因为我们要占领阵地，我们明白，没有作业就没有训练，没有时间保证就无法保证学生语文成

绩的提升。

以上就是我们语文老师面临的现状。为什么我们不能放开自我，让语文教学回归语文的本质呢？答案太简单，我们不敢。我们不敢拿学生的升学开玩笑，我们也不敢拿自己的饭碗前途开玩笑，更不敢拿学校的社会声誉当儿戏。没有成绩，学生就没有升学的优势；没有成绩，就没有教师立足之地；没有成绩，学校就要被所在的地域鄙视唾弃。至于过去曾培养过多少院士人才、未来孩子会怎样，社会在考评教育时不考虑这个。

叶圣陶说："一个人的聪明才智并非不该用文字表现：现代甄别人才的方法也用考试，考试的方法大都是使受试者用文字表现；但是像利禄主义那样专做摹仿迎合的功夫，非但说不上终身受用，并且把心术弄坏了，所得是虚而所失是实。"①

这是一道看似无法破解的难题。

但，即使我们所处的压力再大，语文教学也不能失去其灵魂。

语文的灵魂是什么？语文的灵魂又在哪里呢？

其实语文的灵魂就是语文所固有的"语文味"，课堂教学离开了这个语文味，就不能称其为语文课的本味。所以"听说读写"的语文活动就是语文课的本味，提升语言文字的运用能力就是语文的灵魂。语文课既要重视工具性，又要重视人文性。新课程改革以来，教学模式纷出，教学理念迭现，听起来的确令人耳目一新，但语文课堂教学随之也出现了没有灵魂的教学怪象，一些非语文课的教学活动纷纷在语文课上出现。比如，脱离文本，架空分析；挑出一点，随意拓展；借用文本，大谈人文。把科技说明文学习课上成传授科学知识课；把写景散文欣赏课上成自然风光展示课；把经典小说鉴赏课上成电影欣赏课；把经典杂文品读课上成思想政治课。这样的课型设计没有了美读、深悟和细品，忽视了体验、发现和探究，语文课空有热闹与喧腾，语文的灵魂全被掏空。而热闹之后呢，"语文味"在这些活动中全然失去。不但如此，语文教学在追求高效课堂教学的过程中，还逐渐演变成考题训练课。对一篇文质兼美的课文，教师没有去引导学生欣赏，更不去深入体悟情感，引发情感的共鸣，而是让学生冷眼旁观，看这篇文章中哪些句子富有内涵，哪些句子使用了修辞手法，哪些词语移用活用，哪些地方可能成为命题者眼中的命题点，然后从命题者的角度去思考，应怎么样命题，命题者出的题应怎么样回答才算完整。教师在这一连贯的教学活动结束之后，欣慰地松了口气说，我看到大家解读文本的能力很强，都能够从命题者的角度来解读文本了，这样我们的阅读考试就不愁得高分了……

有人说，语文课不能种别人的地、荒自己的田。这是在强调语文的学科特性，提醒我们不能上成科学课、历史课、思政课。但我们更不能不思、不悟、不品、不深入体验和发掘，否则语文教学也依然不是语文的教学。难怪学生不喜欢语文。

那么语文的魅力在哪里呢？

语文的魅力在于语文本身和教授语文的老师。当我们过于强调语文的工具性，强

---

① 叶圣陶．叶圣陶语文教育论集[M]．北京：教育科学出版社，2015：65．

调知识能力的解构时，再优美的文章在我们课堂上都被化整为零、大卸八块、分而解之，变成一堆零件，学生看到的是哪个要背诵的句子，哪个要解释的词，哪个地方使用了什么修辞手法，完全没有从整体去感受文章魅力的机会，再好的文章也变成了令人生厌的学习压力。文本教学至少要有三个层次：一是弄清语言文字、表达意义的语用层次，二是明晰语言技巧、行文技巧的艺术层次，三是思考思维走向与精神意蕴的人文层次。这三个层次显然是呈递进式的，只有触及思想的灵动的语文教学才是真正抵达语文内核的课堂教学，而现在，我们的语文教学已没有触及心灵的追求了，我们追求的是分数和应试能力的提升。雅斯贝尔斯说：“所谓教育，不过是人对人的主体间灵肉交流活动(尤其是老一代对青年一代)，包括知识内容的传授、生命内涵的领悟、意志行为的规范，并通过文化的传递功能，将文化遗产教给年轻一代，使他们自由地生成，并启迪其自由天性，因此教育的原则是通过现存世界的全部文化导向人的灵魂觉醒之本源和根基，而不是导向由原初派生出来的东西和平庸的知识。”①语文学科的魅力在于心灵的体验与精神的涵养，当学生被文字深深吸引的时候，你会发现文字对其灵魂的触动是多么深刻，深迷于武侠小说的同学眉眼中有了侠义之气，喜好科幻小说的同学眼睛里闪烁着理性的科学之光，喜爱《红楼梦》的同学更是言谈举止之中透露出了古典美与淡淡的忧愁。而我们往往却是对这些学生横眉冷对，说他们不务正业，说他们荒废时光，语文的魅力就是这样被磨掉了。

语文的魅力，有时候是深藏其中不易感知的，这就要有魅力的语文教师带领学生去挖掘，教师应该用自己思想的火种点燃学生思想的火花，教师应该是饱读诗书的智者，是思想深刻的学者，是文本解读挖掘的创造者。如果教师缺乏自己的思想，有的只是编者的思想，发挥的只是教参的传声作用，我们的魅力又何在呢？当一位博览群书的教师，以扎实的文化底蕴与文学修养深入浅出地把文本的内涵娓娓道来，用那充满文化底蕴与文学品位的话语解读出你所读不出的深层意蕴的时候，你便会在他的引领下，进入文本所创作的另一个世界，那语文的魅力就在老师的身后一一展开，让你应接不暇，让你叹为观止。那么，这样的老师其课堂的魅力是不待言传而能醉人的。语文是一门学科，语文教学也是一门艺术，我们的教师不应该一味只想着用课堂纪律的约束与地位的压力，让学生好好听讲，好好学习，而应该让学生亲其师信其道，亲其师乐其道，让学生因喜爱上课堂而喜爱上老师，也因喜爱上老师而喜欢上语文的课堂。

第二节 促进知能的生成，守住教学的基础

一统就死，一放就乱，矫枉总是过正。这是当下教育改革出现的问题。教师角色也

① 雅斯贝尔斯.什么是教育[M].邹进，译.北京：生活·读书·新知三联书店，1991：3.

经历了这样的变化过程。上文说过，教师不应该局限于用课堂纪律的约束与师道尊严的地位而压制学生，迫使学生努力学习，天天向上，而应该让学生找到课堂的主人翁位，明白课堂就是学堂。于是在课堂教学改革中，就有部分人由一个极端走向了另一个极端：把课堂全还给学生。教师的角色从“一日为师，终身为父”的全能全管“家长”，变成垂拱而治、无政府主义的看客；从唯师是尊，到任由学生发挥的无可无不可。似乎教师的角色退隐得越深，越看不见，越能体现教师对学生主体地位的重视。分析这种唯自主化的深层原因，我们可以发现课堂教学上教师缺位现象主要表现在以下几个方面。

一、缺少对学情的了解，针对性不强

学生掌握了什么，教学的起点是什么，这是课堂教学的基础。美国教育心理学家奥苏贝尔说：“如果我不得不将所有的教育心理学原理还原为一句话的话，我将会说，影响学习的最重要因素是学生已经知道了什么，根据学生的原有知识状况进行教学。”①传统的教学模式中有一个重复的环节是复习旧知，引出教学内容，目的也正是实现对学情的恰当把握。把握学情有两个阶段：一是教师课前对学生已有知识的全面回顾梳理，找准教学的基础定位；二是对学生的课堂表现精准把握，敏锐洞察，抓住点拨的时机恰当启发诱导。然而遗憾的是，看看当下热衷于借班上课的公开秀课，又有多少教师能真正在摸透学情的基础上进行备课上课的呢？公开课，很大程度上是示范课，但这种无视学情的上法，恰恰给台下的听课老师以最大的误导，认为语文这门学科是不需要考虑学情的，甚至是高中初中小学都可以一样上的。再就是教师总是热衷于课堂的环节设计，把一堂课设计得环环紧扣、滴水不漏，每一个教学环节的起承转合、每一句话都想得周到有余，老师不用知道学生已经知道了什么，也根本不管学生已经知道了什么，只要按照自己的设计上课就行。无论学生表现怎样，无论换作哪个班级、哪个年级的学生，这课都是这样的过程和这样的结果。至于就一篇课文的学习来说，课前学生读过没有，读得怎么样，懂了什么，有哪些问题，教师没有做功课去了解。课堂上学生在自主阅读和小组合作时，老师也不去注意观察和倾听，更没能走下讲台去和学生一起学习，了解学生的学习情况，即使设计了许多貌似巡视的走场，其实什么也没有了解到，因为他要忙着背出下句该说什么。难怪有人形象地说这样的课中教师是“满堂转”。教学没有建立在对学情准确把握的基础上，又怎能保证有效性呢？

二、缺少教学目标的设定，随意性太大

当前许多人质疑以学生为本位的课堂教学，最大问题就在于课堂过于低效。教师缺乏目标的设定与课堂的控制。布鲁姆指出：“有效教学始于准确地知道需要达到的教

① 陈昌岑．教学理论和实践的创新——奥苏贝尔“先行组织者”学说评介[J]．比较教育研究，1985(5)：6．

学目标是什么。”[①]语文课难教主要难在目标的设定上，因为语文的教学内容隐藏在教材里面，课文是教学的凭借却又不一定是教学目标。王荣生教授把课本中的选文分为四类——定篇、例文、样本和用件，按照王教授的说法，每种类型的课文教学要求都应是不一样的。那我们确定了某篇课文属于某种类型，是不是就解决了教学目标问题了呢，当然也不是。比如用件，我们用它来学习语文的相关知识，那么这篇课文所承载的知识点有哪些，我们应分几节课来解决问题，某一堂课应分解哪些重点，这些重点分别在课堂的哪个时段来解决，都要有事先的设定。遗憾的是，我们在教学时，确实是在让学生一篇篇读课文了，也让学生讨论课文的内容了，但是到底要让学生从这些课文中学些什么，或许老师们心中不是很有数。老师尚且不清楚教什么，学生又怎能知道学什么呢？课堂上我们多见的是学生一遍又一遍地读课文和学生字而已。当前很多学校也流行使用学案来教学，可看看学案设定的学习目标也不外乎这样几个：学会生字词，理解课文内容，体会思想感情，等等。千篇一律，千文一面，根本没有体现课文篇目的特殊性和教学目标的逐级变化与提升。专家们所倡导的“在课文中多走几个来回”阅读教学，在应用中往往没有层层深入的理解，只有单调的一遍遍重复。只信奉“书读百遍，其义自现”，在精读细读的课堂教学环境下，显然是不合适也是不可能的。而如果每节课都有明确的学习目标，学生也许就不会在课文中来来回回地折腾，一遍又一遍盲目而低效地读了。

三、缺少学习的启发指导，自学探究无序

一般而言，随着年龄的增长，学生的自学能力逐渐加强，因而在低年级教师教得多，随着学生年级的升高，老师教得也就越来越少。同样，对于某一项知识和技能的学习也体现这样从教到放的过程。但是，当前的课堂，有些教师根据自己的认知，认为某些内容，老师不讲，学生也可以自主学习了。于是就让学生成了课堂的主人，让学生自主学习，教师任凭学生自己小组合作，至于怎么自主、怎么合作，老师却没有指导，结果自主变成了自流，小组合作学习看上去热情很高，其实漫无目的、少慢差费。即使大家都看得懂语文课本，但语文学习也是有一整套学习方法和程序的，需要在学习中反复训练，需要老师在教学中循序渐进地开展指导。

我们都在改革传统的课堂，都在努力寻找语文教学的新突破。现在的课堂，学生有了更多的自主时间，这种自主把原本就存在于学生身上的个性化学习的缺点暴露出来，相对于传统的授受式教学，老师要把更多的时间用来关注学生的个性学习方式，并且进行有针对性的指导。孔子说过：“不愤不启，不悱不发。”当学生已经“心求通而未得”“口欲言而未能”的时候，老师就要“开其意”“达其辞”，学生才能进入下一个阶段。如果一

---

① 洛林·W.安德森，等.布鲁姆教育目标分类学（修订版）[M].蒋小平，等译.北京：外语教学与研究出版社，2009：120.

任学生自主，往往会导致学生花大量的时间在山脚下徘徊，却根本找不到登山的路径。学生自主学习，改变了过去我们直接把山顶的果子摘下来送到学生口中的做法，而是让学生自己去登山寻宝，但是如果我们连登山的路径都不告诉他，甚至连山在哪都不告诉他，又怎么能让学生最终达到自主登山摘果的结果呢？而当前的课堂上，老师们为了学生的自主似乎放弃了自己的教育使命，学习的问题由学生提出，学习的内容由学生选择，学习的方式由学生确定，从而使学生的学习由自主异化为自流。教师的指导一味压缩，学生的学习越来越无序。课堂教学中教师的缺位现象反映了老师教学观念的落后和教学行动的滞后，直接影响到学生中心地位的巩固。只有老师充分发挥教学的主导作用，才能切实保证学生自主学习的有效性，才能促进学生自主学习的和谐发展。我们的老师在课堂上应当不犹豫畏缩，当讲则讲，当教则教，理直气壮，该出手时就出手。

四、缺少课堂的有效管理，非学习活动泛滥

教学是有目标、有计划、有组织的活动，预设是教学的基本要求。当前的教学中，课堂上全指望学生的当堂生成，学生提出什么问题就讨论什么问题，不管这个问题有没有价值；学生想学什么内容就学什么内容，不管这个内容是否重要；学生想怎么学就怎么学，不管是否符合学习的逻辑性；学生学到什么样就什么样，不管有没有达成学习目标。这个“不管”正是当前课堂教学的大问题。

课堂管理包括教师对学生的管理和教师的自我管理，以及教师对教学内容的管理、教学环境的管理等。课堂管理是课堂教学有效性的重要保障。课堂管理的目的是保证课堂教学进程的正常开展，保证教学质量的稳步提升。教学进程能否有效推进，关键在于课堂的教学秩序，秩序问题包括学习程序、学习时间、师生行为等方面，也就是规范问题、教学行为的标准问题，没有标准，事情很难做好。课堂教学规范缺失，课堂活动随意性大，这样的教学必然因失范失管而失败。我们经常可以在公开课、展示课上发现那些“非学习行为”正大行其道。比如，阅读教学课堂，我们看到的是学生在饶有兴趣地进行表演比赛或争相在教材上描画插图，虽说这也是阅读的呈现方式，但作为阅读教学来说，最主要的还应是亲近文字，品味文字才是阅读的根本。课堂教学的行为标准要依据教育学、心理学等相关科学的研究和平时的教学实践来确定，并经过反复验证。比如小组合作，时间的长短、内容的深浅、学生分工合作以及老师指导等都应有相关的要求。我们也在很多课堂上看到，教师并没有辨别什么样的问题才是需要讨论的问题，而只在乎课堂上学生是否活动起来，是否热闹起来。很多没有讨论必要和没有讨论价值的内容也拿来讨论，使讨论成为无效的非学习行为。课堂教学的质量在于学生学习的投入程度，即学习的动力问题。学生的学习动力是需要不断激发的。第斯多惠说：“教学的艺术不在于传授本领，而在于激励、唤醒和鼓舞。”[①]有意识地管理，有目的地激励，激发

① 第斯多惠.德国教师培养指南[M].袁一安，译.北京：人民教育出版社，2001：126.

学生持久浓烈的学习热情，形成了课堂浓厚的学习氛围，既使学生个体有了学习的动力，又相互影响与感染，形成积极努力的群体。比如创设学习情境，再现实际事物或者实际事物的相关背景，激发学生探究事物间蕴藏的知识与联系的兴趣，唤起学生的求知欲。求知欲激发出来了，并不是说就不用管理了，我们还要有节制地引导，许多时候我们的教学行为已进入了下一个环节，被激发起学习热情的学生还停留在上一个环节中不能自拔，这样即使学生在努力投入学习，相对于正在进行的教学环节来说其实是一种学习的干扰，也是“非学习行为”。

第三节　明确师生关系，定位教师的角色

教师的角色到底应如何定位？我们经常说，教师不能把自己当作家长，无限溺爱，或是“虎爸虎妈”一包到底。那么，批判了“家长”的角色，教师的角色该是什么呢？美国教育家小威廉姆·E.多尔在《后现代课程观》中这样说：“今日主导教育领域的线性的、序列性的、易于量化的秩序系统——侧重于清晰的起点和明确的终点——将让位于更为复杂的、多元的、不可预测的系统或网络”，并相信“在新的课程概念中将出现一种新的教育秩序，并形成一种新的师生关系”，“教师在师生关系中的地位是‘平等的首席’，是内在于情景的领导者，而不是外在的专制者”。① 可见，教师与学生的关系是有着复杂性的平等。

当前这个说法得到了中国教师们的普遍认同。那么，这个平等中的首席，究竟应如何解读呢？平等，意味着教师居高临下的家长制权威的不再，而是位处于与学生同等的地位。首席呢，又意味着第一，意味着领先，意味着方向，就好比马队中识途的老马，羊群中带队的头羊。所以我们把教师比作导游，导游首先是游客团队中的一员，是一起欣赏山川美景中的一个，其次又在引领着游客走上曲径走进幽境，去品味体会曲径通幽的妙处，至于游客感受到的是“以其境过清，不可久留”，还是“山光悦鸟性，潭影空人心”，那就是学生自己独特的生成了。

“平等”并不意味着教师与学生在知识能力上的平等。我们经常听到这样的说法：“要想给学生一杯水，老师就要有一桶水”，这是说教师要想站稳讲台，就必须有比学生多得多的知识储备。然而新课标下，只拥有一桶水就能胜任教师的职业吗？显然不能。面对信息社会，教师要想胜任这个职业，只有一桶水是远远做不了首席的，因为知识的获取渠道在不断地拓展，知识的更新速度在不断地加快，固定的知识体系必然在信息发达的今天不断地瓦解、不断地更新，拥有一桶或许能满足一时半刻，但绝不是应对无穷的永远的财富。教师不是一桶水，满满一桶水是冷冰冰的、死沉沉的，那样的教师不是

① 小威廉姆·E.多尔.后现代课程观[M].王红宇，译.北京：教育科学出版社，2000:5.

教师，而是课本或字典。卢梭说："教育的艺术是使学生喜欢你教的东西。"[①]教育的过程是一个师生互动的过程。古人即信奉"教书育人"的教育准则，正是此要求。"亲其师而信其道"，要求教师要让学生感到亲近，教师不能满足于自我的一桶水，而要使自己成为学生的一个装满一桶知识的尊长，可以平等交流的朋友，共同探讨、共同进步求知的伙伴。

教师应做一眼泉，让课堂一直沉浸在清冽的半亩方塘。当今社会是信息开放的社会，是知识爆炸的时代，知识更新极快，当今世界各大图书馆每年都要不停地淘汰旧书，充实新书。而一桶水如不能及时更新，只能是一桶死水，不久便会失去生命力。教师如果固守一桶水，几年内知识结构便会落后于学生，而学生获取知识的速度又绝不比教师慢，甚至有的还远远快于教师，此时的老师若还仰仗自己的那一桶，如何能应对瞬间万变的社会？因此老师不应是一桶死水，而应是一孔泉眼，是四季长流不断的泉，能汩汩不断地自我更换，代谢下陈旧过时的知识，充实进新鲜的血液，如此不停地使知识结构得到更新。

教师应做一把火，去点燃学生求知的欲望。教师需要很多知识，更重要的是要使学生拥有知识，拥有获取知识的方法和技巧。魏书生不但非常赞赏我国著名教育家叶圣陶所说的"教是为了达到不需要教"这句话，他自己也一再强调"我从来不计算教给学生多少知识，我考虑的是如何培养他们获得知识的能力"。[②] 所以从根本上讲，教师所拥有的知识之桶的大小并不重要，重要的是能传给学生多少知识、多少方法，即能让学生建起多大的知识之桶。课堂上，教师的知识好比一团火，目的在于燃起学生的知识之火，在于点燃学生求知的欲望之火，从这方面讲，教师这团知识之火无所谓大小，而在于能否点燃学生。从这方面来说，教师也可以是根火柴，是点燃学生求知之火的火柴。苏霍姆林斯基说："每一位教师不仅是教书者，而且是教育者。由于教师和学生集体在精神上的一致性，教学过程不是单单归结为传授知识，而且表现为多方面的关系。共同的智力的、道德的审美的、社会和政治的兴趣把我们教师中的每一个人都和学生结合在一起。课——是点燃求知欲和道德信念的火把的第一颗火星。"[③]加里宁说：一个教师"具有知识还不能说就够了，这只是说掌握了材料，不待说，材料是很好的，但是还要求有极大的技巧来合理利用这些材料，以便把知识传授给别人"。[④] 课堂上我们点燃了学生探究学习的热情，激发了学生学习的动力，教师的角色就是成功的。

教师应做一座桥，去联通已知与未知。改变课程过于注重知识传授的倾向，强调形成积极主动的学习态度，使获得基础知识与基本技能的过程同时成为学会学习和形成

---

① 卢梭. 爱弥儿[M]. 李平沤，译. 北京：商务印书馆，1978：349.

② 魏书生. 乐在民主育人中[M]. 北京：高等教育出版社，2009：120.

③ 苏霍姆林斯基. 给教师的建议(下)[M]. 杜殿坤，编译. 北京：教育科学出版社，1982：290.

④ 加里宁. 论共产主义教育和教学[M]. 陈昌浩，沈颖，译. 北京：中国青年出版社，1956：189.

正确价值观的过程。一桶水的观点，强调的正是知识的传授，作为学生，不可能脱离基础知识，但绝不能满足于知识的积累，教师不再是负责把知识倾倒进学生学习之杯里的水桶，而应是联结学生与基本知识、基本技能的桥梁，学生要获取知识，必须自己主动走过去，教师课堂上负责搭建一座桥梁，联通已知与未知，让学生通过这座桥走向未知。这强调学生要通过实践，增强探究和创新意识，学习科学研究的方法，发展综合运用知识的能力。教师这座桥是被动的僵化的桥吗？当然不是。严格地说，教师这座桥应是一座移动的舟桥，发现学生在哪里遇到困难就在哪里架桥，但是绝不是直接把知识提供给学生。因为对学生来说，探究知识的过程远比知识本身重要得多。没有经过自己的努力而积累下来的知识是繁殖性不强、生存力不强的知识。

教师应做一个扶手，给学生以必要的支撑。基础教育课程改革的目标之一是改变课程实施过于强调接受学习、死记硬背、机械训练的现状，倡导学生主动参与、乐于探究、勤于动手，培养学生搜集和处理信息的能力、获取新知识的能力、分析和解决问题的能力以及交流与合作的能力。教师的作用由传道授业解惑的“经师”到课堂上的教练员，这是一个飞跃，但这种训练是以考场为情境、以成绩为目标的机械训练，这种训练都是以老师设计总结的类型为主线，而学生就是这条流水线上的组装工而已。教师不是一桶知识，也不能是这样的一个教练员。新课标下的教师要让学生从流水线上走下来，去自己组装设计流水线，通过自己的组装设计而获取更多的知识，走在这条自主设计的创新之路上。学生遇到的可能不仅是横断的大河，也许还有高不可攀的峭岩，还有艰险崎岖的栈道，即使学生全都背负上老师的一桶水，一路走来可能也不能解其饥渴，还需要指点迷津的樵夫、靠身支体的扶手。扶手不同于桥梁，桥梁是“普渡众生”，而扶手则“因材施教”，是在个体出现困难时的有力支撑，这个支撑当然也不是代劳，而是学生探索中的援助，能让学生在无助时得到鼓励，看到希望。

第四节　把握阅读特性，提升学科素养

阅读是人类获取知识和信息的重要途径，阅读素养是学生必备的核心素养之一。阅读素养已经成为一个国家软实力的关键指标，成为关涉国家和个人竞争力的重要因素。[①]还有人直接说阅读力即国力。阅读素养不仅是语文学科核心素养的重要支撑，还是个人学习能力和终身发展及国家软实力和社会文明进步的重要基础。[②] 阅读素养是国际学生评价项目（Programe for International Student Assessment，即 PISA）测试的

① 马世晔．阅读素养与国家竞争力——国外阅读素养测试对我们的启示[J]．教育测量与评价，2010(7)：13—15．

② 罗士琰，宋乃庆，王雁玲．基于实证的小学语文阅读素养研究：内涵、价值及表现形式[J]．中国教育学刊，2016(10)：77—83．

重要领域。PISA 考试的组织者曾在 1994 年进行了一项国际成人阅读素养调查，结果表明，阅读素养低的成年人，大多数从事低收入工作或没有工作，失业机会也高于阅读素养高的成年人。[①] 因此，PISA2000 界定“阅读素养是为达到个人目标、增长知识和发展个人潜能及参与社会活动而对纸质文本的理解、使用和反思的能力”。可以看出 PISA 以较高的运用层面为出发点界定阅读素养，如文本的“理解”“使用”和“反思”。PISA 测试对象是 15 岁的学生，这一阶段的学生已具备一定的字词认读和文本解读能力。所以 PISA2000 认为，阅读的内涵除了初步获取文本所传递的信息外，读者还要结合已有的知识去深入理解、反思文本形式与思想内容，必要时还要参与相应的社会活动。强调阅读行为的双向互动性和读者的能动性，即读者要学会从文本中提取信息和获得价值体验并形成自己的观点。

语文教学的重要内容是阅读教学。可是在课改的大背景下，各学科教学纷纷强调体验教学、研究性学习和综合性学习。而语文学科又是被综合的首要对象，因为语文与生活贴得最近。但是语文教学一味地综合化，虽然强化了学生的口头交际能力、解决实际问题的能力，却忽视了语文的文本性特征，使文本的阅读价值得不到充分的发挥，甚至完全丢失，这就失去了语文的本意。

一味综合化产生的一个重要原因是大语文学习的过度影响。“大语文”是“大语文教育”的简称。“大语文教育”是特级教师张孝纯先生针对十年动乱之后的语文教学僵化、陈旧、严重脱离实际的现状创立的一种新型的、带有突破性的语文教育思想。1983 年 9 月 1 日，张孝纯的“大语文教育”课题组开始实验，主张既读有字书，也读无字书，在当时为语文教学带来了清新的风，于是语文教学正式走向了生活。他主张语文教育以课堂教学为轴心，向学生生活的各个领域开拓、延展，全方位地与他们的学校生活、家庭生活和社会生活有机结合起来。当语文课堂承载太多的人文内容，语文味就越来越淡，于是语文课就充当了政治课、家政课、班会课的角色，而忽视了最具语文味的阅读特征。

一味综合化产生的另一个原因是研究性学习的课题定位不当，目标不准。首先，语文的综合性学习要定位在语文上，而综合则是强调语文听说读写的各项技能的综合运用。我们研究的问题指向必须是语文的，我们研究的手段与方法及展示成果的形式也必须是语文的才可以，否则就又成了道德的课堂、哲学的课堂或历史的课堂。其次，语文的研究性学习不在于研究的结果如何，而在于收获研究的过程，是通过设置一个课题来引导学生进行听说读写的相关训练，所以说，研究性学习的课题是手段，而过程则是我们想要的结果，因此如果我们着重强化结果的差异性，我们的研究性学习也易走向偏激化。

当下的语文课堂正是百花齐放的时代，加上现代信息技术的普及与使用，语文课堂

---

① 何瑞珠，卢乃桂. 从国际视域论析教育素质与平等：PISA 的启示[M]. 北京：教育科学出版社，2015：233.

更是花样百出、琳琅满目，我们教学的手段是综合了先进了，课堂是活跃了热闹了，但是我们却鲜有静下心来去品读文本的那份初心，徒有的是浮躁。语文的价值在于阅读的价值，阅读的价值在于体验生成。忽视了阅读，就会失去体验的机会，失去思考的机会，这就严重地降低了语文学习的效率。故而课堂看上去热闹活跃，而学生在课堂上真正学到的语文知识、提升的语文技能却是极少的。

过度强调综合化学习的语文课堂，其危害首先在于对语文阅读的忽视，认为语文的学习就是在生活中学、在运用中学。生活是学习语文的基础和不竭的源泉，但语文绝不是只有生活的通俗与实用，还有雅致与务虚。语文不能只停留在满足于当下人们的实际生活需要上，语言文字对人的最重要的贡献就是使人们开启了精神生活的追求。而阅读就是人生精神生活中不可缺少的一个部分。通过阅读，人们可以在字里行间体会到作者传达出的情意，形成情感上的沟通与共鸣，而在共鸣中又受到了作者的价值观上的引导，从而使精神境界得到提升。所以一味综合化的语文课堂危害极大。其危害还在于使学生的思维活动处于肤浅层次，缺少深入的锻炼，不利于学生理性思维的发展。综合化的课堂使用的是直观的生活情境，具体的事物、可触摸的流程、可听可见的音像等等，而语文的阅读，则是通过文字的阅读来想象，从而生成或再造出属于自己头脑中的那个形象，所以舞台上的哈姆雷特是所有观众眼中的同一个，而书本中的哈姆雷特则是只属于读者自己心目中的一个。这是一个提取信息、加工信息然后再造形象的复杂的思维过程，通过这个过程，阅读者可以培养更敏锐的文字感悟能力、想象能力和创造能力。而丢失了语文课的阅读价值，我们就丢失了这个可贵的锻炼抓手，对于学生的成长是很大的损失。

第五节　守住人文的对话，回归精神哺育

我们走进课堂，便会发现一个有趣的现象，那就是教师讲得越多，课堂的活跃程度越低；考试成绩越好，班级的活跃程度越低；年级层次越高，课堂学生的活跃程度越低。而高中则是一个分水岭，进入高中，大部分课堂都成了一言堂、满堂灌。问之，则曰：课时紧、任务重，不能再搞花拳绣腿了，高中要追求高效教学与高效课堂。这是当前部分高中语文课堂的写照。我们说，语文是对学生精神的哺育，而如此的语文课却让精神哺育贫血。

翻翻网上教师上传下载的课件，无一不做得细致精美，每个课件少则二三十面，多则五六十面。其中有对课文的详细解读，每一个问题之后都有圆满的答案。课堂上，教师手持电子笔，一键而下，学生一一看过来，这一篇课文就上完了，这一节课就结束了。这种唯课件化的课堂模式，是现代教育技术滋生出的教育通病，其背后所反映出的问题不容小觑。

一、教育技术的恰当使用

教育技术的革新对教育的影响是巨大的，所带来的教育变革是有目共睹的，当前各级政府纷纷斥巨资改善地方教育条件，使教育跟上时代发展的步伐。许多学校为了让现代化教育设备发挥作用，规定每节课、每位教师都要使用现代化的教学手段组织教学。这对教育技术的推广应用起到了很大的作用，客观上促进了教师们的学习与进步。但是过犹不及，只为使用而使用也必然造成了滥用。

我们曾经严厉批评过那种“一支粉笔一张嘴，一本教材讲到底”的教学现象，而现在有了多媒体的投影设备，教师现在是连一支粉笔都不用拿了，只要“一支电子笔，一直翻到底”。所有教师要写的字，课件上都一一展示；所有教师要讲的话，课件上都一一设好。范读有声情并茂的标准音频播放，不怕教师南腔北调别扭、认白读错出丑；演绎文本，分角色品味，有课本剧视频观看……曾经严格训练的基本功“三字一话”，在现代教育技术面前相形见绌，甚至都无用武之地了，在现实的课堂上许多老师一节课都不在黑板上写一个字。

当然作为辅助手段，在信息化的时代，教学手段的信息化是必然的选择。一是教育从来就是紧跟社会发展的步伐，教育的重要任务就是培养适应时代需要的人才，因此教育不可能离开信息化；二是教育对象生活在信息化的社会里，他们在生活中随时都在主动地通过信息化的手段获取他们希望获得的知识，可见教育离不开信息化；三是教育面临的问题是发生在信息化环境中的问题，我们必须用信息化的教育手段去处理这些教育问题。

任何的教育手段或工具都有其优缺点，关键是我们如何使用，如何对待。如果因为我们不会使用教室里的网络信息设备，或因过度依赖高科技工具而妨碍了正常的教学，影响了教学的效果，这绝不是信息技术本身的错。信息技术的发展促进教育品质的提升是必须的，也是必然的。

教育是站在社会发展最前沿的行业之一，我们当然不能因某几堂课上信息技术使用不当影响了教学效果就废弃本应发挥更佳功能的教育技术。教育技术的革新就是教学手段与工具的变革，因此，信息化教育技术必然服务于教学。

教学手段的改革只有两个目的，一是提高教学的质量，二是提高教学的效率。而教育的本质与核心则永远不会改变。语文课堂上信息技术的运用的目的只能是如何让学生更快地提高语文能力，更多更牢地掌握语文知识。因此，在使用信息化教学手段时，我们的重点在于创设使用体味语言的情境、更快捷更丰富地提供语文学习素材、更多地展示学生的学习成果、更方便地即时汇总学情反馈等几方面，如果舍此目的，去追求材料显示如何齐全、画面如何精美、衔接如何新颖、视频如何有趣，这都与语文教学的本质无关，都不是信息化教学手段的目的。

二、育人功能的正确认识

我们都知道，一个人的精神世界有科学、艺术、人文三大支柱。科学追求的是真，给人以理性，科学使人理智；艺术追求的是美，给人以感性，艺术让人富有激情；人文追求的是善，给人以悟性，人文中的信仰使人虔诚。科学强调客观规律，艺术更注重主观情感；科学讲的是理性，艺术更富于情感；人文则既有深刻的理性思考，又有深厚的情感魅力。一个人的精神世界，不能没有科学，也不能没有艺术，更不能没有人文。语文学科的教学正是承载人文教育的主阵地。新课程改革，把语文的性质定义为工具性与人文性的统一，转变了知识本位的教学理念，把语文课程目标确定为“学生通过阅读与鉴赏、表达与交流、梳理与探究等语文学习活动，在语言建构与运用、思维发展与提升、审美鉴赏与创造、文化传承与理解几方面都获得进一步的发展；坚定文化自信，自觉弘扬社会主义核心价值观，树立积极向上的人生理想，为全面发展和终身发展奠定基础”。[①] 这正是由过去的知识课堂向生命化课堂转变的重要召唤。潘新和说：“语文教师的人文情怀主要表现为对学生言语人格和个性的尊重、理解、养护上。有了人文素养和人文情怀，语文教育就有了浓郁的文化氛围，语文教师就有了人格魅力。语文教师的人文素养和人文情怀，是从事语文教育教学的思想和情意基础，也是其他各种素养得以健康培育的心理基础。”[②]从语文学科的视角来观照，人的生命至少有两重，一是自然的生命，二是言语的生命。生命化的课堂是把学生看成鲜活的个体，把课堂看作生命成长的重要场域，把语文看作丰盈生命内涵的重要基地。“传道授业解惑”，几千年来对教师的定位，就是如此。道在我手，授受之间就完成了教学的过程。“授受”这个说法强调了教育的知识本位性特征，强调了教师的知识优势，其实质还是把教师当作学生获取知识的源头，把教育简单化成物的传递。以桶水喻知识的不妥之处，首先在于知识是用之不损的，不会因为传递给了学生就有所折耗。其次在于知识不是僵化不变的，随着阅历的增加，个体储存的知识会不自觉地重组连接，进而繁衍生成。再次，储存知识的大脑也不会是一个容量有限的桶，不会因为过多而出现满溢情况。只有树立了正确的学生观，充分认识到语文的人文功能，我们才能对教学有一个正确的认识。

语文的工具性与人文性是相辅相成的。虽然说我们不能在语文的学科里耕种别人的田地，但我们也不能把文质优美的文章只看成学习字句的例子，这是对文本的践踏与浪费。语文课程理念明确指出，要充分发挥语文课程的育人功能，使学生受到优秀文化的熏陶，塑造热爱祖国和中华文明、献身人类进步事业的精神品格，形成健康美好的情感和奋发向上的人生态度；应关注学生情感的发展，让学生受到美的熏陶，培养自觉的审美意识和高尚的审美情趣。自古以来，就有“岂曰无衣？与子同袍”的爱国精神，有

---

① 中华人民共和国教育部.普通高中语文课程标准(2017)[S].北京：人民教育出版社，2020：5.

② 潘新和.语文教师素养随想[M].福州：福建人民出版社，2014：2.

“安得广厦千万间”的大爱之心，有“上善若水，水善利万物而不争”的雍容之心，有“富贵不能淫，贫贱不能移，威武不能屈”的气节操守，等等，这些都是中华民族血脉相承的灵魂，到今天，这些宝贵的精神传统又有了新的发展和演化，古老的人文精神更散发出新的浓郁的人文气息，所有这些，都是语文课程理念赖以确立和发展的灵魂内核、精神支柱。中华民族这种源远流长的人文精神正是语文课程理念植根的丰厚沃土，是语文课程人文内涵的丰富之所在，而这些丰富的精神内涵正是通过文质兼优的文本载体来传承的。学生通过阅读古今中外的优秀作品，体会中华文化的博大精深、源远流长，陶冶性情，追求高尚的情趣，提高道德修养。让学生自觉地走进作品，与作品中的人物同悲喜、共呼吸；让作品人文的春风，吹开他们美好的情感；让作品人文的细雨，润泽他们成长中的心灵；让作品人文的魅力，塑就他们良好的思想品质、道德品质、个性人格和审美情趣，这正体现了语文课程对人的精神哺育的巨大能量。

第二章　语文“生·动”课堂的内涵

语文这门学科贯穿着学生成长的整个基础教育阶段。有人说，小学是老师哄着学，初中是老师领着学，到了高中是与老师辩论着学。因为高中是基础教育的最高阶段，高中生，是即将成人的大孩子，他们有成人般的高高大大的身躯，有正在走向成熟的小大人思想。站在这些长得甚至比你都高大的孩子面前，面对他们，你的语文课会怎么上呢？你哄的把戏他们早就看穿了，你领着的套路他们也爱跟不跟了。采取什么样的方式让学生愿意学、主动学，这是我们高中老师所要着力考虑的。许多年轻的教师往往被学生高大的外表迷惑，认为他们都有着成人的思想与情感，给他们上课就应该上得老成、理性、平稳，而不能再像给低年级那样上得生动、鲜活、欢快。

其实，语文课堂有语文课堂的特点，与学生的年龄、年级有关系，但并非高年级的语文课我们就要上得老成、平淡。语文课堂首先是语文的，就应该有属于语文课堂的本性特点。

叶圣陶先生在 1935 年编辑了《国文百八课》，真正使工具性突显出来，使语文教学走向了科学性，成为经典的语文教材，他说：“本书编辑旨趣最重的一点就是想给国文科以科学性，一扫从来玄妙笼统的观念。”①语文的工具性与人文性的学科特点，决定了语文课堂教学既要重视科学性，又要重视人文性；既要让学生提升语言的建构和运用能力，重视思维发展与品质的训练，还要重视传统文化的传承与理解和审美鉴赏与创造的能力。而这些内容，并不单纯靠教师口耳相授就能解决问题，需要的是学生的积极参与、主动努力，学生只有在课堂上真正学起来、练起来、用起来，让课堂成为学堂，成为语言活动的练习堂，语文课才真正具有了语文的特点。

第一节　“生·动”的内涵

高中的语文课堂教学应该是以张扬学生生命个体特性为目的的，贴近现实生活的课堂。在这样的课堂上，学生主动求知、同伴合作、相互启发、激发灵感。这样的课堂就

---

① 叶圣陶.叶圣陶语文教育论集[M].北京：教育科学出版社，2015：127.

是"生·动"的课堂。生动,《现代汉语词典》解释为形容词,"具有活力,能感动人的",所以"生·动"课堂就是不呆板、不死气、有活力的课堂。

一、关于"生"

生,甲骨文为,上面是初生的草木,下面是地面或土壤。本义为草木长出,引申为一切事物的产生。在哲学上,关于生的解释为"新事物成长到一定程度(量变),打破其原有的平衡状态,突破重重障碍而展现出新的面貌(质变)"。《老子》说:"道生一,一生二,二生三,三生万物。"五行相生意味着万物生生变化,展现的是世界存在的过程。又可以作形容词,如与死相对,表明活着;与熟相对,表明果实没有成熟、食物没有烧煮够火候、技艺未经锻炼等,具有生硬勉强的意思。

教育是人的活动,中国早期马克思主义教育理论家杨贤江说:"自有人生,便有教育。"教育的目的就是使人的生命成长发展,走向成熟,走向圆满。《普通高中语文课程标准》明确告诉我们:"语言文字是人类社会最重要的交际工具和信息载体,是人类文化的重要组成部分。语言文字的运用,包括生活、工作和学习中的听说读写活动以及文学活动,存在于人类社会的各个领域。"①可见语文课堂教学,关涉到人的生命活动的各个方面,与人的生活密切相关。"坚持加强语文课程内容与学生成长的联系,引导学生积极参与实践活动,学习认识自然、认识社会、认识自我,规划人生,在促进人的全面发展方面发挥应有的功能。"②

语文植根于生活,又服务于生活,语文教学与生活紧密联系。语文教与学价值的评定,不是灌输和掌握了多少知识,而是能力与思维训练和审美提升的程度,而对关键能力、思维品质和审美能力检验最有效的方式就是检验在现实生活中发现问题、分析问题和解决问题所发挥的效能。从语文涵括的内容看,不论是历史的,还是现实和未来的,教师既然是"课程的建设者和开发者",这就意味着教师应该从传统的照本宣科中走出来,在教学中注重学生的生活经历和情感体验,培养学生用已知探求未知,用感性寻求理性,并最终能用所学知识适应社会生活。挣脱枯燥单纯的课文讲解的枷锁,带领学生走进生活,回归生活,从而让语文课真正地贴近学生,贴近生活,充分发展学生观察、思维、想象、实践和探求新知的能力,让语文课真正成为一门融欣赏性、趣味性、实用性于一体的基础学科。

语文素养的养成贯穿于人的生长过程,语文的知识能力不是只靠传授就可以的,最终要自己"生"长出来,也即"生成"。夸美纽斯在谈到教育原则的第五条时说:"在自然的一切作为里,发展都是内发的。"③教师的价值是通过学生体现出来的。只有学生自

① 中华人民共和国教育部.普通高中语文课程标准(2020)[S].北京:人民教育出版社.2020:1.

② 同①。

③ 夸美纽斯.大教学论[M].傅任敢,译.北京:教育科学出版社,1999:82.

己内化了知识，重组了知识结构，他的语文能力才形成，语文素养才得以提升。在语文课堂上，一切的生成都是为了学生更好地感受语文，体会语文。叶圣陶曾经拿看图画与听音乐来类比，强调学生语文能力生成的重要性："单教学生逐句听讲，那么纵使教师的讲解尽是欣赏的妙旨，在学生只是听教师欣赏文学罢了。试想，只听内行家讲他的对于图画与音乐的欣赏，而始终不训练自己的眼睛与耳朵，那欣赏的能力还不只属于内行家方面吗？"[①]

可以看出，语文"生·动"课堂中的"生"字包含有三层意义："生命""生活""生成"，这三层含义构筑了语文课堂教学的基础。

二、关于"动"

动，指改变原来的位置或状态，是与静相对的一种状态；又可作动词，指操作、行动，使用、运用，起始、发动、感动、变动等义项。

从哲学上讲，运动是物质的固有性质和存在方式，是物质所固有的根本属性，物质和运动是不可分割的。同样地，"动"也应是课堂的常态，不关注课堂的动，其实是对物质运动规律的不尊重。课堂的动，有教师的动，有学生的动，有教师与学生交互的动，教师就是通过"动"来实现知识的传授、能力的训练和生命的激荡。"流水不腐，户枢不蠹"，课堂也因"动"而产生活力，由"动"而有了能量的转化，从而达到师生互动的守恒和教与学的动态平衡。

夸美纽斯在论及语文教学法的时候说："一切语言通过实践比通过规则去学来得容易。"[②]语文学习的实践性决定了语文课堂应该是师生活动的课堂。课堂活动是学生使用所学新知、形成言语能力、巩固学习成果的必经之路，所以活动的主体应该是学生，活动应由学生来展开，因此活动应突出学生的主动性。学生的活动是在老师的指导启发下进行的，是师生的互动。同时，学生的活动又是在同学间展开的，又是生生的互动。正是师生之间、生生之间的多向互动，构成了课堂的有机形态，形成了一个可持续发展的课堂。"师生的活动，是显示学生探究悟性、思维灵性、丰满人性的独特生命动态的真实反映，是学生自觉凸现课堂主体地位的有力例证。"[③]这样的课堂就是不呆板不死气，生动活泼，充满灵气的课堂。所以"生·动"课堂中的"动"字包含有"主动""互动""灵动"三层意义。这三层意义中，"主动"是学生课堂主体本位的体现，"互动"是课堂活动的形式样态，"灵动"是课堂教学的质量追求。

---

① 叶圣陶．叶圣陶语文教育论集[M]．北京：教育科学出版社，2015：51.

② 夸美纽斯．大教学论[M]．傅任敢，译．北京：教育科学出版社，1999：159.

③ 杨九俊，王一军．让创新思维在课堂飞扬[M]．南京：江苏教育出版社，2011：238.

三、关于“生动”

生动，一个主谓词组，解释为“学生活动”，所以语文生动课堂就是以张扬学生生命个体特性为目的的，学生主动求知、积极活动的课堂。

生动，一个形容词，现代汉语词典解释为“具有活力，能感动人的”，所以语文生动课堂就是不呆板、不死气、有活力的课堂。

语文“生·动”课堂，首先是以人为本、为学生服务、让学生活动的课堂，体现了人本理念。语文素养决定着个体情感、思想的表达质量，决定着人与人之间相互沟通的质量，所以说语文素养在一定程度上决定了人的生活质量。叶圣陶说：“教育本身并非目的，而是工具。这种工具，大而言之可以挽救国家社会，小而言之可以指导个人，改造个人的错误，实现个人的本能，它的作用是很大的。”他还认为教育与人生的关系有三点：一是以教育认识自己，二是以教育革新自己，三是以教育成就自己。① 语文对人生的重要意义自不待言。

语文“生·动”课堂，其次是学生活动的课堂，也就是要发挥学生的主观能动性。传统的教学是以教师传授为主要形式，这样的课堂突出的是教师的权威与知识上位。而当今的课堂应该以学生活动为主。我们要把话语权还给学生，要把时间还给学生。学生有了自主活动时间，其主体作用就会得以发挥。教师从主角转变为导演，即转变为课堂教学的组织者、指导者、协调者、促进者。把尽可能多的时间让给学生，让学生参与尽可能多的活动，获得尽可能多的实效。叶圣陶说：“学生的主观能动性不断发展，将会达到这样一个境界：在事事物物中，随时随地能够发现问题并且解决问题。这样的人才是任何工作任何行业最为需要，我恳切期望老师们向这方面着力。”②

语文“生·动”课堂，还应是不呆板、不死气、有活力的课堂。当一切以教师的话为号令，当一切以教材的内容为准则，课堂不呆板也是不可能的。不呆板，是学生能有想法、知变通；不死气，是学生能活动、敢活动、会活动；有活力，最主要的是体现在学生的思维能力。朱绍禹说：“语文学科是语言学科，同时也是思维学科。同对语文科是工具性学科和思想性学科的认识一样，这样的认识也是语文学科的一种本质观。”③简单记忆、复述知识、机械应用程序的工作是浅层学习，缺少思维的参与，不是“生·动”的表现。课堂上最重要的教育目的，在于去点燃学生求知的渴望。作为老师，在课堂上，要带领大家一起去探索奥秘，让课堂教学既像游戏一样具有趣味性，又像赛场一样具有挑战性，更像舞台一样具有展示性，吸引学生迫不及待地参与进来，化被动接受为主动学习，努力调动自己的大脑去思维、去寻找答案，进而培养自主学习能力。

---

① 叶圣陶. 叶圣陶集（第十一卷）[M]. 南京：江苏教育出版社，1991：65—68.

② 叶圣陶. 叶圣陶集（第十一卷）[M]. 南京：江苏教育出版社，1991：244.

③ 朱绍禹. 中学语文教学法[M]. 北京：高等教育出版社，1988：16.

第二节　生命的课堂基础

实现学生生命的提升与发展，这是语文课堂教学的最终目的。基于这样的本位，语文课堂的教学才有了指向。在几千年的科举制度下，教学成为一个工具，一个可以用来改变命运、飞黄腾达的工具，所以读书就是进入上层社会的梯子，读书就是打开仕途之门的敲门砖。而对于语文学科，工具论让语文教学曾经一度沦为单纯的语言技术课，使本来生命个性化显著的语文学科，成为单纯传授语文知识、训练言语技能的学科，这样的课堂，是以知识识记和技能训练为目标的课堂。这种教育是基于前人的经验与过去的知识，今天的社会发展状况、经验知识、生活技能还没有能被写入课本。所以教材编写的延迟性必然会使教育在一定程度上脱离生活实际，这也是不能兼顾学习者个体生活特征的表现。而以生命为本位的课堂是从人的生命出发的，一切都是为了人的发展，课堂教学的行为是打上鲜明的学生生命个性特征的，没有学生个性化的参与，课堂就无法展开。所以以生命为本位的课堂教学，其目的是促进学生生命的提升与发展，其形式是学生生命的交互活动。

语文课堂教学的过程是与生命对话的过程，对话的媒介是教学内容。高中教材文本都是选自传统文化中的精华，凝聚了作家的心血、思想和生命感悟。因此，我们首先引领学生去与文本对话，感受领悟这些教材文本中呈现的一个个跃动的先贤圣哲的灵魂，用心去领会先贤圣哲告诉我们的为什么而活、怎样去活。并把先贤的这种精神和意志内化为自己生命的一个组成部分，让他们懂得关注生命、珍惜生命、热爱生命是中学生必备的心理品质，这是语文教育的魅力，也是语文课程的人文价值。在低年级，由于年龄的限制，学生的心智尚不成熟，缺少对历史、对社会的判断力与理解力，因而学生与文本的对话是浅显的、表面的，主要是对于语言知识与技能的学习掌握，并在对语言的学习中感受思想文化的熏陶。对于学生生命而言，这种对话的方式主要是输入式。而高中学生，思想日趋成熟，具有独立的思考与判断能力，能够理性接纳与质疑思考，因而与文本的对话更具深度。

其次是师生之间的对话。师生对话在民主、平等的师生关系上进行。在教学过程中，对话不应是传道授业式的，而应是教师和学生都作为主体，平等交流，把要了解学习的教学内容作为客体。对话的要义是平等的交流，因此要建立相互平等的师生关系，营造民主交流的平等氛围，师生双方共同合作，在相互影响中实现双方人格的不断丰富与完善。因此课堂教学实践中，教师应与学生一起学习，共同完成教学目标。由于学生年龄的差别，生命成长的阶段不同，课堂教学的师生对话的质量也不相同。之所以有些课堂的教学对话会变成单向的输入式，原因在两个方面：一个是学生处于低幼阶段，理解能力和思维能力受限；二是教师在制订学习目标与学习计划的过程中没有考虑双方的实际情况，大多是教师根据自己个人的理解来制订的，没有考虑过处在学习主体地位的学生。如果充分考虑了学生的生命阶段，在高中语文教学中是完全可以进行平等的对话交流的。

再次是生生之间的对话。课堂上，学生之间的交流合作与互动影响，是彰显学生生命张力的重要内容。教师在课堂上引领学生从不同的角度去观察、分析，平等对话，帮助学生增强学习的主动性和积极性，让语文课堂充满活力，生命活动充分展现，语文课程充分展示。而新课程倡导的合作学习正是对话的要求。在生生对话中，课堂的主动权交给了学生，教师把学生普遍感到的疑难问题提供给学生，让学生就遇到的共性问题展开对话。学生对话开始后，教师以倾听为主，弄清学生主要观点及问题，并选取引导的对策。使生生在对话中既有行为互动，也有思维互动，既有知识的交流，也有情感的传递。互相交换思维成果，互相交换情感的体验，互相学习技能技巧，使学生能取长补短，共同发展。

这三重对话，正是以生命为本位的对话，着眼于生命的体验、生命的成长与生命的完善。在课堂上，语文教学活动关注生命本体、欣赏生命活动、提升生命质量、拓展生命价值。语文课堂教学过程中，丰富的文化内涵如一股炽热的血液，流淌不息，灌注学生的精神生命，成为生命的源泉。语文学科具有强烈的人文精神，散发着生命的光芒，让每个学生在宝贵的教育生活中感受语文的魅力，在丰富绚丽的语文世界中获得人与社会的融合，从而使学生获得生命个体的精神丰盈，使语文精髓在学生生命的长河里永远流淌。

第三节　生活的课堂坐标

生命离不开生活，生命的提升与发展是在生活中进行的，生命提升与发展的表现形式就是生活质量的提升。语文课堂教学要找准生活的坐标，就是要把课堂教学建立在生活的基础上，把生活作为开展教学活动的原点。在生活中学语文，在语文中学生活。

“生活”是现代西方哲学中的一个重要范畴，最先由德国哲学家胡塞尔提出来。现代哲学家们敏锐地感受到了人类近代社会遇到的危机，并对这种时代性的危机进行了彻底的反思，倡导回归到人的生活世界。英国的维特根斯坦努力寻找作为一种“生活形式”的语言，以能够使得语言活动与习俗礼仪和人文生活融为一体。德国的哈贝马斯认为生活世界是交往行动的根基和背景，是一个交互主体的世界。

一、以生活情境为支撑

情境，指具体场合的情形、景象或境地。从概念中可以看出情境是具体的、可感的。心理学认为，情境是能发挥对人的直接刺激作用的。叶圣陶老先生的《二十韵》中说“作者胸有境，入境始与亲”①，课堂教学设置生活情境，并且引导学生渐渐入境，教材文本的理解也就水到渠成了，所以营造生活情境是语文课堂教学的重要手段。比如很多教材文本蕴涵着深厚的情感与生活的哲理，让学生体会与理解看似平淡的文字可能并非易事，仅仅靠对课文字字句句的分析也难以奏效，而如果以生活的情境为支撑，学生就能设身处地，入情随化，自然而然地理解了相关内容。所以语文课堂不是限于文本，而是与生活相联系，当读者与作者的情感在一定的情境中相互碰撞，激起火花，引起共鸣，学生对课文的理解也就渐趋准确深入。

由课本走向生活，使课本有限的内容更加丰富多彩，也使得抽象的内容更加直观，让学生发现文学的灵感、文字的魅力就在自己身边，这样学生不由自主地拓宽了语言的环境，扩展了课堂的辐射面，所学相关知识也能在生活的大语文现象中加深体会理解。

因此，我们要采用多种手段创设语文生活情境，使学生在情境中观察、想象和思维，促使其智力和语文能力的发展。教师创设的富于感情色彩的生活情境容易使学生受到情感的震动、切身的体验，他们不仅学到了知识，而且受到了熏陶，达到“润物细无声”之效。在情境教学中培养学生的语文能力，使学习变成一种自在、愉快的情感交流活动。使知识、能力、智力、情感多方面的培养融合在生活情境里得到和谐的发展，这就是语文学科素养的整体提升。

二、以生活内容为素材

美国教育家华特说：“语文的外延与生活的外延相等。”这句话强调了语文课堂教学内容与生活重叠的事实。新课程标准明确告诉我们：“语言文字是人类社会最重要的交际工具和信息载体，是人类文化的重要组成部分。语言文字的运用，包括生活、工作和学习中的听说读写活动以及文学活动，存于人类社会的各个领域。”“工具性与人文性的统一是语文课程的基本特点。”②从工具性质来看，语文是离不开生活的，离开了生活也就无从谈起人类的交际了。从人文性来看，语文也是离不开生活的。因为人是生活在一定的文化氛围之中的，没有人类的文化氛围，人就失去了与动物的区别。现实生活有鲜活的内容，有丰富的内涵，有生动的场景，有多样的义域，有广阔的腹地。语文课堂教学以现实生活为内容，便接上了源头活水，让抽象的语言文字有了具体的语境，让生命的对话有了生动的内容。生活的源泉沛沛而来，对话的素材生生不息，语言文字的情境永不枯竭，语文课堂也就乐趣无穷。

三、以生活体验为支持

语文课堂教学行为不外乎听说读写四种行为。“听”不仅要能听清别人在说什么，

---

① 叶圣陶.叶圣陶语文教育论集[M].北京：教育科学出版社，2014：5.

② 中华人民共和国教育部.普通高中语文课程标准(2017)[S].北京：人民教育出版社，2018：1.

还要能听到别人说话的重点，更要听懂弦外之音，听出没有说出口的内容。没有生活的阅历与经验，在交流过程中就可能听不清内容、抓不到重点、听不出话外的意思。同样读书也是，书本靠情感打动人，靠理性说服人，靠道德内容教育人，靠思想倾向引导人。没有生活的体验，就无法引起情感的共鸣，没有生活的基础，就无从达到理性的高度，没有生活的积累，也就没有思想道德的提升。而说与写是自我表达，是信息输出。表达的准确得体是基础，这就要求既能说出自己要说的内容，又能看准表达的对象，选择出恰当的表达用语。基础目标达到了，还有更高的要求，如何能有自己独特的表达、新颖的表达、创意的表达，这一切都要靠生活体验的支撑。没有生活的体验，王安忆就写不出上海弄堂的烟火气；没有新疆的农村生活阅历，刘亮程就写不出风中院门的回响；而我们没有相近的生活经历，也就无法深刻领会到作品深层次的美。

第四节　生成的课堂特色

生成是课堂教学的终极追求，是课堂教学成果的输出阶段，生成的质量决定着课堂的教学效果。传统的语文课堂教学，强调的是知识的传授与能力的训练，课堂是教师的课堂，是教师的讲堂。教师拥有着语文的知识，掌握着语文的能力，高高地站在语文的讲台上俯临课堂。学生最重要的任务就是听从教师的安排，学习接受教师传给的知识。这种以知识为主线的课堂一切都按教师的安排进行，每一个环节都写在教案上，每一句话都在计划的时间内说出。而与传统预设性教学相比，生成性的课堂教学是一种开放、互动和多元的课堂。所谓生成的课堂，是指教师在课堂采取一系列措施激发学生的主动性，或创造一定的情境，让学生参与课堂活动，教学活动不是拘泥于教师预先设计的教学活动方案，而是顺应学生的参与表现不断引导，依据学生在课堂上提出的有价值的、有创见的问题和作出的现场的反应，及时调整或改变预设的教学计划，依照学生的问题或想法而展开教学，让学生在主动学习时生成自己个性化的理解与体验。生成的课堂强调教学的过程性、灵活性和创造性，追求体现学生的主动性。

生成的课堂强调教学的过程性。因为重结果的教学排斥了学生的思考和个性，使教学变成无需智慧努力，只需听讲和记忆就能掌握知识的过程。重结果、轻过程的课堂上，教师的潜意识里往往希望学生能够按照自己所设计好的教学方案按部就班地开展活动，对教师提出的问题作出规范性的回答，并且努力地引导学生按照自己的思路进行学习活动和认知活动。这样的课堂严谨有序易于把握，教师可以保证在既定的教学时间内完成教学进度，达成既定的认知目标，其结果是轻视了学生在求知过程中的思维过程，忽视了学生在教学活动中的能动作用，无视学生的发散性思维的提升和解决问题能力的提高，没有把知识的迁移能力的发展训练放到足够重要的地位。而强调过程性，则是看重学生的课堂活动，看重学生思维的训练过程，看重学生自己生成了多少知识与能力。

看重生成的课堂，必然是不以知识传授为中心的，而是看重学生活动的过程，这样的课堂不以完成教学进度为最高追求，而是追求学生思维的开放与活跃。课堂教学的时间是有限的，教学环节可能不完整，教学计划可能没有完成，学生的结论可能是不正确的，但学生在课堂上通过自己的参与活动，懂得了探究的方法，明白了思维的路径，生成了交流表达的体验，这样的收获比学生完备地记住教师传授的系统知识要大得多。

重视过程性，看重的是学生的生成过程，因此这样的课堂也必然是灵活的课堂。因为学生的反应与活动具有不可控性，给课堂注入了灵动的因子，教师要调动自己的能动性灵活地适应学生的表现，并作出适时的引导与启发。而重视知识传授的教师则看重的是传授的结果，不会过多关注学生的反应与表现。灵活性首先是表现在学生的思维过程是灵活的。“一千个读者就有一千个哈姆雷特”，可见每个学生的思维品质是不一样的，即时反应也是不一样的，这是造成灵活性的一个方面；另一方面，每一位学生的思维活动在不同的时段、不同的情境下，也是不同的，这也是造成教学过程具有灵活性的原因。其次，灵活性表现在教师掌控教学环节的灵活上。教师针对学生的即时生成，随机做出课堂环节的调整，使教学的活动更具针对性，更有现场感。灵活性既是显著的环节的灵活调整，还是思维的灵动应对，学生的一言一行都是教学中难得的资源，有人说课堂上学生的错误是座富矿，善于灵动地挖掘使用学生的课堂生成，能让课堂更具活力、更具灵性。

生成的课堂必然是具有创造性的课堂。一旦把课堂还给学生，学生就会被激发出无穷的创造性。对教师来说，课堂的灵活性就是要不断地创新教学呈现方式，改变教学习惯和教学方法，用教无定式、教无定法，来适应学生的灵动表现。生成是需要氛围的，这个氛围就是创造性的氛围。首先是教师的创造性，呆板的教学模式、生硬的教学环节和干巴的教学语言是不会引发学生创新思维的。学生的优质生成需要教师创意设计与灵动氛围来点燃。创意的设计激发起学生的创新热情，课堂的生成便源源而来。其次是学生的创造思维也可以迅速影响同伴的思维创新，使他们以更开阔的思维方式创造性地思考问题、解决问题。而学生创造性的思维生成又可以反过来激发教师的思维创造力，这样就形成了师生共同促进、教学相长的良性循环。生成过程鲜明地体现了教学中师生互动的关系与情感的交流，生成凝聚着师生互动的心血，具体表现在以下的师生关系方面。

一、生成是师生生命的吐纳

课堂是师生生命互相影响、互生互长的地方。课堂教学是师生的生命交流的重要历程，“生·动”课堂的理念核心就在于强调了课堂上师生生命的交流与成长。“生·动”课堂不是一种教学模式或教学方法，而是一种教育理念、一种教育思想，具有基于生命、顺遂生命和成就生命的特征，基于生命是前提，顺遂生命是手段，成就生命是目的。

基于生命的前提，强调的是教与学的鲜活，课堂的教学活动是生命的互动，课堂的内容是与生命密切相关的内容，课堂的生成是生命生长的部分，只有认识到生命在课堂教学中的成长，“生·动”的课堂教学理念才有落地生根的可能。顺遂生命，是因为个体生命具有天生的不可逆的生长性，生命生长的过程就是不断吸取营养的过程。人的生命成长不同于一般的生命，一般动物的生命生长与丰盈生命内涵的过程都靠自己的亲身经历。看过火才能知道火的样子，爬过山才知道山的高大，而作为智慧的人，课堂是生命成长丰盈的重要过程。生命有了吐纳才有了新陈代谢，顺应生命就是顺应生命的新陈代谢的特征，让课堂教学成为生命吐故纳新、不断生长的沃土。课堂的生成就是师生在一个安静而从容的环境里，把脑中存留的旧有的认知、过去的想法拿出来相互交换，在对话与交流中各自吸收有益的东西，放弃那些过时的，甚至是灰心、失败、焦虑、烦恼等负向的东西，将它们全都呼出体外，继而再在美妙和谐的课堂里深深吸纳，吸入无限的新奇、健康与精力，生成无比的快乐和成功感。学生的成功感、愉悦感，教师的成就感、欣慰感，生成在静好的课堂上，形成美妙的生命交融的现象，让生命的个体学会期待，期待那些美好的事情的发生，比如更多的知识、更多的技能、更健康的体魄、更美的形态、更大的快乐、更耀眼的成功。每堂课上，我们都做着这样的生命吐纳，你就会看到，教育是多么让人兴奋的事，生成是多么美善的节点，生命是多么神奇的过程，这样循环往复，生命便渐趋成熟。

二、生成是师生情感的鸣响

情感的共鸣是两个人或者一个群体在日常行为和生活中产生的一种灵魂和精神上的无限延展和沟通，这种沟通是无言的沟通，是对事物的看法和理解的一致性，举手投足间达到了相互一致、相互配合的默契，这就是情境同一性原理，是由亚历山大等人在20世纪70年代提出的。他们认为，每个社会情境或人际背景，都有一种合适的行为模式，这种行为模式表达了一种特别适合于该情境的同一性，故称为情境同一性。心理学家指出，人的交往过程是一个双方互动的过程，这个过程包括交往对象和交往情境。如果在交往过程中我们能进入对方的情绪状态之中，和他同喜同悲，那么我们就建立起了与对方共鸣的情境，也就能赢得对方的热情回应。能产生美的生成的语文课堂教学正是基于师生情感的共鸣。

心理学家告诉我们，人们之间感情上的认同和共鸣，是通过沟通情境刺激获得的互通和互相感染的结果。当今社会，人的情感渐渐变得冷酷和麻木，当许多人越来越只关注自己的利益的时候，课堂便成了最具真情沟通的场所，课堂教学也应担负起化育学子的责任。教师在课堂上营造一种与他人相互尊重的氛围，课堂上师生的关系是一种无利害攸关的平等的和谐关系，学生能与别人分享喜乐，同担忧患，同声相应，同气相求，共同为同伴的创意而喝彩，一起为文学人物的命运而悲喜，这种就是情意的生成美、体悟的生成美，是师生情感的共同鸣响，是人与人交往的心灵相通与意气相投，是人之交往的最高心境。

三、生成是师生精神的哺育

课堂教学中，当师生关系和谐，互动愉悦怡情，课堂生成以自然、顺畅的形式出现，以真实、良善为表现内容时，就是生成美的最佳境界。课堂生成美首先表现为人的思维活动，是师生精神的光亮。美的本质，对人类生命主体来说是一种精神上有益性的关系。课堂上师生互动的生成就是对生命主体有益性的启示和体现，就是美的本质体现。人类所有的文明活动都与人类自身的生命主体的生存联系在一起，教育更是这样。人类只有把所获得的、所追求的、所创造的、所关心和幻想的一切，都与人类生命联系在一起，才真正体现人类生活的本质。而美的历史，其实质就是人类生命主体的进化、完善的历史；美的发现与创造的实质，就是人类生命主体美的完善和满足。人类就是在不断地追求美的同时，也使人类自我生命的灵魂得以净化和完善。在课堂教学中，师生不断演绎着向往、追求、创造美的行动，就是人类自我主体不断地获得相对完善的生活的体现。课堂上师生对话互动交流，在欣赏美、创造美的过程中不断生成着，这就成了师生精神的深度哺育。一个民族所形成的人生态度，是一种让民族生生不息的精神，她的继承与发扬，是"生·动"语文教学必须承担的重任。语文教学有精神哺育的功能，语文课堂也必须承担起精神哺育的重任。"生·动"课堂的生成观，从更广阔的时空视野，认识到语文教学不仅关乎学生语文技能的加强，更关乎民族生命素质的提升和人格的培育，因此，要让精神哺育成为语文教学的必然担当。

四、生成是师生存在的思考

"生·动"课堂，强调的是让生命在场。

课堂教学，大体可以分为三种不同的类型：知识的课堂、能力的课堂、"生·动"的课堂。知识的课堂，是教师以传授知识为目的的课堂，能够通过设置一定的教学流程，开展有效的教学活动，完成教学目标的各知识点的呈现与传授；能力的课堂，指教师在教学过程中，不但传授知识，还能引导学生在掌握知识的同时，探究出知识背后的定理规律，并将其运用到解决现实问题之中，形成一定的解决问题的技能；而"生·动"的课堂是指教师的教学活动能够以全体学生的生命成长与终身发展为宗旨，把学生的生命成长与身心健康发展作为一切教学行为的中心目标，在课堂教学中让所有的生命都能在学习过程之中激发出极大的热情，迸发出极大的能量，让课堂上的生命个体都在学习的过程中感受到成长的愉悦、成功的自豪。

知识课堂，可以让学生最快地接受并掌握现成的知识，但缺少互动的过程；技能的课堂是学生获取知识、内化于心并形成技能的过程，是生成的开始；而"生·动"的课堂，则是教学的最高境界，体现了课堂教学过程中、教师的教学环节设计过程中的让生命在场的人文思考，是对生命个体的敬畏与尊重。在这样的课堂上，每一个生命个体都呈现出一种昂扬向上的学习风貌，每一个学习个体的情感都沉浸在师生良好互动所营造出的知识氛围中，每一个学习个体的价值都张扬在既严肃紧张又团结活泼的学习情境里，每一个生命个体都在积极向上的课堂氛围之中不断地形成思维的碰撞，不断地生成精彩的创意。这样的教学成为真正能滋润学生心灵的高质量养料，成为构建学生健康成长的重要人文基质，真正唤醒了所有学习者的生命意识，让所有的生命都自在地活跃于课堂。

五、生成是师生思想的透视

课堂教学是与生活息息相关的。刘国正先生结合教学实验，富有创造性地提出了三种方式：第一，内引，把学生已有的生活经验引进到教学中来；第二，外联，将学得的成果延伸到生活中去；第三，通过与生活的对比，使学生加深对教学内容的理解。“生·动”课堂教学就是以现实生活为基础、以思想升华为方向的师生交互过程。在这个交互过程中体现着教师的思想深度，教师的思想影响着学生的思想，并启迪着学生新思想的生成。因此，课堂生成也是师生思想深度的体现，透视了师生精神互动的思维成果。

我们当下的课堂教学总是以学生的将来为指向，而较少关注学生当前的生命状态。我们总是在提醒并要求学生树立远大的理想，长成对社会有用的人，甚至要成为社会的栋梁、人类的精英，但是我们却缺少从人文关爱的角度去看学生当下的生存状态与思想状况。作为教师，我们必须关注学生在校的生存状态，提高在校生活的生命质量与思想深度，让学生学会享受生活、思考生活，从而满足未来社会生活的高素质要求。对眼下生活的关注源于生命本位的理念，学生作为一种人的自然存在，需要得到人的尊重和关爱，需要“生命涌动”。个体生命质量得到提升的教师要能够充分利用动态生成的教学情境、资源和时机，激发学生积极思维，鼓励学生大胆质疑，作另类回答。对学生要有智慧的挑战性。学生的智慧被激活了，会反作用于教师和其他学生，能使其在更高的层次上积极思维，会在师生、生生间积极的思维互动中，不断提升思想的品质，生成出思想的光芒和绚丽的个性色彩。不要以为教师只会对学生的思想有启迪引领的作用，在如今信息化时代，教师没有知识的权威，也不是知识技能的唯一源泉，许多时候教师要从学生那里获取当下的信息，教师必须要有“终身学习”体认，除了要不断“充电”，努力进取，博览群书，多渠道地广纳信息，更要不断地从学生那里汲取营养，重视学生对教师的“反哺”，唯有这样，师生互动才能在原位上得到提升，师生间积极的建设性的双向互动才能为课堂注入无穷的生命活力，促进师生的可持续发展。

六、生成是师生追问的呈现

课堂上精彩的生成，是师生生命相遇、心灵相约、思维碰撞的过程。课堂教学是师生对话的过程，课堂是师生质疑问难的场所，是通过对话探寻真理的地方，更是学生满足好奇、解决疑难、激发兴趣、发现成长的“一方乐土”。课堂教学过程，是一个复杂的工程，学无定性、教无定法，教学最大的特点就是情境的不确定、情绪的不稳定、学生个体状态的差异以及教学策略的不确定。然而，在复杂的不确定背后，又隐藏着潜在的教学生成契机，引导、激发学习者兴趣的就是师生的对话与追问。成功的教师往往都会对学生提出的问题保持着浓厚的兴趣和敏锐的洞察力，能敏感地捕捉教学的契机，以不断追问的手段，催生出学生一串又一串的精彩生成。以现象的追问为起点，在答问的过程中不断追问出现象的本质、问题的原点。教师始终把自己放在问题情境之中，以对现象的追问为支点，提出问题，让学生自己的问题成为撬动其思考的支点，并不断生成出更多的追问，从而愈来愈接近问题的本质。教师的追问是课堂教学的智慧呈现，教师不仅要在课前精心创设问题情境，精心策划教学流程，精心预设面对所有学生的各类问题，而且真正引领学生的是课堂上现场的追问应对、机智的问题引领。师生的对话中相互追问的过程体现了师生生命平等的地位与生命向上的追求。以生命成长的理念引导的课堂教学中，学生的生命活泼而跃动，教师以问激趣，不断回答并满足不同层次学生的不同时段的质疑与发展需要。没有一个学生是天生便拒绝成长、拒绝表扬、拒绝成功的，只要教师能够在课堂上充分自主，不断追问学生的生命本体，让学生自己不断地去发现、去思考，去继续追问、继续思考，学生便能够在各自理解能力的基础上，发现原本没能发现的问题，探究出原本不明白的现象，生成原本触摸不到的思维高度。这样，每个学生便都能够在课堂上找到自己的位置，发现自己的价值，享受自己的成长、进步。

七、生成是师生胸怀的敞开

课堂上师生的融洽交流是生成美的前提，而生成美的不断延续与精彩呈现是师生胸怀敞开的真诚合作交流的体现。我们重视较多的是学生与学生之间的学习合作交流，却很少提及师生的合作交流，其主要原因还是师生地位不平等的思想意识。在“生·动”语文课堂里，教师不是灌输者、讲授者，不是先师与道长，而是朋友，是指导者，更是合作伙伴。生成就是师生敞开襟怀、真诚沟通交流合作的产物。在师生合作的氛围中，教师不再是专制的尊长，学生不再是接纳的容器，师生都是学习者、进步者，都是共同学习、共同生活的主人。师生的真诚合作正体现了时代赋予课堂的特质——相互关心、相互帮助、共同发展。教师是营造平等氛围、创造合作环境的组织者，这个环境有宽松、民主、自由、和谐、充满活力、有利于合作的氛围，在这样的环境里，学生感到安全、舒心，于是就很容易不自觉地敞开心胸，释放出本真的状态，于是师生就自觉进入自主式的交流状态，在放松的交流合作中，师生间认识上的沟通、思想上的碰撞、情感上的交流、心灵上的对话就不断地生成出美妙而精彩的乐章。敞开胸怀的合作是建立在诚信的基础上的。诚信是信誉的保障，是合作的前提基础。师生之间的不诚信必然使沟通交流出现问题，导致生而无成，或生而不美，比如本应是地位平等地共同探讨，却往往还是老师说了算，学生积极参与了，其结果是得不到应有的展示与话语权，只是走走形式而已；如分析课文都听老师的，写作思路要由老师定，学生无法参与其中，不能生成出真正属于自己的想法，只停留在学习表层。长此下去，师生的沟通就会产生鸿沟，心灵之间就会出现隔膜，生成便成了纸上的烟花，虽是鲜艳长久的影像，却虚假而单薄苍白。

八、生成是师生智慧的诗性

课堂的生成美学是师生智慧的诗性体现。教师的课堂智慧和随机应变的能力，直接决定了课堂的趣味性。在学生眼里受欢迎的教师应该是一个有渊博知识的老师，一个充满智慧、幽默风趣的老师。一堂生动有趣的课，应该是闪动着教师智慧灵光的课堂，教师注重和学生的情感交流，使师生在愉悦的情感交流中共同学习、共同成长。在这样的课堂上，教师以智慧引领学生成长，以智启智，让学生在互动中自然生成诗性的情意、美好的情感和不断走向完善的理想。而过去，有人把课堂教学比作舞台表演，教师是导演，学生是演员，教师的教和学生的学在课堂上最理想的进程就是下课铃响了，正好完成预定的教案。上课就是按照写好的剧本——教案进行表演的过程，教师按教案进行提问，教师期望的是学生按教案设想做出回答，否则就努力引导，一直到学生说出教案上预定的答案为止。固定的教案成了一根看不见的线，支配、牵动着舞台上的教师与学生，让他们像木偶一样按指挥转来转去，课堂真正成了教案剧的舞台。师生在这样的实际教学中，没有思维创新，没有主观能动性和创造力，又能谈上什么闪光的智慧、诗意的创新呢？

社会在不断发展，生活在不断变化，我们身边的教育情境也是处于不断的发展变化之中，学生的每一天都是不同的，只是我们没有看到，没有用心关注。于是，教学的遗憾就不可避免地接踵而来，学生的智慧创新、精彩生成，我们视而不见，任凭那在课堂上闪现的智慧火花自生自灭，因为我们关注的只是我们预先写好的剧本。其实，生命化的课堂教学中，最精彩的场景往往在教师的预设之外，它是师生思维碰撞的火花，是教学中的机智与创新，它闪现着的师生智慧与灵光是自然生成的，课堂上师生智慧的挑战与创新不断激起学生探求和创新的欲望，张扬的生命活力让课堂将教学价值定位在对成长中的整个生命的关注上，它关注学生的生命个体，鼓励智慧的迸发与诗性的呈现，使课堂成为学生快乐成长、增智生慧的地方。

第五节　主动的学生本位

瑞士心理学家皮亚杰创建的关于知识与学习的理论，即建构主义理论，其核心可用一句话概括：以学生为中心，强调学生对知识的主动探索、主动发现和对所学知识意义的主动建构。高中语文新课程标准认为，学科核心素养是学科育人价值的集中体现，是学生通过学科学习而逐步形成的正确价值观、必备品格和关键能力。语文学科核心素养是学生在积极的语言实践活动中积累与构建起来，并在真实的语言运用情境中表现出来的语言能力及其品质；是学生在语文学习中获得的语言知识与语言能力，思维方法与思维品质，情感、态度与价值观的综合体现，包含“语言建构与运用”“思维发展与提升”“审美鉴赏与创造”“文化传承与理解”四个方面。这四个方面中第一个方面就是语言的建构与运用，而所谓“建构”正是学生学习内化的过程，这个过程就是学生积极主动的学习过程。学生不是被动地接受外在信息，而是根据先前认知结构主动地和有选择地知觉外在信息，建构其意义。

建构主义学习理论指出了现代化教育的本质，即确立学生在学习中的主体地位，强调了学习过程中学习者的主动性和建构性。语言的建构是言语能力内化的过程，如果没有学生主动参与，不去经历听说读写的内化，语言的建构就无从谈起。

语文课堂的“主动”，首先有积极的心理期许，其次有愉悦的情绪基础，最后是个性的行为体验。

一、主动行为蕴含有积极的心理期许

课堂教学中，积极的心理是教学活动的基础。学生的积极心理可以促进师生间的和谐互动，积极心理能够帮助学生消除倦怠，引导学生迈上自我负责、自我提升之路，让学生明白有志者事竟成的道理，明白聚沙成塔的可能。如果认为自己技不如人，将会导致意志力丧失，自暴自弃，成为一个失败者。学生的积极心理也会获得教师的积极响应，让教师发现学生的优点，并不停地放大、鼓励，让学生获得学习的动力，从而更积极更专注地投入学习中去，这就是积极心理的作用。赞美、信任、期许将是一种正能量，会使学生朝着老师希望的方向发展。培养学生积极乐观的品质，将会拓展学生的积极情绪，使学生看到更多、想到更多，进而和周边环境和谐相处。积极情绪让学生充满希望，正确看待挫折，能很快从失败中走出来，使其成为一个具有积极态度及乐观思想的人。伴随着积极情绪以及对积极状态的认可，学生就会主动产生不同的思考和创新学习方式，以及对新知识的不同见解，这就是期许的意义。而消极情绪将会使思维空间变得狭隘，让学生的思维受到限制。在同等条件下，积极心理将会使学生冲破一定的限制局面，从而产生更多的思想，扩大主体范围，增强认知。

在课堂上让学生获得积极的自我认可，并通过不断强化，从而把持续时间短的情绪建立为积极的心理品质，这样就可以使学生客观公正地评判自己的不足，用积极的心态面对问题，从而形成积极的应对方法。课堂教学中，我们教师努力创造出一个良好的师生互动情境，建立一种和谐的师生关系，平等地对待每一个学生，努力发掘学生身上的闪光点以及存在的问题，就能帮助学生建立积极健康的心态。教师用积极心态面对学生，并不断加强学生的群体意识，就可以提升班级凝聚力，让班级的全体学生在课堂里都具有积极的情绪，互相影响，这就形成了班风。总之，积极心理期许将会使学生具有积极学习和快乐生活的心态，会充分发掘学生的潜力，让学生在学习中提升主动性，并且充满活力，拥有自信，用积极的心态思考问题，从而实现全面发展。

二、主动学习得益于愉悦的情绪基础

课堂上学生参与教学活动，积极与教师、同学进行学习互动，这种主动性的行为来源于学生愉悦的情绪准备。心理学研究显示，人的认识活动与情感是不可分割地联系着的。轻松、愉快的积极情绪对人的智力活动具有催化与导向作用，而烦躁、苦恼等消极情绪则对人的创造思维等有抑制作用。同样地，学生心理愉快、情绪轻松时，反应敏锐，记忆牢固，思考深刻，想象活跃。可见，学生情绪不同，课堂教学的效果也不同。当前课堂教学改革已开始重视情感氛围的营造，甚至很多著名的教育家提出应该把情感教学作为一条教学原则独立存在，以改变目前对情感教学不够重视的状况。创设情感氛围，激发学生的参与热情，使学生有了愉悦的情绪准备，这样就可以使教师与学生之间的心灵沟通更顺畅，学生的自主参与、自主表达的意识更强烈，学生的自主学习效果就更为显著。

学生在课堂教学中会因为情境的不同而产生不同的情绪，这些情绪不只会对学生本人产生影响，而且也会影响整个课堂的情绪状态。例如，学生会为回答问题不够正确而羞愧，会为题目不会做或听不懂上课内容而情绪低落；也会为一个创意的答案得意激动，为一次巧妙的板演而开心兴奋。这种临场情绪对学生本人的学习影响是十分明显的，学生个体的情绪会通过言语神情等影响到周边学生的情绪状态，进而影响整个班级、整个课堂的学习效果。教师如果能够重视学生在课堂上的情绪状况，随时观察和注意学生的神态，用自己的言行、情感对学生的情绪进行适时引导，学生就具有了愉悦的情绪准备。例如，当学生因不会做题而烦恼时，教师要及时给予鼓励，哪怕是一个肯定的眼神，对学生的作用也是非常之大的。又如，当学生遇挫而垂头丧气时，教师走到该生身边轻轻地拍拍他的肩膀，这样一个微乎其微的举动对学生的意义却是非比寻常的，它满足了学生被尊重的需要。可见，教师对每一个学生情感上的关注是必需的，我们要适时观察学生的情绪动向，要努力满足学生的情感需要，适时对学生的情绪进行有效管理，让学生的自主学习行为获得更好的发挥。

三、主动学习享受个性的行为体验

获得个性的行为体验是主动参与课堂的效应体现。在课堂上激发学生的主动学习意识，培养学生主动学习能力，最终指向是让学生获得个性的行为体验。德国美学家沃尔夫冈·伊瑟尔说：“每一阅读瞬间都在刺激记忆，而被激发的记忆则能够通过不断调整视角的方法使各个视角活跃起来，并且逐一个性化。”[①]可见阅读是一种个性化的行为，文学作品的阅读过程是一个个性体验的过程。学生在学习过程中遇到困难时，如果是通过自己的努力求得答案，自己发掘出文字背后的故事，解读出文本内含的深层寓意，那么他主动解决问题的积极性将会越来越高，而所得到的知识也将会更牢固，获得的情感体验也更深切，受到的道德情操价值观的教育也更持久。一般而言，学生自己解决的问题越难越多，其获得的成功感也就越大，学习的积极性也就越高。因此，让学生意识到自己的进步，学生就会在愉悦的情绪中产生一种渴求学习的愿望，从而更加积极主动地学习。所以，该由学生自己去钻研探求的知识，就放手让他们自己去探索，该由

① 郝元菲. 比较阅读漫议[J]. 语文教学与研究：综合天地，2005(2)：2.

学生自己解读的文本，就尽量让他们自己去解读。学生在阅读理解中思维受阻时，教师最好的做法就是给予适当的背景提示，或适时创造恰当的情境，让学生去体会去领略。只作适当的提示和暗示，而不是告诉结论，这样就能让学生体会到所领会的东西是自己“发现”的，自己“创造”出来的，从而使其体会到自己的成功和进步，这种个性行为的体验对于主动学习来说是极为重要的。学生通过自己的探索和思考而获得的知识理解必然是贴近其自己切身体会的。如此循环，学生体会到探索的乐趣和成果后，将会更加努力、更加主动地学习。语文教学的个性体验主要是读与写两个方面。

阅读的个性体验是指个体在阅读文本时，在感知认识的基础上，调动个体思维和情感，全身心投入文本当中，而产生的个性化的心理感受。这个体验产生的基础是个性化的思维和情感体验。个体阅读文本的过程也就是借助语言对文本生命情感的再度体验过程。个性化体验是自主性的，没有学生的主动性就不可能有体验。学生是文学作品阅读教学中的主体，培养学生独立阅读的能力和认真阅读的习惯，是文学作品教学的重要目的之一。课堂教学中，教师要想方设法引导、帮助学生实实在在地读好作品，让学生在自己读懂作品的过程中去理解内容，获得知识，陶冶性情，发展语言，培养素养，逐步提高语文水平。个性化体验的精髓就在于它的创造性。作品给读者留有不确定性的空白，在阅读活动中等待读者用想象去填充，学生必须依靠自己发掘作品的意义，在发掘和填充空白的过程中实现对作品的再创造。

写作的个性体验是指学生独特的个性表达。如果说个性阅读体验中主动性还不够明显的话，写作的个性体验中主动性特征则更为显著。个性体验式表达既指一个人在表达时善用、常用个性化的言语和独特的思维习惯，又指写作表达时，素材的选用、思想主旨的表达和情感倾向的内容是独特化的。也就是说，个性化表达体验就是个性化表达的外在行为的体验和表达内在独特思想和情感的体验，是一种形式个性化与内容个性化的双重个性体验。

第六节　互动的课堂呈现

课堂教学的推进以师生的活动方式展开，教师是活动的主导，学生是活动的主体，由外在听说读写的活动，到内在思想情感的活动，构成了课堂的呈现样态。课堂活动方式上有单向、双向和多向三种。单向的活动是授受式的，双向与多向是互动式的。双向突出的是师生的交互性，而多向则呈现的是师生与生生之间的多重向互动。在阅读教学中，对于文本的理解是个性化的，因人而异的。这个“异”一方面是因个体学历、阅历、心境、情境的不同而理解各不相同，另一方面是因关注点不同而产生了不同的理解，第三方面是因理解能力的不同而解读出不同的内容。这些多层次、多角度的文本理解可以相互补充、相互印证、相互启发，从而充分利用文本的资源，挖掘出文本的深层次意蕴。《林黛玉进贾府》这篇课文中，描写细腻，人物生动，衣着繁复，建筑恢宏，从任意一个角度去解读，都可能深挖出文本深藏的意蕴。互动体现的是信息交流的多点多向性。教师是信息的发布者，也是接受者、反馈者。学生是信息的接受者，也是发布者。师生之间的信息流动是双向的，学生之间的信息流动也是双向的。多点互动，多层传输，使课堂呈现的是密集的信息交流网络，看上去杂乱，实际上高效。

一、互动课堂体现了师生平等的教学观

传统课堂教学的单向性活动延续存在了千百年。凡是存在的，必定是合理的，单向性的教学活动之所以能延续千年，是与传统的“学高为师”的客观事实一致的。在旧时代，教育资源匮乏，知识获取的途径单一，为人师表者是站在知识的金字塔上向下傲视，寒窗学子唯有谦恭俯受，方可获得真经。所以，单向活动是“学高”的经师们口耳相传的必然选择。

双向活动，则突破了授受的单一形式，意味着学生的表现对教师教学活动产生着影响，也就是教师根据学生的反应不断地调整教学行为，以达到双方相互交流的最佳切合点。这样的教学活动就是目中有人的活动，走出了眼中只有“经”的“经师”的路子，开始关注到人。“目中有人”的教育是教学行为的跨越式进步，是师生平等教学观的重要体现，认识到教学是为学生服务的，要依据学生的实际情况来适时调整。但是这种双向式的教学活动，依然强调了教师的知识上游地位，教学活动虽然根据学生的反应即时作调整，但本质并不认为学生同伴也是学习的资源。

课堂的多向活动，则是一种开放的教学理念。教师不再是知能获得的唯一来源，学生拥有海量的信息，以及多样的获取知识的渠道与可能，甚至很多方面的知识储备都超过了教师，教师也从课堂的权威地位上退下，学生由接受的被动地位成为了课堂的主角，教室成为学堂。在学习《我与地坛》这篇文章时，对于史铁生关于地坛风物的描写、对人生命运的思考应如何理解这一问题，教师的阅读与接触面有限，而一个班级里众多学生的阅读面远远超过教师，因而在谈到相关文字的理解时，有学生引用《秋天的怀念》，谈史铁生的亲情；有学生引用《病隙碎笔》的相关文字，谈史铁生的生之艰难；有学生引用相关新闻，谈史铁生在去世前为捐献器官，坚持等待移植器官的医生到来……这些丰富的知识与广博的阅读材料为文本的解读提供了很好的参照，而这些相关背景的资料都不是教师提供的，教师在学生交流的这一过程中是学习者，也是受益者。可见，教师是学生们学习的指导者、伴同者，与学生一同学习、共同进步。课堂上教师依然是主导，引导学生有计划、有目标地进行知识与能力的学习和情感态度价值观的提升。同伴学习已成为课堂学习的重要组成部分。课堂上每一位学生都可能是启发其他同学学习的人，每一位学生的现场表现都可能是最为有用的教学资源。多向的互动看上去杂乱无章，实际上多头并进，既提升了教与学的效率，又使学生的个性获得了张扬，让学生的能力得到了发展，更让学生的相互启发、互相激励的作用得到极大限度的发挥。

二、互动课堂体现了生生平等的学生观

学生在学习上的能力不尽相同，课堂上的表现也会不尽相同。课堂教学的目标是让每一个学生都得到发展，而不是让每一位学生都达到相同的水平，这是生生平等的内涵所在。平等是相对的，是指获得发展的机会与得到发展的可能是一致的平等。持有这样的学生观，在课堂教学过程中，教师在课堂上尊重每一位学生，不会只关注领会快、学习好、接受能力强、习得水平高的所谓“优秀生”了，而是视野更开阔，关注点更分散，能关注到教室里的每一位学生的学习进度与活动状态，让每一位学生都能主动积极地参与到课堂教学之中。这源于教师在课堂教学过程中能够有梯度地设置教学难度与进度，让每一层级的每一位学生都有参与的空间和可能。在学习《祝福》这篇文章时，我安排一个文本细读的教学环节，让学生指认不同的细节，从细节处分析文本的内涵。这是一个开放性的阅读要求，这个阅读过程分为两步：第一步先让学生指认细节，列举在黑板上；第二步再对细节进行一一解读。第一步，难度不大，细节举证体现了学生关注的点，不同的人在阅读过程中的关注点是不同的，关注点并无高下之分，每一位学生均可参与。第二步是呈现学生的思维过程，可以看出个人对文本的理解深度，学生的理解水平有高下，可以分出层次，但因为每一位学生都关注各自的注意点，对自己关注的细节处都区别于其他人而有独到的思考，因而具有自己的理解优势。平等的学生观还表现在班级中的每一个学生都学会尊重别人，尊重别人发表意见和见解的权利，遇到意见或者见解不同时，能够采用合适的方法表达。每一位学生在教师的眼里都是课堂教学资源的一座富矿，每一个学生的试误过程对于其他同学来说都是难得的学习素材。

多向互动的课堂，有利于每一个层次的学生发展，学习先进生与后进生都能在互动中获得提升，得到发展。在分组学习的过程中，学习能力强的学生反应快、接受能力强，学习上的优势让他们获得了优先的成功感，这种成功感会鼓励他们发挥自己的才能帮助后进的学生，后进的学生在课堂上除了得到教师的引导启发外，又能获得同伴们的帮助，这样就拓宽了知识获得的途径，学习的机会更多。“学然后知不足，教然后知困”，在辅导帮助后进生的过程中，先进生需要整理知识系统，选择话语体系，理清问题的思路。这样，在整理的过程中，学习先进生加固了自己对知识的掌握程度，也使自己的知识更系统、更清晰，在帮助别人的同时，更帮助了自己；作为同学，先进生在帮助后进生时，他会从学生的思维角度思考问题，转换话语体系，用更易于被学生接受的表达方式来提供帮助，因而帮助效果更明显。可见，多向互动的活动，让每一位学生都积极地参与课堂教学，让每一位学生都拥有发展提升的机会。

三、互动课堂体现了开放的课堂观

英国诗人约翰·堂恩说：“谁都不是一座孤岛，可以自成一体，每个人都是那广袤大

陆的一部分。”[①]课堂也是。每一堂课的教学内容都不是孤立的存在。在大语文观的教学理念下，由现代教育技术支撑的语文课堂教学，不再局限于教材，不再局限于教室。多向互动是师生之间、生生之间所进行的突破时空限制的语言交际活动，这个交际活动以教材为端点，发散开拓，是交流信息、表达情感的有效扩展途径，是培养语言运用能力、思维能力、创新意识、健全人格的开放式手段。

在开放互动的教学中，学生是意义的建构者和活动的主体。学生在教师的引导下，多层次、多角度地自由表达思想和情感、扩充教材内容，并参照教材中所提供的知识和信息开展一系列有意义的交际活动。在这一系列的交际活动中，学生同伴之间又相互帮助、相互启发、相互激励、相互欣赏。教师是互动的组织者、指导者、参与者和评价者，教师根据教材的内容，设置生动的教学情境，有计划地引导学生参与活动，并适时提供指导和帮助，同时作为一位普通的小组成员积极参与课堂互动，尊重学生的个人经验，重视他们的感情和意见。

课堂互动不是简单的教学程序，而是通过有意义的互动达到信息的交流、感情的沟通、能力的培养和人格的塑造。它是一种重要的语言交际活动，涉及学习者的学习动机、信心、兴趣和情感等方面。在互动过程中，学生不断地建构知识、提高技能、活跃思维、展现个性和开阔视野。在语言运用的同时，也不断地完善自己的人格和个性，提高实践能力，培养创新意识。

第七节 灵动的质量追求

灵动课堂应是课堂教学的最高层次，是属于教学层次与质量上的追求。

“灵动”的意思是“活泼不呆板，富于变化”。所谓灵动课堂是指课堂教学充满灵气、富于动感、充满生机、富有激情。在这样的课堂里，师生活动始终处于积极的状态，师生的交流始终处于融洽的氛围，学习效果始终在高位上运行。而缺乏灵动的课堂，是沉闷的课堂，这种课堂僵化呆板，死气沉沉，师生互动缺乏激情，学生参与率低下，学习效果较差。沉闷的课堂气氛严重制约了学生的学习效果。营造良好的课堂教学氛围，实现课堂教学的灵动多变，是每一个教师所应重视的。充满灵动的课堂教学，是师生双方共同活动的结果，师生之间饱满的热情是构成课堂灵动生发的重要条件。“灵动课堂”倡导教师为学生提供宽松、民主、和谐的环境，让他们在快乐中探究，在快乐中成长，让课堂灵活、有效、真实。

① 海明威.丧钟为谁而鸣[M].程中瑞，译.上海：上海译文出版社，2011：13.

一、灵动的课堂是充满激情的

课堂教学中，教师要用自己饱满的热情带动整个课堂教学，使课堂处于积极活跃的状态。同时，教师也要用自己的热情激发学生学习的激情。在富有激情的环境中学习，学习才能收到更好的效果。第斯多惠说：教育的本质就是唤醒和鼓舞。每个学生都是活生生的个体，都有独特的知识背景、人生阅历、生命体验，都是有待点燃的火把，都是有待唤醒、期待成长的生命，但因受到自身局限的影响，面对文本课程时，许多时候不能顺利走进作品的思想、走进作者的心灵，无法与之展开有效对话，无法实现生命境界的提升。这就需要教师用激情去唤醒、鼓舞与帮助。

拉罗什富科说：“具有激情的最笨讷的人，也要比没有激情的最雄辩的人更能说服人。”[①]富有激情的课堂，关键在于教师饱含激情的教学引导，教师的激情感染学生，能为学生的学习注入强大的动力，促使学生克服学习中的困难，激活思维，张扬个性。激情是点燃学生热情的火种，是激发学生热情的催化剂，是促进学生学习的正能量；激情不仅对学生具有促进作用，也是教师前进的推动剂，可以让教师永葆年轻的心态。甚至，激情也可以弥补教师知识的不足，甚至某些先天的缺陷，而产生无穷的创造力。在朗读教学过程中，我们都强调字正腔圆、普通话准确，可是这与情感无关。一位普通话准确、字正腔圆的朗读者如果没有激情，朗读出的内容也只能是白水一杯，无滋无味；而在一次全市中语会的研讨课上，有位教师执教诗歌阅读公开课时，虽然满口方音，但一首《念奴娇·赤壁怀古》满含激情，不仅感动了台上的学生，也让台下所有听课的教师报以热烈的掌声。而教师没有激情，也就激不起学生的激情，课堂就会平平淡淡，毫无生机。没有激情的课堂，触动不了学生的思维，开发不了学生的潜能，即使有信息的传输，有知识的授受，也只能是怠速的马达，浪费了能源，收效低微。当然，激情是课堂氛围，是教学手段，也要有度。苏霍姆林斯基说：“如果教师不去设法在学生身上形成这种情绪高涨、智力振奋的内部状态，那么知识只能引起一种冷漠的态度，而不动感情的脑力劳动只会带来疲劳。然而，若激情过盛，又会使愉悦的气氛流于形式。”[②]在课堂教学过程中，教师必须有对学生负责的真爱之心，激发起自己的课堂激情来，并掌握好激情的调控，有节有度，不温不火，恰到好处。比如，教师进入课堂前，首先要进行情绪的调整，容光焕发，春风满面，激情满怀，以最佳的精神状态面对学生，让学生感觉到教师对本学科的敬畏、对学生满含的爱心，以此感染学生的情绪，唤起他们对本学科的关注与投入，激发学生的上进心、求知欲，营造和谐向上的氛围，使学生立即投入高效的学习。即使教师有情绪低落的时候，也绝不能把这种情绪带到课堂中去，而应以高尚的人格和敬业的精神以及对学生负责的态度调控自己。当然学生也有自己的思考，有自己的思想，甚至

---

① 龙小华．语文，因激情而美丽[J]．人民教育，2004(21)：3.

② B. A. 苏霍姆林斯基．给教师的建议[M]．杜殿坤，编译．北京：教育科学出版社，2008：83.

一个班级也会因偶然的因素而产生一些负面的情绪，这样的情绪很可能会影响到课堂教学的效果，我们要善于观察，适时调控。有时，随着知识点难易程度的变化，学生的参与热情也会起伏不定。因此，教师必须在课前了解清楚学生的学情，吃透教材，设计恰当的呈现方式与梯度，适时调动起学生的参与激情，让学生在轻松愉悦的情绪和环境下积极地探求新知识，引导学生自己提出问题、分析问题、解决问题，从而培养学生自我学习的能力。

二、灵动的课堂是充满趣味的

灵动的课堂必定是有趣的课堂，能吸引学生的课堂，能让学生全身心投入的课堂。让课堂教学生动有趣，首先离不开教师精彩风趣的语言。很难相信，一个语言贫乏的教师会上出灵动的课。有趣味的课堂要求教师的语言幽默风趣、生动活泼。幽默风趣的语言能使课堂增色，让学生在会心一笑中放松心情，缓解学习压力。生动的语言表达可以化难为易，化抽象为形象，使学生易于接受所学知识。当然语言不仅指口头的语言，肢体语言也是语言表达的一部分，恰当的肢体语言有助于课堂氛围的调节，教师可以配合适当的肢体语言演绎教学文本，也可用适当的肢体语言吸引学生学习的注意力，使课堂教学充满生机，摇曳多姿。

有趣的课堂还在于教学环节的趣味横生。教学环节是课堂教学的基本流程，也是课堂有趣味的基础。教学环节设计能引起学生的探究欲望，这是有趣课堂的一种。丝丝入扣的教学环节是趣味课堂的重要特质，能引导学生产生浓厚的探究兴趣，让学生获得曲径通幽之感；贴近生活内容的教学环节贴地面、接地气，可以让学生发现生活中的学问，让学生产生浓厚的参与兴趣；竞争性的教学环节设计，可以激发学生的好胜心、求胜欲，让学生在学习中获得成功感、获胜感；教学环节引入流行素材，可以让学生感受时代的脉搏，激发学生的好奇心；教学环节综合使用多媒体材料，可以让学生变换动用多种感官来交流信息，提高学生的参与兴趣。

有趣是一种个人独特的气质，一个人有趣就会表现在他的言行举止上，这既是一种语言能力，又是一种行为特征。从心理学上讲，人们大都喜欢有趣的故事，欣赏富有幽默感的人，而教师如果能成为一个有趣的人，在教学中恰当运用幽默的语言，就可以激发学生的情感，引起他们的喜悦和欢乐，使他们获得精神上的享受和快感，从而激发学生的学习兴趣和学习主动性，帮助学生加深对知识的理解和记忆，提高课堂教学效率。这样，教师的教学就有了个性魅力和智慧的光彩，就能把一些抽象的、复杂的教学内容，以一种生动而饶有兴味的形式表现出来，吸引学生的注意力，进而收到良好的教学效果，这就是灵动的课堂。

三、灵动的课堂是创意高效的

能称为灵动的课堂必定有与众不同的特质，这种特质就是创新与高效。

课堂上得风生水起，上得趣味横生，而如果学生收获甚少或效率低下，这样的课堂一定不能称之为灵动的课堂，所以灵动的课堂必须是高效的课堂。这就要求学生在充满趣味的课堂中完满地达成学习的目标，获得应有的知识储备与能力提升，因此趣味性的教学环节设计必须以教学目标的达成为宗旨。如果一味迎合学生的趣味，而失去了语文的本味，缺失了目标的达成，再有趣的课堂也只剩下了热闹。比如有位教师上《一滴眼泪换一滴水》，为了课堂上生动有趣，吸引学生，没有带着学生走进文本亲近文字，而是让学生先观看了十几分钟的电影片段，又让学生表演课本剧中的部分内容，而真正去分析解读文字的时间所剩无几。这节课很热闹，学生很投入，没有学生会睡觉，但是，我们感觉到并没有达成文本阅读的目标。著名特级教师余映潮说："我提出阅读教学设计 24 字口诀：目标明确、思路清晰、提问精粹、品读细腻、活动充分、积累丰富。这就是我的阅读教学设计观。我认为，它也是对课堂阅读教学进行评价的一种标准——在它面前，不同质量的阅读课显得高下分明。"①所以说，这节课并不高效，也不能算是灵动的课堂。

灵动的课堂必然是有创意的、能新人耳目的课堂。创新是人类社会发展与进步的永恒主题。创新人才的成长靠教育，创新素质的发展需要创新教育来培养。课堂上创新的教学设计正是为学生的创造能力培养提供了学习的范本。教师在设计教学方案时要树立创新性教学意识，突破旧有的观念和经验主义，既注重知识点的落实，组织指导学生动脑、动手、动口，还要在此基础上创造性地设计新颖的教学环节，帮助学生完成知识的建构，养成必备的技能，提升相应的语文素养，并树立学习的信心和志趣，养成创新的思维和行为方式。当前教学都在研究“模式”，走“模式教学”的道路，总以为使用这样的成熟的教学模式是提高效率的最佳选择。然而当教学模式一味地僵化、机械化，也就束缚了教师的手脚。没了创新意识的教学设计就变成了陈陈相因的套路，使课堂失去了灵性，使教学这一创造性的活动由艺术降为技术，由脑力劳动变成体力劳动。学生在老套的课堂教学氛围中也失去了兴趣。模式教学可以让我们最方便地展开教学活动，既是高效的工作模式，也是偷懒的工作方式，因为按模式来做，就没有创新的压力，但也让创新缺失，让灵动缺席。所以我们要把“模式教学”观念转变为“开放教学”观念，要认识到教学不是用模具做产品，而是一种艺术创作式的劳动，每一节课都是一件艺术品。以这样的创新意识去对待课堂教学，课堂才有灵动的可能。当然，要培养学生的创新精神，教师就应树立“开放教学”观念，根据学生创造性学习的需要，创造性地为学生提供开放的教学内容、开放的教学空间、开放的教学时间等等，创设一种民主、平等、和谐、自主的教学环境，以自己的创新行为去影响、培养学生的创新意识、创新思维、创新精神、创新能力。对现行的内容、模式、方法、手段、措施中不利于学生创新意识、创新能力培养的方面进行调整、改革，通过对课堂要素的重组整合，积极营造有利于学生主动学习的课堂氛围，为学生搭建自主学习的平台，引导学生自主发展。这一些都有赖于教师课堂上的创造性劳动。

---

① 余映潮.学生活动充分，课堂积累丰富[J].中学语文教学参考.2000(Z2):9.

第三章　语文“生·动”课堂特征

第一节　全员参与性

“生·动”课堂的特征之一为学生参与的全员性。

随着新课程改革的深入推进，学校教育的重心逐渐由过去强调教师传道授业的教，转变为倡导以学生为中心的学，学生中心论体现了教育理念的现代化、人文化，成为国家和地区普遍认同的教育理念。因此，生本课堂的理念应运而生，即“重视学生主动参与、注意培养学生的创新能力、关注学生的情感体验并实现个体间积极有效互动”。而课堂教学的全员参与这个说法，则由缪晓斌较早时间提出，他提出建构全员参与式课堂，全员参与式课堂代表着教育发展的走向。① 美国学者围绕学生课堂全员参与问题展开了大量深入的研究，佩西达·希姆勒指出：倘若给我们一个机会，且只能选用一种手段来大幅度地提高我们的教学质量，我们会选择全员参与技巧，作为最快速、最简洁、最有效的方法，以此来确保学生们能够积极参与，深入思考，同时为教师提供及时有效的教学情况评估。② 他还专门探讨了让每个学生主动参与学习的细节。

什么是参与呢？

美国管理学者肯尼思·戴维斯强调参与的三要素：投入、责任和贡献。③ 我国学者孔企平认为参与是行为、感情和认知的有机统一。④ 因此学生参与也应该包含学生对课堂的投入、责任和贡献。不仅使学生在认知上有发展、情感上有悦纳，而且行为上有积极的表现，全员参与是学生在行为上积极地投入课堂教学活动中来，情感上认可“这是我的课堂”，学生在行动上能主动参与活动、承担责任，在认知上伴随着高层次思考，表现出正向的态度。

---

① 缪晓斌，唐小兵．论提高课堂教学中的全员参与率［J］．中小学教师培训，1999(x2)：2.

② 佩西达·希姆勒．让每个学生主动参与学习的37个技巧［M］．杨颖玥，等译．北京：中国青年出版社，2014.

③ 金子翔．有责任才有动力［J］．时代青年：视点，2014(12)：1.

④ 张光梅．课堂管理视角下高中英语课堂学生参与现状及对策研究［D］．石河子：石河子大学，2019.

何为全员参与呢?

首先,从表面上看,全员参与即课堂上所有的学生都平等地参与到学习活动中,实现参与的全体化,也就是没有学生被边缘化;其次,学生在教学过程中表现出来的是主动积极的行为状态;再次,课堂上的积极表现应是深入的思维活动。也就是说,对于全员参与,我们既要看到学生的表面行为,又要注意到学生的积极心态,还应强调参与实质性,即思维的深度。在这样的课堂里,教师关照到课堂上的每一个人,使每个学生在课堂上都有表现,对课堂的生成都有贡献,对自己来说都有收获,都有发展。

"生·动"课堂以生命成长为基础,让课堂具有全员参与的基础。

关注学生的生命存在与成长,是"生·动"课堂的重要理念,也正是这个基础,让"生·动"课堂具有了全员参与的可能。"全员参与"不是指在每堂课上每位学生都要登台展示或发言,也不是每位学生都要被提问到,受课堂时空的限制,这是不现实的,也是不可能的。那"全员参与"是不是一个空的概念呢?当然不是。全员参与是要让教师设计出能让所有的学生都参与进来的教学环节,让台上台下、前面后面的学生都有机会获得训练,都有思考的空间。虽然并不是每一块砖都有机会站在高楼的前面迎接赞叹的目光,但是每一位赞叹高楼的人都明白那些深藏在根基中的砖块对高楼的意义。同样,虽然并不是每一位学生在课堂都有表现的机会,但教师把每个学生都看作是课堂的建设者与贡献者,没有被忽视的角落,并以最大的可能让学生尽可能多地有机会展示。还有,虽然每堂课并不能让每个孩子都登台展示或参与发言,但是我们每一节课都要回顾一下,上一节课有哪些同学还没有获得展示的机会,有哪些同学没有在课堂上回答过问题,尽可能分配机会,"雨露均沾",而不是只为主动举手者提供机会却不去关注那些默默无闻的学生,当然,也不能以不理不问而打击了主动要求发言或展示的同学。沟通是一门艺术,课堂协调更是一门艺术,其关键就在于我们怎么得体地表达,这既是教师的智慧,也是在为学生做着语言表达的示范。总之,"生·动"课堂就是想尽一切办法吸引更多的学生参与到课堂上来,使全员参与的理念不仅可以用来评价一堂课的成败,还能成为教师持续改进教学行为的一种思想指导。

"生·动"课堂以突出主动为追求,让课堂具有全员参与的可能。

"生·动"课堂强调调动学生的主动性,积极主动地参与课堂学习,让课堂具有了全员参与的可能。全员参与的目的是实现主体的多元参与。所有的学生都具有主体意识,有主动学习、积极参与的诉求。一个班级就是由一个个个体组成的群体,群体性的主动参与就能够打破单一的参与现状,实现参与的多主体化,实现课堂上每一个主体间的良性互动。比如,相对于传统单向的授受教学,课堂上多主体间的讨论互动是学生喜闻乐见的教学方式。基于此,全员参与式课堂意在突出每一位学生的主动意识,培养每一位学生的主体意识,让课堂教学不只是教师与高足的对话,也不只是伴随着寥寥学生的回应的教师激情澎湃的演讲,而是面对群山的呼唤,获得的是群山的回响,并听凭这回响在群山中悠久回荡。

“生・动”课堂强调特色的过程设计，为学生主动投入、全员参与创造良好的条件。课堂意在实现参与形式的多样化。“生・动”课堂努力打破学生参与的单向化、狭隘化和浅表化，让学生投入丰富化、有创造性的交流互动形式中去，开展自主学习、探究学习、体验学习，让学生敢于提问、敢于质疑，勇于展示、勇于表达，在此过程中让学生拥有参与的愉悦和成功的体验。全员参与式教学将由单一的教学转变为使用包括过程组织、方法指导、反馈评价、个别辅导等多元化的教学方式，学习方式也从单一、被动地接受，过渡到主动地学、多方式地学、个性化地学。在教学的设计组织过程中，“生・动”课堂理念要求教师考虑每一个层次的每一个学生的学情，预见其参与的可能，让不同学习基础的学生都有进步，让所有学生的发展需要都得到满足，最终实现班级的整体进步。在课堂教学过程中，教师要设法保证每一位学生参与课堂。一是为所有学生设置均等的参与机会，这个均等是相对的、有层次的，无论学生基础如何，都要让他们参与课堂。二是课堂上要求师生互动反馈的过程公平，全员参与式课堂要求教师在提问和反馈环节上向后进生倾斜，善于发现他们身上的闪光点，尽可能给予他们更多的鼓励和表扬。三是在班级氛围上，建构一种更加民主与安全的课堂环境，在这样的班级氛围里，每一位学生都获得尊重，都能被接纳，对于课堂上的每一个学生，包括学业暂时落后的学生，没有排斥，没有孤立，课堂要求教师给所有的学生以平等的交流机会、平等的班级规则，每个学生都有权利和教师平等对话，参与班级规则的制定，平等享受奖励或接受惩罚。

“生・动”课堂兼顾差异，每一个课堂上的学习者在以往的成就、文化语言、学科和学习风格上都有很大差异，教师通过调整教学内容和教学实践，使之适合于不同的学习者。针对学生个性、技能或能力的特点，教师不断改变教学内容的呈现方式，如使用图片、文字或其他替代品，充分利用网络学习资源来补充所学内容，并用视觉或其他更灵活的方式（如电影、图片、实例等）来呈现学习内容。有针对性地区别对待学困生与优秀生，提升优秀生掌握知识的深度，引导学困生学会建立解决问题的思考程序。

总之，全员参与是动态的存在，参与性学习活动的有效开展需要参与主体的智慧的、真实的、思维的、情感的投入，要有生命间互动的过程。这种互动是多主体的，互动的形式是多样的。全员参与性让每个学生都能主动并持续地参与到课堂教学活动中来，实质上就是让所有生命体能平等地、自由地介入课堂教学的每一个环节，让学生投入丰富的、有创造性的交流互动形式中去，做到既面向全体又关注差异，从而提升学生的存在价值、幸福感和成就感，提高学生的学习兴趣、培养学生的积极态度、增强学生的自我效能感、提升学生对学习活动的满意度等非认知性功能。学生在课堂上感到被接纳、被认可，内心会不自觉地产生成就感。一旦每个个体增强了自我意识、积极地投入课堂、对课堂有贡献，必然会促使他们重新审视自我的存在价值，增强成功的信心。

第二节　自然展现性

语文"生·动"课堂具有自然性，是指课堂上学生状态的自然展现。课堂教学中学生学习状态的自然展露，是学生进行有效学习的基础，也是教师执行修正教学方案的依据。如果课堂上呈现的是虚假的繁荣，那么其生成的生态性自然也是不可能具备的。

"生·动"课堂的生活基础让课堂具有自然性。课堂教学以生活为基础，以提升生活质量为指向，拉近了课堂与生活的距离，让学生感觉到生活与课堂的密切关系。学习本身就是学生生活的一部分，课堂即是生活，生活本应是自然的、本真的，课堂上师生交流时，只有师生都放下面具、放下戒心、真诚以对，真正的教育才可能发生。陶行知先生说："千教万教教人求真，千学万学学做真人。"[①]这一句箴言可谓一语道出教育的"真"本质。这个"真"就是"自然"。人的发展就是顺应自然、提升质量的过程。叶圣陶先生曾提出语文教学"朴实、精确"的要求，以顺应学生"身心的发育和生活经验的扩展"，逐步培养学生"凭我国语言文字吸收经验表达情意的知能"。而语文课程评价的基本原则中的第一条原则是：评价的根本目的是促进学生语文素养的全面提高。教师和学生在共同学习语文的课堂上，都应从自然性出发，这样才能强化情感、加强互动、提高效率。

首先是贴近生活的自然情境的塑造。

课堂教学情境对教学的展开起着重要的作用。贴近生活的情境，可以让学生置身其中，备感自然，因而更容易自然地展露出真实的自己，也更容易获得文本的真实体验。如果没有贴近的、真实的情境，学生理解文本、领会情感就会有隔层纸或隔层墙，甚至隔座山的感觉。即使教师教给了学生文本分析的结论，学生依然是与文本隔膜着。例如在学习杜甫的《登高》时，如何理解杜甫表达出的深深的悲情，这是一个很大的挑战。教师为了给学生营造一个氛围，先介绍了杜甫一生的漂泊遭际以及老病的身体状态，让学生对杜甫一生的悲凄身世有了一个大致的了解，再联系杜甫的其他诗句，最后理解其"安得广厦千万间，大庇天下寒士俱欢颜"的博大胸怀。这样对本诗开头的阔大意境就有了较好的理解。然后教师再出示落叶衰草、一片萧条的悲秋景象，带领学生回忆深秋之景的悲凉，让学生体会感受到触景生情的人生悲慨。又例如在学习《扬州慢》时，有同学在分析诗句"过春风十里，尽荠麦青青"时，认为荠麦青青表现了当时扬州勃勃生机的景象，是以乐景衬哀情。但老师并没马上指出他的问题，而让大家想象回忆一下，自己曾经逛过的当地有名的步行街的情景，让他们找一个恰当的词去描述所见的景象，大家纷纷选"游人如织""络绎不绝""摩肩接踵""热闹非凡"等来形容。教师再问，为什么这

---

① 方明.陶行知全集[M].成都：四川教育出版社，2005：637.

里会见不到荠麦青青，而春风十里扬州路上却荠麦青青呢？学生恍然大悟，明白自己的理解有了偏差。这个过程看上去过于费时费力，但通过这个生活化的情境，引导学生走进文字中的情境与生活，让学生有了一个深刻的印象。

其次是安全的心理情境的塑造。

要让学生能够自然地表达、真实地展现，就必须让学生有一个安全的心理环境。所谓心理安全，是一种内在的心理感受，是指人对所处的环境追求一种平稳、没有威胁、不受批评指责、不需要戒备的心理感受。在课堂上，只有全体学生都能保持不焦虑、不恐惧、不落单且信心十足、学习自主、心情愉悦、不畏挫折、积极探索的心理状态，才能保证这样的课堂是安全的课堂。随着年龄的增长，学生爱面子的心理越来越强，都渴望在课堂上能获得宽容和理解，加上成绩排名、升学压力，高中学生处于生理和心理都相对不稳定的活跃阶段，因此课堂教学需要为学生舒缓压力，营造宽松和谐的氛围。可以设想，无论我们教给学生多少知识、课堂多么高效，若学生处于一种尴尬、羞愧、压抑的学习状态中，又或是学生对于老师的提问，或语无伦次，或低头不语，或战战兢兢地回答，处于这样极度不自然的状态里，那么学生的学习效果与表达训练是不可能到位的，这样的课堂教学效果是绝对不会好的。在一个好的课堂上，学生能够自然自在地发表自己的见解，而不担心被讥讽、被指责、被批评；学生能积极主动地参与探究、合作、交流，敢于尝试，敢于“冒险”而不怕失败，无所畏惧，“我的课堂我做主”。如果没有安全的外部心理环境，学生的个性就张扬不起来，激情也是无法燃烧起来的。“生·动”课堂强调生本意识，把课堂变成学堂，努力打造一个安全、自由、民主、充满人情味的课堂心理环境，使课堂成为学生能够自然交流表达、自主张扬个性、和谐愉悦发展的舞台。

孔子，这位伟大的教育先驱，在教育弟子的时候，非常强调自我观点的真诚自然的流露，为了让学生能真实地表达自我的见解，他总是首先强调情境的自然安全性。在《侍坐》这一章中，孔子首先说，“以吾一日长乎尔，毋吾以也”，让所有的学生打消顾虑。他能以谦和宽容的态度引导学生，甚至学生已经开始言志答题了，而曾皙还在自顾自地弹琴，足以看出当时学生的自然状态。正是在这样的安全的环境中，他的学生子路、冉求、公西华、曾点便能先后按自己的自然个性发表关于理想的看法。可以说，安全的心理环境创造了一种自然常态式的教学环境，人能够在与环境的交互作用中感受愉悦、转换身份、获得顿悟，从而改变自己。

第三节　生态层次性

“生·动”课堂的自主生成特点让课堂具有了生态性。

“生态”一词源于希腊语，原意为“住所”或“栖息地”。1866 年，德国动物学家海卡尔(Ernst Haeckel)将生态学定义为：“生态学是研究生物体与周围环境之间相互关系的科学。”[①]后来这个概念传到我国，由李振基编著的21世纪高等院校教材《生态学》是较为权威的、影响较大的生态学理论的书籍，开拓性地构建了一个全新的生态学理论框架，在国内影响较大。[②] 1976年，美国哥伦比亚师范学院院长劳伦斯·克雷明(Lawrence·Cremin)在《公共教育》一书中提出“教育生态学”(Educational Ecology)这一术语，他给基于生态学原理下的教育下了这样的定义：“教育是通过周密、系统和持久的努力来传播、激发或获取知识、态度、价值、技能或情感，也是这种努力的所有结果。”[③]

生态学中有限制因子定律、耐度定律和生态位原理。

限制因子是指达到或超过生物耐受限度的因子。1840年，J. 李比希(Justus Liebig)研究了各种化学物质对植物的影响后发现，谷类作物的产量通常并不是受它所大量需要的营养元素的限制，相反是受那些微量元素的限制，只要稍稍增加微量元素，谷物产量马上就会显著提高。李比希认为，当植物所需营养物质降低到这种植物最小需求量以下时，这种营养素就会限制植物的生长。[④] 这一原理介入到教育领域，就成为教育生态学的一个重要定律。

耐度定律是谢尔福德(Shelford)提出来的。他认为，一个生物能够出现，并且能够成功地生存下来，必然要依赖各种复杂的条件的存在。如果对其中任何一项生态因子的性质加以改变，或将其含量予以增减，使其量达到生物耐力的界限之外，那就可能导致一种生物消失，甚至灭绝。这就涉及生态因子作用的三种状态：最小量、最大量、最适度。最适度的“度”是生态因子质和量的统一。[⑤] 教育生态系统也要符合耐度定律和最适度原则。教育生态系统在其发展过程中，对周围生态环境和各种生态因子都有自己的适应范围和区间。

生态位是指在一个群落中，每个物种都有不同于其他物种的时间、空间位置，也包括其在生物群落中的功能地位。一个物种所利用的各种资源的总和的幅度，称为生态位的宽度。与生态位相关联的是竞争排斥原理和资源分享问题。生态位的问题存在于整个教育生态中。从教育个体生态系统的角度看，每个学生个体在班级这个生态环境中都处于相应的位置，都有自己的生态位。这种生态位的形成既有其主观原因，也有其客观原因。从主观上讲，一是自身的知识、能力、性格等因素的影响；二是自我效能感。从客观上讲，周围环境、他人评价，尤其是教师或其他成人的评价，都会影响学生个体的生态位。

卢梭认为，人们在长大的时候需要的东西全都是由教育赐予我们的。而教育有三

---

① 朱春雷. 依据生态原理 建构生态课堂[J]. 小学教学研究：理论版，2015(12)：2.

② 李振基. 生态学[M]. 北京：科学出版社，2000.

③ 劳伦斯·克雷明. 公共教育[M]. 宇文利，译. 北京：中国人民大学出版社，2016.

④ 杨建华. 谈生态学的基本法则、规律及假说[J]. 科学教育，2007(6)：58.

⑤ 孙振钧，王冲. 基础生态学[M]. 北京：化学工业出版社，2007.

种来源，一是自然，二是人类，三是事物。当这三种教育达到一致的时候，人才是受到了良好的教育。而自然的教育是不可控的，所以我们就要使其他两种教育配合它，也即顺应自然。[①] 具有“生态性”的课堂是注重学生自主发展、自我成长的课堂，是一种以学生为主体、人的发展为第一要务的教学情境，是一种珍视“独立之精神，自由之思想”的教育氛围。“生·动”课堂，要为受限的学生松绑，还给学生以自由，让学生回归自然。著名数学家杨乐在凤凰卫视的专题节目中提道：“学校、家庭、社会对学生的期望太高、太急、太迫切，成才是一个很长的过程，是一个比较自然的过程。”自然的即是生态的，应让课堂成为适宜孩子生长的、自由发展的空间，给孩子流露真情的空间。“生·动”课堂要改变过去呆板单调的教学方式，创新方式方法，以创新的课堂造就学生张扬的个性、开放的思想、创新的品质。“生·动”课堂充分利用生态位原理，关注课堂上每一位学生的成长，让课堂成为师生智慧充分展现的场所、师生共同的舞台。课堂上学生的展现不是齐唱，而是如同一个交响乐团，各展其长，不可或缺，和谐地演奏着动人的曲子，栖居在课堂上。课堂里有生动的学习情境、活泼的课堂气氛、积极的师生交流、多样的互动方式，学生们不断地在做思维的体操，在新异的话题里驰骋思辨的语言。在这里，心灵与心灵对话，激情与激情碰撞，智慧与智慧交锋，价值与价值共享。课堂生活充满着民主、平等、安全、愉悦，包容着生命中暂时的缺陷，也呼唤着潜能智慧的觉醒。“生·动”课堂还关注着生命的持续成长，促进每一个学生的持续发展。教育的出发点和归宿，以培养学生的终生学习能力为终极指向。在小组学习、合作学习、探究学习的过程中，让学生学会学习、学会交往、学会合作、学会思考，培养终生发展能力。

第四节　和谐相融性

“生·动”课堂一定是和谐的课堂，“生·动”课堂的和谐相融性主要体现在课堂氛围的和谐和教学节奏的和谐上。在这样的课堂里，你感受到的是愉悦温暖、乐观宽容；在这样的课堂里，教学环节的推进是自然的，教学内容的展开是难易适中的，也是易于接受的。

“生·动”课堂追求的是学生的“动”，而学生之所以敢动、敢主动，就是因为营造了和谐的课堂气氛。和谐的氛围是什么样的呢？在这样的课堂里，学生的心情是放松的，没有对学习优劣的压力，没有对同学亲疏关系的担忧，没有对表现好坏的惧怕，这样宽松和谐的课堂气氛能消除学生的紧张心理，激励学生大胆发言，尤其是激起后进生发言的勇气。在这样的氛围里，教师与学生的感情是和谐自然的，情感关系是亲近的。老师能用各种方式与学生联络感情，感情是教学的催化剂。作为教师，拥有丰富的知识能赢

---

① 卢梭.爱弥儿——论教育[M].李平沤，译.北京：人民教育出版社，1999：4.

得学生的尊重；而面对学生，一张诚挚的笑脸、一句温馨的叮咛，又能赢得学生的亲近。在课堂上，老师的一张真挚的笑脸、一个信任的眼神、一句鼓励的话语、一次真诚的交流，都会从心灵的深处感染学生，激发学生学习的欲望，使教与学相互交融，师与生相互尊重。夏丏尊先生说：“教育之没有情感，没有爱，如同池塘里没有水一样，没有水就不能成为池塘，没有情感就没有爱，也就没有教育。”[①]课堂气氛实现民主、平等、和谐，“生·动”课堂的准备也就完成了。

课堂氛围的和谐，首先是师生关系的和谐。

和谐的师生关系，首先来自师生关系的准确定位。有人说：“把学生看作天使，教师便生活在天堂；把学生看作魔鬼，教师便生活在地狱。”师生关系是介于亲情与友情之间的一种情感，有父母亲情的教育责任，有朋友之间的真挚友爱。但师生关系又是一种特殊的关系，老师是尊长，是成人，是引领者、管理者；学生是受教育者，是被领导者，是被监护人，二者之间的和谐是多种关系的协调。有研究者认为，师生关系中有17.3%是教学关系，17.3%是上下级关系，13.6%是亲情关系，51.8%是朋友关系。可以看出，教师与学生的关系中绝大部分是朋友关系。一般来说，师生关系能在课堂上表现得和谐融洽，必定是有平时相处的和谐关系作为基础的。因此，如果教师总是把自己看得高高在上，必定不受学生待见，在平时就不会有和谐的师生关系，而在课堂上，二者关系自然也不会和谐。

师生关系的和谐其次来自教师对学生的期望与信心。有人说没有教不好的学生，这也是有一定的道理的。作为教师，首先必须对学生有信心，要相信学生具有发展的潜力、发展的远景，相信学生有能力自我发展，自我完善。“生·动”课堂让教师在实际教学中树立起重视学生的意愿、情感、需要、价值观的教育理念，能够设身处地从学生的角度去理解学生、宽容学生，不把自己的要求强加到学生的身上。其次，必须待学生以真情，让教师与学生心与心相通、情与情相融，急学生所急、忧学生所忧，尊重学生的人格与尊严，给学生一份关爱、一点温暖。有了这样的师生关系，学生的学习环境才会形成平等、尊重、交融、协作的和谐氛围，学生才会取得学习上的收获、情感上的升华，才会具有努力拼搏、积极向上的态度观、价值观和人生观，才会使学习者的人格得到充分尊重，潜能得到充分发挥，时时处处体现人文情怀。

课堂氛围的和谐，其次是学生关系的和谐。

学生之间关系融洽是课堂氛围和谐的基础。学生关系的和谐主要体现在互尊、互补、互助上。

学生之间相互尊重，其本质是“敬”。敬是人生修养的根本，尽管人的资质不同，身心修养也不同，但“敬”是修养的根本要求。人之所以能做到精神状态清爽，知识丰富，不固执己见，不勉强而行，都是因为做到了“敬”的缘故。教室里、课堂上，一方小小的空

---

① 姜平.让真情在语文课堂涌动[J].新语文学习：教师，2012(2)：2.

间里学生的喜怒哀乐各有不同，生活学习习惯各有差别；然而一个团体相处一隅，你不碰他，他还碰你，每个人的生存空间都不是孤立存在着的，而是纵横交错、立体交叉，摩肩接踵。在这样的生存空间里，要引导学生以诚待人，尊重他人的处事方式和生活习惯，与人方便就是与己方便，维护心理平衡，共同创造良好的生存环境，体现大度胸怀。

互补，也就是指“和而不同”。和谐并不是等同，而是有差异的和谐，互为补充的和谐，也只有存在差异，才能够和谐。人的需要是多方面的，当双方的需要及对方的期望恰好成为互补关系时，就会产生强烈的吸引力，而学习中的伙伴往往就是这样形成的。一般而言，同学之间这种满足对方需要的互补水平越高，关系就越密切。而课堂合作交流也体现了这一点。学生在个人思考的基础上，通过合作交流，合作学习，互相启发，互相补充，充分发挥集体智慧，从而达到提高课堂教学效率的目的。在合作交流过程中，学生的思维开放，不同的见解、不同的思路可以广泛地交流，并得到及时的反馈，从而促进思维的有序发展，提高思维活动的有效性、广泛性。同时，通过合作交流，集思广益，协作攻关，使片面的、支离破碎的结论渐渐地互相配合起来，从而有效地使认识趋于完整，使结果趋于完美。

互助，就是能各自发挥特长，在对方不擅长的方面给以帮助。“三人行，必有我师”，加德纳的多元智能理论告诉我们，每个人都有 8 种智能，人的智力特点和表现是不平衡的，每个学生都各有自己特别擅长的才能。教育教学要充分尊重每个学生的优势智力领域，并努力挖掘每一学生特殊才能的巨大潜力。在设计和组织教学活动的过程中，应充分考虑每一个学生的优势智力领域，并使其在教师有目的、有计划的教育教学活动中，都能发挥特长，取长补短，互相帮助，并在学习和运用中得到最大化的发展。在课堂上，某一方面表现优等的学生以其特长在帮助他人的过程中，也使自己的知识条理化，语言表达能力、逻辑思维能力得到培养，思维更加敏锐、精确；同时，他们在合作交流中受其他同学的启发，思维更加开阔、深刻，有利于培养创新能力，从而使各个层次的学生都能得到不同程度的发展和提高，都能享受到成功的喜悦。

课堂氛围的和谐，再次是教学节奏的和谐。

课堂教学节奏，就是课堂教学过程中具有一定规律性和重复性的教学变化形式。不同的节奏会产生不同的教学效果。和谐适宜的节奏，有促进教学的积极作用；不当的节奏，则对教学产生消极的阻碍作用。“生·动”课堂，要求课堂节奏是和谐的，和谐的教学节奏里，课堂密度是适宜的，一节课内完成的教学任务的多少大致是合适的，新知识多，密度就大，效率就高，但课堂密度加大，学生也容易疲劳，因此要不断地进行课堂速度的调整。课堂速度是对教学量的规定的概念，指单位时间内所完成的教学任务。“一张一弛，文武之道”，新知识的学习和旧知识的巩固接续而来，疏密有间、穿插快慢，这样的组成，可谓和谐。除了速度的调控外，还要注意课堂难度的调整。课堂难度指教授者和学习者在教学时感到的表达、理解、运用等方面的难易程度。教学内容如果一直很难，则学生接受起来费神费力，听不懂、学不会的学生多了，那么课堂就会沉闷而死寂;如果一直很简单,则又达不到日日新日日深的效果。课堂上教学能突破难点,分解重点,难易结合,就是课堂节奏和谐的表现。所谓重点,是指课堂内重要的和主要的教学内容,和谐课堂也有一个重点度的问题,即重点内容占课堂全部教学内容比例的大小的程度。一节课的内容不可能全部都是教学的重点,学会分解,化整为零,就能逐点击破,轻松突破。最后一个和谐度的要求是课堂教学的强度。教学强度指教师、学生双方在单位时间内,教授或学习一定难度和一定数量的教学内容所引起的双方身心疲劳的程度。持久的高强度有可能使教师传输教学信号的能力减弱,同时使学生接受教学内容的能力衰减。所以强弱搭配、张弛有度是最佳选择。总之,教学节奏的高低、强弱规律变化,应和谐循环,使教学跌宕有致、起伏自然。

第五节　平等均衡性

课堂教学是为了实现教育终极目标——培养人、促进人的发展。不同学生的均衡发展是课堂教学的生命力和原动力,无法保证其均衡发展,则难以推进师生在教与学上的进步与突破。生活永远是教学的起点与目标,教学脱离生活,则失去了存在的根基,语文尤其如此。袁振国教授说:关注一部分学生,忽视一部分学生,甚至只关注少部分学生、忽视大部分学生的现象依然存在。同在一所学校里,同在一个课堂上,不同学生的学习机会和发展机会大相径庭。只关注一部分学生、只关注成绩优秀的学生,忽视成绩后进的学生,被称为“厚待前10名现象”,这种课堂教学不平等的现象比比皆是。这是以成绩为中心的课堂教学的必然结果,而语文生态课堂强调的是学生的本位与自觉,强调为每个学生的积极参与创造条件,给每个学生提供平等参与课堂活动的机会,以此获得学习与提升。因此,平等均衡是语文“生·动”课堂的应有特性。

近年来,教育公平理念成为主导教育发展的重要的价值取向。教育公平的理念首先体现在课堂教学的公平上,强调教师要在课堂上为学生提供平等的受教育机会和参与机会。课堂上,教师是充分尊重每一个学生享有平等受教育的权利的,是尊重每一个学生的发展机会的;教师是以平等对待不同个性的学生为基点,以采用适合不同个性学生发展的教育教学手段为途径的。目的是促进每个学生的全面、和谐发展。

首先,平等性是绝对的。绝对的平等体现在“生·动”课堂对每一个学生的教学目标是平等的,即让每一个学生都获得生命的成长与发展。“生·动”课堂教学以学生的共同幸福为终极追求,以学生的优化发展为目的,以平等对待、和谐统一为实现方式,是尊重和保证学生基本权利与发展可能性的,而不是以知识掌握程度为标准进行考量。它能够去掉功利的思考和升学的压力,在课堂上真切地实施本真教育,让每一个学生都成为最重要的一个,都成为教学者眼中的主角、学习舞台上的C位,都能有收获、有进步、有成长。每一位学生都能在课堂上公平地享用优质的教育资源,公平地接受教师的关爱与指导，参与教学过程中的每一个环节与每一项活动。斯霞老师讲“爱满天下”，说的就是要让每一个学生都能享受到爱的沐浴。

其次，平等性又是相对的。相对性强调的是差异对待。以生活为指向的语文“生·动”课堂让学生获得平等的学习机会成为可能。因为生活经历的多样性要求我们在平等对待每个学生的基础上，针对学生的个性、兴趣、能力等特征进行差别对待，在保证学生人格尊严平等的基础上，最大限度地激发每个学生的积极性与创造性，使每个学生都能获得与其自身特质相匹配的知识技能、身心特征、思想品德等方面的发展，最终达到全体学生差异性优化发展的目的。即把学生看作一个独特的、发展着的个体。当代十大教育家之一刘彭芝校长说：“教育公平是机会公平，给能吃一个馒头的孩子三个馒头吃，和给能吃三个馒头的孩子一个馒头吃，都是不公平的。”[①]教育也一样，给天赋异禀的孩子提供和他人一样的教育，是形式上的公平、实质上的不公平。班集体本来就是一个多元化的集体，学生个体来自不同的家庭，学生家庭背景的多元化、个人生活习惯的多样性，都决定了学生在课堂上表现的丰富性。平等不是绝对的平等，顾明远说：“不仅应该允许差异，而且要承认差异，重视差异，培养差异。”[②]教育存在起点差异，个体自身的特质爱好也有差异性和不均衡性。从另一个角度看，正是学生的这些差异性，给整个课堂教学的多元性提供了可能。教师通过不断了解学生的认知风格、个性心理、思维特质、准备水平等，针对学生的个性特点，以适合各自的不同方式、内容来开展教学、组织活动、引领发展。所以在日常的课堂上，我们不仅仅要关注优生，让优生有示范引领的机会，还应该关注学习有困难的学生，给予其更多的辅导和点拨，更应该关注中等生，使其不因“中庸”而失去受到关注的机会。

平等要求课堂教学方式的优化，这个优化，就是要优化教学内容的呈现方式。教育者应最大化地合理利用自身的综合素养和课堂条件，综合考虑学生的具体情况，采取教学内容的多元化呈现方式，引导并启发学生多元发展。我们知道，智力并不是可以用肉眼看到或用某种特定标准观测或计算出来的东西，而智力的发展有赖于特定的环境氛围和教育方式。给予学生平等发展的机会，也就是激发学生的智力潜能，让学生获得发展。适合的教学方式正如开启学生智慧大门的钥匙，一把钥匙开一把锁，选择对的而不是价格贵的钥匙，才能打开学生的心门，才是最适合班级学生智能发展的。比如针对生源大部分来自偏远山区的班级，我们选用较为传统的教学方式与多媒体教学方式相结合也是一种好的选择。因此，多元的教学方式是多元智能激活的良好手段。

让教学平等充分地贯彻下去，需要评价系统的引领，需要我们对学生进行多元评价。如果用一把尺子进行评价，那就无视了学生的客观差异，肯定不是教学公平。公平的课堂教学，需要的是多把尺子，甚至是一个学生一把尺子。正如有人说，多一把尺子

① 刘彭芝．我心中的教育[J]．教育(周刊)，2019(43)：1．

② 顾明远．公平而差异是基础教育的必然选择[J]．上海教育，2007(14)：11．

就多一批好学生，多一把尺子就多一份课堂教学的公平。评价的关键就在于客观性，而客观性就在于正视学生的个性差异，以不同的标准来衡量不同基础的学生的表现。“生·动”课堂是以学生的个体生命成长发展为出发点的，评价的指导思想就应指向每一个学生的和谐发展。“每一个”学生发展的速度是不一样的，但每一个学生都在发展，而且学生的发展不能因为我们的喜好而停留在某一层面、某一点上，所以公平的教学一定是全面关心学生、关心其身心的全面发展的。我们要让每一个学生都能拥有平等的发展机会，在自己原有的基础上有进步。无论基础如何，无论能力高低，都能在这样的课堂得到应有的全面的进步，都能在每一个发展的层面上有所发展。课堂上教师提问时，在问题的选择上也有学问与要求。教育者要学会根据课堂教学选择一些有质量的、可以拓展的知识点，结合所在年龄阶段孩子的身心发展特点，设计出具有纵深思考余地的问题，使得不同的学生都有话可说，教师在课堂中能听到不同学生的声音，使每个孩子都感觉到课堂是属于他的，是属于他们一个整体的，而并非某一个人或几个人与教师的对话。课堂上问题提出的方式可以是多元化的，甚至发问对象也不局限于教师。从教师的角度提出的问题，往往是有局限性的，比如，并不是来自学生的，不能很好地深入学生内心，会让学生的拓展性发散思维受到局限。而“生·动”课堂的理念，则鼓励在课堂教学之中提倡学生和学生之间、学生与老师之间相互提问，相互切磋，从他们的现有知识和发展状况出发，提出具有真正意义的问题，有深度地推进教学的逐层发展。

学生因性别或个性气质的差异，对外界环境中的生理刺激以及在接受外界信息时的反应是不同的，存在不同感觉的偏爱与特长。比如，安静而偏感性的学生在课堂上并不活跃，总是较为被动地参与课堂的教学活动，他们比较喜欢用文字来表达自己的心声，因此在文字运用方面掌握得更加灵活。我们在课堂教学过程中，既要设置口头表达的教学环节，又要设置书面展示的教学活动，让他们各得其宜、各展其长，互相补充、互相欣赏、互相影响，这样可以达到事半功倍的教学效果。再比如，情感细腻而好思考的学生，喜欢观察自然的各种形态，能够很好地对物体进行辨认分类，而理智深沉的学生，则善于综合，在对比思考中探索出理性的规律；活泼自信的学生喜欢用一些肢体语言等外显的方式来表达自我，而胆小内向的学生则内敛自持，谨慎表达。这样长期的爱好和习惯差异，在大脑中形成了各自不同的强化区，因而其学习过程中，对于各自获得、提取的知识的掌握能力也各有偏重，运用知识的内容与倾向也就多层多样。教师和学生既有眼神、肢体语言等的交流，更有问答的交流。教师抛出问题之后，感兴趣的学生会愿意接应，回答问题主动，气氛活跃，异彩纷呈，教师也能够迅速给予他们积极的评价。对于主流学生的回答，教师往往会条件反射性地给予肯定和反应，因此优生往往容易获得回答问题的机会，但这样一来就忽视了那些平时不善于发言的学生或是一些后进生的“弱小”的声音。传统的课堂教学中，教师总是鼓励学生举手回答问题，而那些后进的学生、胆小的学生，他们缺乏举手的勇气，没有大声回答问题的底气，混合在开朗大方的学生的声音中的有一些弱小的、犹豫的声音，这些弱小的声音中甚至有些稀奇古怪的答案，偶尔也会超出教师的预期，让人难以理解，但这些都是学生智能多元化的表现，如果我们忽视了这些弱小的声音，也就忽视了这个胆小内向的群体，并在不知不觉中让他们失去了平等发展的机会。

第六节　鲜活创造性

“问渠那得清如许，为有源有活水来。”“生·动”课堂理念下的课堂教学，因为引入了源源不断的生活之水，因而能呈现清澈如许、新鲜灵活的特征。生动的课堂时时涌动着生命的鲜活与灵动，洋溢着生命的热情。课堂是师生双向的沟通、彼此的给予和共同的拥有，是资源的分享。语文课堂应该是闪烁着生命智慧的火花，教师引领学生共识、共享、共进，是涌动着青春活力的优美乐章，是流淌着生命灵动的斑斓色彩，让学生在生活的蓝天里自由飞翔，绽放生命璀璨的星光。

鲜活，首先是因为语文与生活密不可分、水乳交融。“生·动”课堂以生活为教学取材的源泉，生活的鲜活特征就使课堂充满了灵动的特征。很多人都认为学语文应该是学校的事、老师的事以及学生的事。只有在语文课上，才是学语文；只有打开语文书，才是学语文。这些都没有领会到语文最本质的东西。其实语文与生活紧紧相连，是生活给予了语文鲜活的阵地。语文的点点滴滴都是生活的，哪怕是一个字的书写，一句话的诵读，一个句子的理解，一个意思的表达，一种语气的运用，都与自己的生活息息相关，这就是我们所说的语文素养。而语文素养的提高不只依靠语文书，更要从丰富多彩的生活中汲取。因此说，学习语文，就是享受生活。我们从呱呱坠地到牙牙学语，每一天无不生活在语文的环境里，当我们倾听一个人的幽幽诉说，当我们想着如何把自己的思想恰当地表达出来，当我们倾听自己心灵的回音，当我们沉醉于一个个曲折生动的故事时，语文素养就开始在我们的生活里慢慢打下了基础。甚至当我们在轻松地看着电视，或走在路上不经意看到一个新颖的广告或标语时，我们都是在学习。谁能否定我们是在学习语文呢，这才是真正的语文，富有生活气息的语文！正因为语文是与生活相融的，因此语文课堂教学也只有植根于生活之中，才能使课堂永远清新水灵。

鲜活，其次表现在对文本的领悟与解读是基于生活的基础。生活打着学生个性鲜明的印记，因而生活体验有着学生个体的鲜活特征。学生在与文本对话的活动中，限于学习水平，往往容易停留在感知的层面上，感受往往混沌而浮浅。在教学过程中，教师在学生的感受与顿悟之间巧妙引导，让学生调动生活的经验与积累，促使感知转化为深刻的感悟。在解读文本的过程中，不但要解读文本的字面意，更要体味文本的言外意，要让学生披文入情，深情投入。经过教师智慧的解读、心灵的加温，学生就会结合生活，投入自己的真情实感，把自己独特的人生体验融进文本，合理解构文本，领会文本的真意。

鲜活，再次表现在语文的时代特征。比如因为编写教材文本的经典性需要，编入教材的大都是与时代有一定距离的内容。但是，“生·动”课堂教学的“生动”正是要让这些作品在新的时代、新的读者身上生长出新的意义来。《拿来主义》一文虽然是写于二十世纪三四十年代，批判了当时对外来文化与传统文化的错误态度，但是经典作品的意义就在于见解的深刻性与超越历史性，是常读常新的。我们联系当今西方大国的所谓民主意识与其所作所为，联系当前网络文化下的各种现象，让学生讨论思考，在思考评说中让学生找出新时代的“送来”的东西与“抛给”“抛来”的解读，让学生用自己的所思所感去替换“英国的鸦片”“德国的废枪炮”“法国的香粉”“美国的电影”“日本的印着‘完全国货’的各种小东西”，让学生深切感受到了经典作品的时代魅力，让课堂教学生动鲜活起来。可见，课堂教学中，只有根植于当代，语文教学才会涌动着生命的灵性，生成一种动态的美。作为教师，我们在教学的过程中要采取恰当的教学方法，灵活运用，让学生充分调动生活的经验，自主学习，张扬个性，让课堂真正焕发出活力，让学生的语文素养真正得到提高。

工具性是语文的属性之一，因此语文课堂教学的重要价值指向言语活动，也就是语用的意义。通常所说的语文是语言文学的统称，语言是由词汇和语法构成的系统，而从本质属性和构成来看，语言是一种静态的知识体系；而言语，强调的是语言的运用。“语用”即“语言文字的运用”，语文课程是一门学习语言文字运用的综合性、实践性课程。学习语文的重点就在于语言文字的运用。因此，着眼于言语活动的“语用型”教学，实际上是对传统的语言分析、语言赏读甚至语言研究的路径改变与重建，它以语言运用为学习语言的起点与终点，让学生在学习中运用语言，从而提高言语能力。语文的“生·动”课堂，就是通过调动学生的积极性来强化语言文字运用，以提高学生的语言感悟、运用能力，在语用过程中进行扎实训练，提升语文学科素养。贯彻落实课标精神，就应该把落脚点放在语言文字运用上面，引导学生抓住相关语言素材，在扎扎实实的语言文字训练中提高学生的语用创新能力。

陶行知先生说过，语文时时在创造，处处在创造，人人能创造。而语文学习正好为我们提供了一个创造和享受创造的机会。语文课堂处处有创新创造，只要我们以学生为中心，发挥学生的主动意识，语文“生·动”课堂的创新性就会喷薄而发。比如，朗诵文本是一种创造，当我们调动起学生的情感，高声朗诵“大江东去浪淘尽，千古风流人物……”时，当我们引导学生领会了诗歌的意境，低声沉吟“今宵酒醒何处，杨柳岸，晓风残月……”时，学生就在一种自己所理解的情感和语言氛围里，让自己沉醉其中，并试图由此去感染倾听的人。此刻，我们的心情也就随着朗诵者丰富的情绪或高亢激昂，或沉郁缠绵，并且把自己引进一个美妙神奇的想象境地，那更是一种心灵的享受。这种想象是无比自由的，完全可以让你充分体验到自由驰骋的快感。它融于自己的语调、神态、动作、情感，让朗诵者自己沉浸于一种情感的氛围之中，受其感染，受其熏陶。可以看出，这个朗诵的过程充满了创造的灵气。朗读的情感贯注过程也是文本的理解过程，只有理解到位，情感才真挚动人。而一个句子，一种语境，一个意象，虽然都有其字面的共性解释，但更重要的是读者自己的创造性理解。同样，写作也是一种创造。写作的过程中，必然会创造出新的语言，新的形象，新的境界，新的观点，甚至新的表现形式和作者全新的思维方式。当用一个好词，创作出属于自己的一个美丽的句子；当选用一种修辞手法，鲜明生动地刻画出一个形象；当用严谨的语言，发表一个富有创意的观点，这种创造的成功感会让学生感受到无与伦比的美妙！即使是普普通通的表情达意，其蕴含的创造的感觉依然能让学生享受到成功的喜悦。语文课堂上让学生尽可能地创造性地表达，高考考场上孩子才能妙笔生花，写出优秀作文来。所以说，语文学习的各个环节无一不是创造与享受创造的过程。

语文学习本身就拥有这么多的创造创新的机会和可能，然而我们的语文课堂却经常是干瘪的、面目可憎的，原因就在于教师没有创新的意识与手段。学生的创新思维是一项自主性的活动，“填鸭式”教育灌输的教学方法显然不能培养学生的创新思维和能力。我们片面强调烦琐的练习、应付考试的题海战术，偏重死记硬背的结论式知识，忽视了学生主观能动性以及思维的发展，使学生的迁移应用能力大为降低，最终妨碍了学生创新思维和创新能力的发展。《学记》中早就提出“君子之教，喻也，道而弗抑，开而弗达。道而弗牵则和，强而弗抑则易，开而弗达则思，和易以思，可谓善喻矣”的思想，强调注重对学生的开导以及培养学生独立性的重要意义，这对当今培养创新性人才仍然有重要的借鉴意义。只有教师创新教学方式，才能调动学生的主动性、自觉性，从而促使学生有所发现和创新。教师除了通过运用恰当的教学方法来促进学生创新能力的发展外，积极地利用现代化的教学手段也是推动学生创新能力发展的有效途径。其次，课堂教学评价体系和方法的创新也是引导学生走向创新思维的杠杆。要想让课堂教学评价反馈的创新在学生创新能力的培养过程中真正发挥出导向功能，就要让学生充分发挥想象、激发创新思路，培养自己的扩散思维、求异思维、逆向思维等创新思维能力。

“生·动”课堂的创造性，要求教师不再满足于“传道、授业、解惑”的传统功能和作用，而要求教师能在学生创新教育的过程中起引导和示范作用，即教育者能以自身的创新意识、思维以及能力等因素去感染、带动受教育者的创新能力的形成和发展。在某种意义上可以说，只有创新型的教师才能实施创新教育，才能培养创新型的学生。因此，教师自身必须具备较强的创新意识和创新能力。只有这样，教师才能从自己的创新实践中提高创新能力，发现创新的规律，为创新教育提供最直接、最深刻的体验，从而在教学过程中，自觉地将知识传授与创新思维相结合，发现学生的创新潜能，捕捉学生创新思维的闪光点，多层次、多角度地培养学生的创新精神和创新能力。德国学者戈特福里德·海纳特提出：“教师凡欲促进他的学生的创新能力，就必须在他们班上倡导一种合作、社会一体的作风，这也有利于集体创新力的发挥。”[①]“生·动”课堂就是要在课堂上形成以学生为中心的、生动活泼的学习局面，以此激发学生的创新激情。

---

① 蒋岭. 在“期望”中促进学生的发展[J]. 内蒙古教育，2001(7)：1.

第四章　语文“生·动”课堂的建构策略

第一节　激发生命活力

一、用准备让学生形成心理预期

“兵马未动，粮草先行”，这就是准备。有准备，后续工作才能跟得上，展得开。《孙子兵法》中有这样的一句话：“胜兵先胜而后求战，败兵先战而后求胜。”意思是说，在两军短兵相接之前，已经做好一切战争准备的一方肯定就是胜利者；而失败者一定是没有做好准备而仓促上阵的一方。显然，前者知道不打无准备的仗，要想打胜，就要做好充分的准备，努力收集信息，充分评估当下态势，殚精竭虑地质问己方一切的隐患和可能发生的问题，然后在脑海里推测、模拟战争可能的走势，利用现存资源来精心谋划出解决方案。这样等到所有工作都就绪，双方真正踏上战场的时候，才能将一切了然于心而胸有成竹，这仗才会有胜算。可见，对于精心准备的一方，大部分工作在战前就在深度思考的头脑里完成了，上战场打仗只不过是一个例行公事般的存在，那时胜负的天平早已倾斜。凡事预则立，不预则废。现实生活中，充分的准备可以使你事半功倍，准备的过程看上去无关正事，但在真正做事的时候，效率就会成倍提高。

语文课堂教学的精彩，是师生共同创造出来的，离不开教师课前的精心准备和学生课前的到位预习。因此可以说，课堂的精彩呈现，来自课前的周到准备。周到的准备，可以让教师充分预见教学过程中可能出现的过程细节，并一一想好对策，从容应对。更重要的是，充分的课前准备让学生形成学习的心理预期，能够激发学生的学习热情，引导学生全心投入课堂教学。

（一）教师的课前准备

1. 教学内容的准备

课堂活动，是以教学内容的展开为基础的。教学内容是一成不变的，而教学内容的前后联系则是灵活的，如何深入研读教材，吃透内容，为学生预设学习生成的空间，是教师课前准备的一项重要内容。

(1) 教材内容的准备。首先备好教材的内容，目的是让学生以本为本，用好教材，吃透教材。"用教材教"是语文教学的重要特点，课文的编排体现了教材编者的良苦用心。我们在上课前用心阅读研究教材是课堂教学有序和谐开展的基础。课前教师要以课程标准为指导，正确地把握教材的思想内容、知识范围、编排特点以及各学段教学内容之间的关系，在通读整本教材、明晓教材体例的基础上，弄清所要教的知识点所处的文本位置，准确地把握所在单元的教学目的与要求。

其次，备好教材的目的是让学生依纲离本，走出教材。教师在钻研教材的时候，要眼界开阔，不局限于教材的内容，能够充分开发和利用相关课程资源，做到视通内外，在对所教内容透彻领悟的基础上，有方向地补充教学内容，以丰富课堂教学的内涵。课前教师解读文本的深度、思考问题的方法和看事物的角度以及对待科学的态度，在很大程度上影响着学生在课堂教学过程中思维的深度和生成的质量。因此，这是课堂教学前的必备内容，是课堂教学生成的重要资源准备。如果说，生成需要预设，那么这或许就是生成前教学预设的最重要的内容，只不过这个预设非狭义上的精准预设，而是生成前的铺垫与备料。很多低效或无效生成大多是教师课前准备不充分造成的。

(2) 教学重难点的准备。通读教材，熟悉内容，打好课堂教学的基础，为生成铺垫了道路。但课堂教学并非面对教材随手抓，一把抓，而要能有抓住重点、以点带面、层层深入、各个击破的策略。那种把教材上所有内容都钻得深而透的做法，并非聪明之举，如果进而把这些东西都要纳入教学计划当中，则更是弊多利少。面面俱到其实面面不到。浅尝辄止、水过地皮湿式的教学，是绝对不可取的。因此，吃透教材，首先是吃透教材的重点内容。教师明确了教学的重难点，在组织教学内容时就可以灵活安排教学内容，围绕中心问题随机合理地变动顺序，逐渐激发学生的求知欲望，加大心理预期。经过这样的准备，在教学安排中就可以从系统发展过程中突出中心环节，使教学内容更加紧密地联系起来。任何现象都与周围的事物现象相互联系、相互制约和相互作用。知识点就是一张相互联系、相互制约的网。提纲挈领这个词就告诉我们，抓教学就是抓重点，就是抓知识的网纲，即具有共性的知识和概括性、理论性强的知识。抓住这些共性知识，就能举一反三，触类旁通。

2. 学情水平的准备

课堂教学的服务对象是学生，学生的知能情况是决定课堂教学生成质量的关键。如果我们能明白学生的最近发展区，能知道学生最期望实现的学习目标，我们的教学就能具有针对性。教学对象的准备这一点，很容易被我们忽略。美国心理学家奥苏伯尔说："假如让我把全部教育心理仅仅归结为一条原理的话，那么我将一言蔽之，影响学习的唯一重要的因素，就是学习者已经知道了什么，要探明这一点，并应据此进行教学。"[①]

① 戴品芳．教学要关注学生生活经验[J]．课程教材教学研究：小教研究，2006(10)：2．

由于平时我们自己教自己的学生,很清楚自己所教的学生的学习层次和已有的知识储备,因而我们知道哪些要讲,哪些不用讲,于是我们就产生了一个错觉,觉得学生的学情是不需要准备的,实际上不同层次学生的知识基础、学习能力、学习态度、学习习惯、学习方法不同,他们能达到的目标以及达到目标所需要的时间、方法和指导是不同的,各层次学生对文本的理解和可能提出的问题、探究出的结果也是不同的。教师必须掌握学生间的这些差异,因为这是教学设计的依据,是教学的起点、对话的基础。不掌握学情的课堂教学盲目而缺少目标性,难有好的效果,即使完成了教学任务,学生的掌握情况也是难以保证的。教学对象的准备就是要针对不同层次的学生,采用弹性的教学方案,为学生的参与留出时间与空间,为教学过程的动态生成创造条件。比如,我们既要有针对全体学生的问题,又要有适应不同层次学生的问题,这样可以考虑到不同层次学生的接受能力,让学生在不同深度的学习内容中有不同层次的生成与收获。这个收获既有纯知识性的内容,又有认知能力、情感态度、价值观等方面的收获。

3. 呈现方式的准备

教学过程中采取哪一种教学方法更适合,更有利于文本的阐释与学生的参与,以及课堂教学需要准备哪些教具,教师都要较好地统一考虑规划,这是课堂上教学方式方法的准备。

比如课件的制作与使用。在课堂上何时呈现,要呈现哪些内容,以什么样的动画形式呈现,我们都要考虑到,课前不做充分的准备,课堂上应当呈现的没有呈现出来,再重新板书,既影响了课堂的教学效率,也影响了课堂中学生思维的流畅性。再比如,采用谈话法组织教学,课堂上的切入点是什么,应如何切入,应该提出什么样的问题让学生思考。教师既要有引路性的启发问题 ,还要为学生提出富有弹性区间的问题,让学生能跳一跳够得着。在教学过程的设计中要留有弹性,要针对不同学生的学习层次策划教学行进中的教师活动、相应的学生活动和师生间的互动内容及互动方式,预先设计出师生活动的形式与方法,并对活动的期望效果进行预估,必要的时候还要预先设计出可能用得着的候补方案。

叶圣陶先生把教学过程分为三个阶段,即预习阶段、讨论阶段、历练阶段。叶老很重视课前预习,他认为,要想在课堂上使师生讨论、生生讨论进行顺利并能够深入地开展,首先就要要求学生在预习的时候准备充分,如果准备不够充分,课堂上的教师就会像唱独角戏一样自言自语,或是等了好久没有一个人开口;有时,即使有人开口,只说一些不着边际的话,于是教师在无可奈何的情形之下只好一个人继续讲下去了,教师讲得枯燥,学生听得乏味。这样的课堂不要说生成,连学生的活动都没有,怎么还可能有生成出现呢?生成式教学强调师生、生生对话,鼓励学生质疑和个性化解读,但若没有充分的课前准备,教师引导不到位,学生参与不积极,理解不到位,必然出现无话可说,或随心所欲、信马由缰、生而无成、离题万里的现象。想要让学生在课堂上生成精彩的思考与个性的感悟,就要引导学生预先与文本进行交流对话,倾听作者心声,提前查阅与文本有关的背景资料，动脑思考提出自己的问题，并尝试自己解答，形成自己的独特见解。在这样充分的准备之下，课堂上学生有备而来，一经教师点拨，学生思维自然开悟，精彩的生成顺势而来。在学生对文本不熟悉，甚至一无所知的情况下去开展师生互动、生生对话，必然导致教学过程的生涩、教学内容的浮泛、教学秩序的混乱、教学效果的低下。

（二）学生课前的准备

课堂教学前，教师的充分准备使课堂教学有了进行的基础，但课堂教学质量取决于学生的生成质量，学生的生成取决于学生课堂上对教学内容的接受量与内化量。在大力提高课堂教学质量的当下，教师都注重对教材的研究、对教学有效性目标的制定、对教学方法的探讨、对教学手段的革新等，力求提高课堂教学效率，优质高效地完成教学任务。少有老师关注学生的课前准备，没有把学生的准备放在一个应有的地位上，忽略了学生课前准备对实施课堂有效教学的重要性，使得课堂教学在实施过程中达不到预期的目标。于是我们就经常听到教师的埋怨：“学生怎么推不动啊，学生怎么不懂得配合啊！”教师在课前准备过程中要“备学生”，即使了解了学生的知识状况，也不等于学生就有了准备，与教师的课前准备一样，学生课前也有几方面的准备，如果能让学生在课前做好充分的准备，那么课堂教学就顺畅而高效了，精彩的生成自然泉涌而来。

1. 学生的预习准备

学生的课前预习，既是对将要学习的具体内容的准备，又是学习心理的准备。良好的预习习惯是促使孩子积极主动学习、提高课堂学习质量和效率的重要因素，也是激发孩子求知欲、学习兴趣和培养学生自学能力的重要手段。学习内容的预习，应主要做到三“明了”。一是明了课文内容，在学习新的课文之前，应通读课文，明了文本内容，做到心中有数；二是明了学习目标，即本课可能要达到的学习目的，学生通过对课后思考题的阅读把握，基本能明白本课的学习重点，比如哪几个文段是要求背诵的，哪些词语是要求掌握的，哪些语句是需要反复揣摩的；三是明了学时，大致了解本课文教学需要多少学时，课堂学习的节奏与内容会如何安排。对于学习的课前准备，一般来说，教师布置任务比不布置任务的学习效果要好，布置的预习任务具体比布置的任务笼统要好。比如要求学生预习《拿来主义》，有两种不同的布置任务的方法：

方法一：明天要学习《拿来主义》这篇课文，请大家课前预习一下。

方法二：今天预习《拿来主义》要完成以下几个任务：一是划分课文的层次；二是画出文中的比喻论证的喻体，并弄清这些喻体的本体；三是熟读准备背诵“他占有挑选……”一段。

显然，为了达到课前预习的目的，提高学生课前预习的效果，我们最好要提出具体的预习要求。而且预习的过程中，学生会发现一些难懂的内容，这样就形成了心理预期，在听课时就能产生一种积极主动的求知状态，在预先学习的基础上也能轻松自如，充满自信，这正是成功的学习所需要的一种心理优势。学习主动，听讲认真，课堂教学效率就高，课堂上师生互动就更融洽和谐，学生的表现就更自信，更有兴趣学习，有了学习的兴趣，学习就会更主动，学习效果就会提升，成绩会更好，如此良性循环便形成了。所以，培养课前预习的习惯对实施课堂有效性教学尤为重要。

2. 学生的心理准备

学生的课前准备不仅是帮助学生养成良好学习习惯的重要一步，而且是实施课堂有效教学、提高课堂教学质量的前提和条件。但是，在日常教学中，学生的课前准备并没有引起教师和学生的重视。上课铃响，学生往往依然充耳不闻，说说笑笑，喧哗打闹，看到老师走进教室，才想起来找本堂课的学习用品，于是翻箱倒柜，手忙脚乱，直到教师制止，教室才能渐趋平静，学生的心思才能慢慢回到课堂。这就是课前无准备的情形。课前准备分为学习物品准备和心理准备。

课前的学习物品准备是显性的，心理准备是隐性的。在平时，教师一般不太注意到学生课前学习心理的准备，而能比较明显地看到学生是否进行了学习用品的提前准备。相对来说，学生比较容易养成课前物质准备的习惯，只要老师们注意做到课后提醒、课前检查，就能让他们在较短的时间内养成比较持久的习惯。而课前心理准备则不同，它需要学生有一定的自制力，心理准备的习惯不易养成，且不易持久。心理准备是教学中不可忽视的一个准备环节。如果每节课都做好了课前精神准备，就能充分调动学生的学习积极性、主动性，使他们精神饱满，注意力高度集中。否则已经上课了，有的学生情绪可能还留存在课间活动的兴奋之中，或是依然停留在上节课所学科目的情境里，迟迟没有进入正常的学习状态。这就是心理准备不充分的表现。

为了帮助学生做好心理准备，目前许多学校都在上课前设有 2 分钟的小预备铃，提醒学生抓紧进入教室，进行课前的相关准备。还有的学校有“候课制”，要求教师在小预备铃响之前就到达教室门口，等候上课。这都是学校采取的一些制度性措施，用来保障课前的充分准备。教师提前到位，可以在课前帮助班级预设良好的学习氛围，让学生的潜意识里做好上课的准备，等到正式开始上课，学生就能马上集中精力，心无杂念，精神饱满地进入上课状态。这样就可以使学生避免无准备地生硬进入上课状态，提高了课堂效率。

二、用公平让生命舒展

课堂教学活动就是师生互动、生生互动过程中产生的即时反应活动。生成是要一定场合才出现的，是不可预约的；生成又是学生个体体验的反应，其维度与方向是不确定的。课堂教学的生成之美，就美在生成的全面展开与生成的层次递补、和谐融会，能充分体现学生思维的灵活性、多样性、创新性。

根据我们的课堂观察，即使在课堂教学中学生最活跃、生成内容最丰富的自主生成环节，也往往总有一部分孩子游离于生成环节之外，他们或安静于一隅，没有表现，或神游课外，身在曹营；也总有表现突出的部分学生异常活跃。这样的课堂现状，就很容易出现学生优质生成欠缺且生成行为趋向于共性化、单一化、重复化的现象。原本思维活跃、兴趣盎然的教学环节，缺失了生成的全员性、创新性，使应具有的优质生成变得单调寡味，干涩枯燥，失去了原本的积极意义。

课堂美的生成的缺失，其实折射出的是课堂教学公平的问题。

（一）学生获得的关注程度的均衡

课堂教学最明显的不公平是学生获得教师关注的机会不均等。这种不均等主要由三种原因造成：一是学生个性差异，二是学习成绩层次，三是职务地位。

学生因个性差异，课堂上总有活跃与安静的不同，年级越低，这种差异越明显。而学生的这种安静与活跃的个性差异，使他们在传统的课堂教学中所获得的教育机会差别很大。我们教师无不希望自己能在课堂上一呼百应，学生能积极主动地与教师互动，活跃地展现课堂生成的结果。那些性格外向的学生，他们在课堂上积极主动，深受教师的青睐，他们为自己争得了更多的受关注的机会；而那些性格内向的学生获得关注的机会相对就少得多。其实性格内向的学生并不缺少生成的创造性，只是缺少了展示生成的机会，他们一般不去主动争取，大部分教师都会因鼓励学生主动而忽视这样的一族，但缺少了他们的参与，就影响了班级整体学生学习生成的质量。

学生学习层次的不同，也会造成课堂上受关注的机会的不均等。教师在课堂上大都喜欢让口头表达能力好、回答问题靠谱的学优生展示自己的生成结果。因为这些学生总能给出教师想要的答案，可以使课堂教学内容推进得更顺畅。反之，那些学习成绩一般甚至落后的学生，因为课堂反应较慢，表达不够流利，需要教师付出更多的等待时间，因而获得教师关注的机会就少得多。其实优质的生成与学生的学习成绩并不严格吻合，创造性的生成往往产生于学习成绩并不突出的孩子，因为具有创造性天赋的学生往往因为缺少按部就班的规范性，而使学习成绩并不突出，甚而落后于一般同学。教师在课堂上为了课堂教学推进的流畅性，为了获得自我教学上的成就感，忽视了上述的那部分同学，这必然会影响到课堂生成的创新质量。

记得一位有资深教学经验的老师在介绍他外出借班上课经验的时候说：“当你不知道该让谁来回答问题的时候，你可以让班长、团支书或课代表来回答问题，这样你就不至于在课堂上难堪了。因为能被选为班干部的学生一般成绩不会差，他们的学习基础能保证他的答案是八九不离十的。”这个例子就典型地反映了学生职位不同所受到的关注度不同的现象。我们教师自我反思一下，会发现自己经常会不经意地走进这样的套路中。平时的课堂上，教师看似不经意的一个举动，透露出的也许就是教师自己缺少教育公平的理念的问题。

可见，传统的课堂取向是从教师的角度出发来评价课堂的，课堂教学成功与否的标准是教学过程是否热闹、教学环节是否流畅。基于传统的课堂取向，学生受关注度是不均衡的，学生获得的展现机会也是不平等的，这就必然使课堂生成缺失了全员性。那些个性安静内向的孩子总是受关注机会最少的一群，那些默默无闻、表现中等的孩子总是受冷落的一族。他们也有自己的想法，但得不到展现；他们也会有创新的思维，但得不到认同。久而久之，这样的教学取向磨灭了他们的灵光，削减了他们的上进心，让他们心安理得地成为跑道边的一群旁观者。所以每每看到小小年纪就甘于平凡的孩子，我总是深深反思，这是不是我们教师的教学行为造成的呢？

因此，要让课堂呈现优质的生成，我们就要给学生以平等的机会，我们就要力避传统课堂的取向，不以热闹为评价课堂的标准，而应看到课堂上教师关注的是不是全体学生；不以课堂环节是否流畅而论课堂教学的优劣，而应看课堂上后进生是否有均等的机会展示自己也许并不完美的答案，并能得到老师的真诚鼓励与评点。课堂上教师的视野应是宽泛的，如同阳光，不分彼此、不分高低、不分前后，均匀地洒在教室的每一个角落。教师的目光既应看到高高举起的小手，也应看到内敛沉静的面庞；既应看到表现优秀的上流，也应看到表情落寞的后进；既应看到前几排教室中心的学生，也应关注到角落里不被人注意的群体，让课堂的生成真正从教室的每一个角落里产生。

（二）学生获得的表现次序的均衡

课堂学习成果展示、回答问题的先后顺序的不同也隐藏着课堂教学的不公平，从而影响了课堂生成的质量。

我们观察课堂就会发现，当学生面对一个难度较大的问题，需要深度思考来解决的时候，课堂气氛便不会像往常一样很活跃。在经过一段时间的静默思考之后，课堂上首先发言者的思路往往会影响到后面同学的思考方向，这就是先入为主的心理效应。而这先入为主的心理效应也造成了学生课堂生成学习的不公平。

虽然说，课堂是出错的地方，但是学生总希望能正确地回答问题，希望给出教师需要的答案，这样既能展示自己的学习水平，又避免被同学嗤笑、被老师批评。学生这种寻求安全的心理就在课堂上形成了较强的从众心理。从众回答的同学或许真有相似的想法，也或许其实他们的想法与前者并不一致，但是后发言者在把自己的想法与首先发言者的发言内容相比较后，无法判断对错，于是就有了结伴心理：即使是错的，至少也有个伴，不至于错得太难看。这种结伴心理与从众心理，使后面的同学虽然获得了关注的机会，但却未能把自己的真实答案展示出来，缺失了优质生成结果，这其实也是一种教学的不公平。

考查一下这种从众心理的形成原因，可以看出两点：一是与班级氛围的融洽与否有很大关系，二是与教师课堂教学风格的随和程度有很大关系。

如果班级氛围和谐、同学关系融洽，同学之间互相不会讽刺挖苦嘲笑捉弄，那么学生课堂上的表达就会相对自主客观，学生就会更容易展示自己真实的思维过程，有利于教师的积极引导；反之，学生在答题或展示学习成果的过程中会顾虑重重，瞻前顾后，生怕在课堂上给同学留下取笑的把柄，即使生成出新奇的想法也不敢表现出来，为了求稳保险，还是选择走从众的路线。

如果教师教风严肃，课堂上不苟言笑，学生的课堂表达就会随之慎重而拘谨。当然，如果教师教风不止严肃，甚至是霸道，课堂上不注意方法，没有把课堂上学生的偏差错误当作教学资源来看待，而是对表达出错的学生经常给以批评和打击，那么学生就会因害怕出现失误而采取保守从众的态度了。而如果教师教风民主，懂得开发利用课堂上学生的错误资源，能开诚宽厚并容忍学生的奇特想法，并且能引导学生展现他们的个性化表达，那么学生就愿意在课堂上展现真实创新的想法，这时候的课堂就是开放的课堂，学生的生成就是个性化、多样化、创造性的优质生成。这样的课堂氛围就大大减少了学生因顺序先后问题而带来的生成的不平等性。

（三）学生获得的认同程度的均衡

一个群体里总有一部分人具有领导力或影响力，他们往往是最得到同学认同的一族，因而极容易把持话语权。同样，一个班级里总有一些学习优秀的学生，他们在课堂上的表现往往会成为风向标，直接影响到其他学生的思维方向，这也造成了课堂生成机会的不均衡，从而影响生成的质量。

话语权的把持有两种情况：一是个别学生总是抢先发言，在客观的时空中把持着班里学生的话语权，他或他们往往是活跃而成绩不错的学生；二是班级里学习成绩优异者，即通常所说的学霸，这种情况与上面那种总是抢夺话语权的表现不同，与上面第二条所说的先入为主效应也不同。先入为主效应主要是时间和出场顺序的问题，而学霸效应靠的是话语权威，不论出场顺序如何，他们总是能用学习权威把持课堂的话语。

在一个气氛和谐融洽的班级里，先入为主效应不一定出现，而学霸效应却依然有存在的可能。因为在同学们的心目中，根据以往的经验，已经形成的刻板印象就是学霸所给的答案永远是对的。所以无论学霸第几个出场，一旦出场便是个性生成的终结者，因为他给出的答案往往是教师最想要的答案，鲜有出错的情况，而如果学霸出错，就会把一大批人带入歧途。因此，学霸既是成事者，又是坏事者。说他们是成事者，就是你永远不用担心你的问题会没有人答出来，尤其是在大型的公开表演课上，他是你的定心丸，能让你恰到好处地把握课堂的节奏；说是坏事者，是因为他的出场会让本来百家争鸣的局面一下子万马齐喑。

比如，我们在赏析《项脊轩志》时，针对“客逾庖而宴，鸡栖于厅”的细节，一名优秀的学生分析说：这写出了归家混乱的场景，突出了家道中落的特点。接着一位同学在分析“述诸小妹语”这一细节的时候，就说：小妹问何谓阁子，娘家连阁子都没有，可见妻子的娘家也是家道衰落，更能见归有光此时心情之悲。这一观点的生成，显然是深受上一名学生话语的影响，没有走出其思路的限制。要想让学生走出这一思路的限制，我们就要进行进一步的引导：缺房少食，这的确是家贫的表现，从这个角度来看很有道理，可是百年老屋、室仅方丈,这样的一幢小房子,有与无就能看出家道的兴衰吗?在这样的启发下,有同学思考后说:“述诸小妹语”可见他的妻子与他关系亲密,无话不谈。就在大家深以为然的时候,老师继续启发:如果是为了表现妻子与他无话不谈,为何一定要拐弯抹角,去转述不懂事的小妹的话呢?小妹又是如何知道阁子的呢?经过这样的启发,学生就能先弄清楚,小妹知道是因姐姐常常在家里说起。姐姐常常说起,就说明了南阁子在姐姐心目中的地位,可以看出归有光与妻子在这里生活得幸福快乐,为后来归有光痛失爱妻后睹物思人之悲作了情感的铺垫,使悲情更为浓重可感。这样通过不断地引导评价,就使学生走出了优生的话语霸权,找回了自己的真正生成。

可见,避免学霸效应,让学生有一个平等的生成心态,很重要。教师要心细如发,善于从课堂细节着手安排答问顺序及内容。比如,一是尽可能地减少或尽可能延后地让学霸出场,二是问题要尽可能地开放,三是引导评价要给学生留出充分的展示空间。

(四)学生获得的点拨机会的均衡

教师的课堂点拨也会影响学生生成的均衡。

生成过程中的点拨是“助产”,是帮助学生顺利完成生成的过程,因此语言要能切中肯綮;而生成后的评价是“定性”,为学生分析生成的思维历程,因此语言要客观中性。在学生的思维活动被激发起来以后,其创新力最强,许多新颖独到的想法就会井喷一般涌出,这就是优质的生成。这些想法如果得到相应的激励,就会更多、更快地产生出来,反之就会逐渐消弭。评价反馈不仅对当事者有作用,对于其他人来说同样是风向标。所以在学生生成活动旺盛的时刻,我们要尽可能地进行正向的引导,避免使用倾向性明显的评价反馈,尽可能不使用定性评价,而要使用客观的分析性的语言予以反馈。因为定性的评价反馈使学生失去了平等发挥创造性的机会,从而影响后面学生生成的创造性的发挥,使课堂生成产生趋同性,从而影响生成质量。

比如,针对“红杏枝头春意闹” 中“闹”字的鉴赏分析,有同学说“‘闹’字,在这里用得不妥当,脱离现实,春意不可能闹腾,可以换成‘浓’字”。针对这位同学生成的观点,如果老师倾向性明显地反馈:“我们是在赏析,不是批评,我们要从优点方面去考虑。”这一句话就否定了学生的生成结果,也会使其他有怀疑精神的同学不敢再有言语。而如果教师面对学生的生成给出客观的分析:“这位同学是从客观现实的角度来看春意的,并给出了符合客观现实的替换词语。”这个反馈有分析而且倾向性不明显,有利于后续观点的生成。

有人会担心,我们不给出明确的评价,学生又怎么可能明白他是否可以按照这样的思路去思考呢?这种担心是不必要的,课堂是出错的地方,认清道路需要有一个摸索的过程。课堂教学不是为了生成出精确的答案,而是让学生在生成的过程中互相启发、碰撞争鸣,从而体验生成的过程。

倾向性明显的评价让学生明白“这是不对的”或是“这就是答案”,如:“对,就是这样的！”或者“嗯？你怎么能这样想呢？”等等，只此一句就把后面还没有来得及生成的学生的创新机会一下子夺走了，而且后续生成的结果也只能是单一的、共性的、重复的、从众的、保险的伪生成成果了。

可见，课堂教学的优质的美的生成，离不开公平的课堂氛围，只有教师从全体学生出发，全面考虑，细心消除各方因素的影响，努力创造公平的教学氛围，课堂的优质生成才能成为常态。

三、用激励扩展生命的张力

雅斯贝尔斯强调，教育是人对人的主体间的灵肉交流活动，这可以看作雅斯贝尔斯有关教育的定义。[①] 在这里，我们可以看出雅斯贝尔斯认为教育的过程就是生命主体间的交流的过程；教育的重要内容其实就是引导学生领悟生命的内涵；而教育的目的就是能够让学生自由生成。基于以上对于雅斯贝尔斯有关教育的理解，可以看出，课堂上培育生成美是教育的生命化的意义。而在教育教学的过程中，要让生命的内涵突显，让“生·动”课堂最大限度地达成，我们可以注意从以下方面入手。

（一）让生命在场——“生·动”的可能

教育理念的发展经历了一个曲折的过程，在相当长的时间里，影响最大的莫过于“给水说”，即要倒给学生一碗水，教师必须有一桶水。这就是典型的知识传授教育理论，这个理论认为，教师站在知识的制高点上，处于知识资源的上游，教育的过程就是传授知识的过程。在这个过程中，一头是碗，一头是桶，桶倾碗满，随着授受动作的终结，教育的过程也就结束了。可以看出，在这个过程中，知识教育的内容被认为是一成不变的东西，而教育的过程就是东西移交的过程。但是，在教育两头的不是碗与桶，而是有着蓬勃生命力的个体。教育的过程也不是简单的授受的过程，而是生命主体间的交流。因此，真正的教育，首先应让生命在场，尊重生命个体的差异存在，进而遵循生命的一般规律，进行人与人之间的灵肉交流。基于以上的生命交流，教育才具有了“生·动”的可能。

让生命在场，就是肯定生命成长的主动性。生物学上，把生命定义为生物体所表现出来的自身繁殖、生长发育、新陈代谢、遗传变异以及对刺激产生反应等复合现象。可以看出，成长是生命自有的能力和需求，是无需外在意志强加的。让生命在场，是告诉我们教育不是要强加给生命一些东西，而是要认识到生命成长的主动性，进而去创造条件，让生命更好地生成。肯定生命成长的主动性，我们就懂得了教育其实就是一种等待，等待发芽、等待长大、等待开花。让生命在场，还要我们熟谙学生生命成长的规律，如果违背了生命成长的规律，即使想得再好，也是水中花镜中月，也于事无益。如果把

① 雅斯贝尔斯. 什么是教育[M]. 邹进，译. 北京：生活·读书·新知三联书店，1991：4.

自己的意愿不顾规律地强加于学生，不但不会促进生命的成长，反而有可能影响成长，即如拔苗助长一样。

让生命在场，就是肯定生命形态的多样性。广袤原野，茫茫众生，百花齐放，万紫千红，世界才如此美丽。让生命在场，就肯定了学生生命存在的多样性，承认了每位学生都有其独特存在的理由，我们就不会再把面前的学生看作是统一等待加工的物品，我们的教育结果也就不再是规格相同的产品，而是尽可能地看到他的特长，让他本来具有却被掩盖或压抑的特长能被发掘出来，能感受到阳光雨露的滋润，能得到强化，从而更愉快地生长。使特长更长，而不是截长补短，削足适履。肯定了生命形式的多样性，也就肯定了生命成长的多层次性。生命的成长受内外因的影响，成长的过程是不尽相同的，成长的方式也是不一样的，这就是生命成长的多层次性。肯定了多层次性的存在，我们就不必苛求每人每天每节课都要同进度、同容量地掌握相关的知识与能力，而能关注到不同学生的基础层次，关注到学生不同的接受层次，进而视具体学习情况，因材而教。

让生命在场，就是肯定生长场域的生态性。生命不是单独存在于社会的，生命所在的场域构成了一个生态圈，这个生态圈对生命的成长有着极其重要的影响。学校就是学生成长的一个生态圈，在这个生态圈里，生命是以多种多样的形式存在着的，生命的相互作用促进了生命能力的生成与发展。因此，生长场域的生态性提醒我们注重运用环境的因素，形成良好的教育生态，去积极地影响学生成长。比如生态圈中不同层次植物的互相依附、互相掩映，提醒我们要重视不同层次间学生的互助互爱；同层次植物的负势竞上，告诉我们同层次间学生互相竞争、互相促进的可行。肯定了生长场域的生态性，还要肯定生命成长的空间期许性。生命具有特殊的自我调节功能，它是生命的一个极其重要的属性。每一个生命个体在生态圈中都在不断地调节自己的内部机能，努力调整自身去适应外部环境，从而达成与外部环境的最和谐的统一。因此，教育要给生命留有期许生成生长的空间，如果我们把每个空间都填满，久而久之，就养成了生命的惰性，没有了生长的热情与积极性。所以，想让鱼长大，就把它放进江海里；想让学生成长，就给他宽阔的舞台。

（二）让情感激荡——“生·动”的开始

巴班斯基说：“教师是否善于在上课时创设良好的精神心理气氛，有着重大作用。有了这良好的气氛，学生的学习活动可以进行得特别富有成效，可以发挥他们学习可能性的高水平。”[①]生命的质量在于情感的体验，而情感的激荡才能引起思维的碰撞，在思维的碰撞中火花产生了，智慧生成了。激荡是情感活动的最高阶段。在这个阶段，人的情绪最为活跃，大脑处于极度兴奋时刻，对于外在的刺激反应迅速、应对敏捷，因而才能

---

① 王绍德．营造良好的课堂心理氛围[J]．山西教育：管理版，2007(6)：2．

保障生成的产生。人的自我生成其实是相当困难的，唯其尽可能地激发情绪，激荡情感，挑起大脑皮层的神经的兴奋，才能使生成成为可能。雅斯贝尔斯说：“人的自我的生成上有几种需要尽其全部人性去冲破的阻力：首先，绝对的阻力是每个人在本质上的不可改变性，而只是在外观上有所变化；其次是内在的可塑性；第三重阻力则是人的原初自我存在。”[①]可以看出，生成的阻力是巨大的，而相对较容易突破的就是内在的可塑性。教育就是要通过激发热情、激荡情感，激发起生命主体重塑内在的欲求。

1. 让情感激荡要激发生命的需求

课堂的情绪来源于教师的情感激发。教师走进教室，他的精神状态就开始影响着教室的气氛，形成了“气场”，并为这节课奠定了感情的基调。可见教师保持饱满情绪在课堂教学中是何等重要。试想，没有激情的教师，又怎么能调动学生的情感，让学生充满激情地投入课堂学习之中呢？卢梭说：“生命不等于是呼吸，生命是活动。”[②]活动是生命的特征，也是生命的需要。

生命的需求有两个层次：必要和需要。“必要”是指维持生命存在的基本需求，即吃穿住行，在此基础上，有了情感的需要。马斯洛认为，人有五种需要，可以分为两级，其中生理上的需要、安全上的需要和感情上的需要都属于低一级的需要，这些需要通过外部条件就可以满足；而尊重的需要和自我实现的需要是高级需要，他们是通过内部因素才能满足的。可见情感需要是在低级层次之上、高级层次之下的需求。激发情感，可以激发生命的高层级需求，推动生命不断向上。人的尊重的需要和自我实现的需要，说到底是发展人生潜能的需要，即心智上的潜能。叶澜教授说：“课堂教学应被看作师生人生中一段重要的生命经历，是他们生命的有意义的构成部分。对于学生而言，课堂教学是其学校生命力的最基本的构成部分，它的质量，直接影响学生当前以及以后的多方面发展和成长。”[③]叶教授看到了短短的课堂在长长的人生中的重要作用，激发情感，挖掘潜能，让学生成长为他们应该成为的样子，让他们获得应该获得的成功，那么他们的被尊重的需要，自然也就实现了。

2. 让情感激荡要激起个体意识的争鸣

“争鸣”是以学生在自主学习以及合作讨论中所面对的各种具体问题为对象，以学生为研究和讨论的主体，关注学生在学习过程中的实际需要，为学生创设质疑空间，提供“争鸣”的平台，从而释放学生学习本能的一种课堂教学活动。就课堂争鸣而言，争鸣是师生之间、生生之间的一种民主平等的活动交流，是一种开放兼容的观点碰撞与交流研讨，是一种真正以学生为本的心理环境和氛围。

每一个学生都是独立的生命个体，在生命体这个本质属性的基础之上，每个学生都

---

① 雅斯贝尔斯.什么是教育[M].邹进，译.北京：生活·读书·新知三联书店，1991：2.

② 卢梭.爱弥儿[M].李兴业，熊建秋，译.北京：人民教育出版社，2017：8.

③ 叶澜.让课堂焕发出生命活力[J].河南教育：基教版(上)，2002(3)：1.

有一个独立的精神生命,如果要在真正意义上让课堂回归教育的本义,就要充分尊重学生的主体性,激发学生个体生命的各自活力,把课堂还给学生,让学生在课堂上充分展示自我个性,发出各自的声音。尊重学生的主体性,就是尊重学生精神生命的主宰性。教育是对人的生命提升,让学生不断发现自我、反思自我,表现自我、完善自我,从而生成新的自我。用情感激发个体争鸣的意识与行动,就是在众多同伴的展示辩论中不断反照自己,认识自己,并不断地生成出自己独特的观点感悟,强化个人的主体特征,让学生更好地主宰自己。教师是用情感激发学生去认识、学习,不是用教师的灌输去代替学生的认识,而是用教师的认识作为范例或引子去开启学生深层的认识,引导学生获得个性化的认知。郭思乐说:"强加的知识不仅难以成为学生自身的知识,还可能成为偏见。"①长此以往地灌输,就会使学生失去思考的灵气和应对的敏锐。

激起不同个性的争鸣,尊重学生主体性的方式,可以是多种多样的。我们首先要用情感去关怀每一位学生,激发他们与老师平等交流的勇气,让他们敢于大胆发表自己独特的见解;能对传统的看法和权威的结论进行大胆的质疑、颠覆和解构,展现思想的飞翔和生命的张力。让学生有独立的精神,敢说自己所想,能写自己所思;让学生与文本对话、与同伴交流、与老师争论、与现实碰撞,在情感的激荡中碰撞出创新的火花。这样,质疑、问难,交流、合作,批判、评价,反思、总结,想象、联想等等,就会像一条河在课堂上经久不息地流淌。生命的课堂,应是教师引领学生以饱满的激情去领略一路春光,观赏美丽的风景,获得幸福的体验,让学生浑身上下都感觉到酣畅淋漓、妙不可言;生命的课堂,更应该洋溢着人文的光辉和理性的光芒,让每一位路过的学生都对知识的圣殿心驰神往;生命的课堂,是个性创造的乐园,充满温馨情趣和美感,闪耀着学生生命创造的光辉,展现着学生丰富多彩的个性。

(三)让群体鸣响——"生·动"的展现

雅斯贝尔斯说:"教育活动关注的是,人的潜力如何最大限度地调动起来并加以实现,以及人的内部灵性与可能性如何充分生成,换言之,教育是人的灵魂的教育,而非理智知识和认识的堆集。"②人的潜能的激发,靠的是情感的激荡,但激发了创造的欲望之后的个体只有放在群体之中,其创造力才能极大限度地被激发起来,因为群体的共鸣是各种意识互相碰撞、互相砥砺、互相启发的源泉,也是生成源源出现的必备条件。

生命的情感是具有感染力的,课堂的心理氛围是由群体成员共同形成的态度与情感的综合表现,对每个成员的心理和行为都会产生影响。课堂的教学活动是群体的活动,离不开对群体情绪的激发、强化与调控。情感是教学目标和任务要求达到的重要制约因素,教师只有充分调动群体情绪,让生命处于积极向上的情感中,并激荡在群体之

① 郭思乐. 经典科学对教育的影响及其与教育生命机制的冲突[J]. 教育研究, 2003, 24(2):7.

② 雅斯贝尔斯. 什么是教育[M]. 邹进,译. 北京:生活·读书·新知三联书店,1991:4.

中，才能让群体中的每一位个体受到感染与鼓励，从而引发群体的共鸣。这样就发挥出了激情在教学中的作用。积极向上的课堂心理氛围，有利于师生、生生的交流，有助于引起学生的共鸣，有益于增强教学的效果。反之，消极的课堂心理氛围难以调动学生的积极性，课堂实效大打折扣。因此，创设良好的课堂心理氛围尤为重要。生命的身心状态都直接或间接地与周围的人相互影响；学习或是生活上都是这样，互动交往的情境如果像光与热，那么，双方都能积极进取，热情向上，人际关系也就更趋紧密。而如果与一群有负面情绪的人交往生活，人就可能会走向生命的犄角里去，人性光辉就会渐趋黯淡，个体生命就会受到阴暗思维的左右。人的情绪发展，主要来自人与人之间的互动刺激，如果没有与他人充分地接触交流，个人的意识就可能会逐渐萎缩，智力迟缓甚至退化。

在教学活动中，教师和学生在心理上从来是双向流动的。在这个流通过程中，教师向学生暗示怎样的情感体验，学生就会产生相应的态度来对待教师，师生间就形成了双向的情感沟通。课堂上，学生需要情感调动，教师通过情绪的感染，能使学生体验到愉快、振奋的情绪，调动学生的积极性和主动性，点燃学生情感的火花，引起群体的情感鸣响，整个课堂于是就有了巨大的生命力，美好的生成就源源不断地出现了。课堂教学是教师和学生共同的生命历程，因此，我们要珍惜这段历程，努力挖掘广阔的教学空间，精心培育课堂上不断激发出来的生命力，那么，在这样的课堂上，学生思接千载，视通万里，浮想联翩，创意泉涌，沉醉于这美好的情境、爱的怀抱中尽情地生长；教师置身于如此的课堂就会如沐春风，如痴如醉！

（四）让生命自由——“生·动”的保障

雅斯贝尔斯认为：“教育帮助个人自由地成为他自己，而非强求一律。教育诉诸自由，而不是人类学上的自然事实，教育以从自由中不断获得的东西为其内容。如果教育变成了权威，那它就失败了。”[①]可以看出，教学中让生命个体处于自由的情境，而不是强求的状态，才是教育生成的开始。因为生命的成长自有其规律，我们无权更改，只能顺应其规律，我们可以强求学生端坐在教室里，逼迫他去诵读经典，然而有口无心的诵读缺少主动内化的学习，是没有真正的教育意义的。

人作为有思想意识的特殊的生命个体，其生命的自由最主要的表现是“心的自由”，只有达到了心的自由，才是一个人真正的自由状态。意识自由了便能心骛八极、神游万仞，即使形仍拘于一隅。因为，人之所能永远是有局限的，而心智意识的开阔可以超越现实局限，自由翱翔在无边无际的精神世界。心理学研究表明，课堂上让学生充分地放飞自己的神智意识，可以极大地激发生命个体的创造性，生成出多层次、高质量的心得体悟，获得课堂学习的最大效果。

---

① 雅斯贝尔斯. 什么是教育[M]. 邹进，译. 北京：生活·读书·新知三联书店，1991：55.

当人的精神处于高度紧张、恐惧状态下的时候，人的思维就会停滞，也就是平常所说的“大脑一片空白”。如果人的精神状态低迷，思维意识也就迟缓怠惰，课堂生成也就不可能顺畅出现。当生命的激情被激发起来，生命个体的意识自由驰骋在更广阔的空间，个体就会因为环境、心态的自由开放，因为潜意识的丰富多彩，而激发出创造与表达的欲望。丰富的想象力与自由自在的意识，就能超越生命的形体限制，去展开联想和想象的翅膀，尽情地展现各自的创造力，美的生成就如江水归海，自然顺畅，顺流而下了。这样的生成过程，有利于拓展学生的思路，使学生看得更远、更深、更细，激发思维的发散性，使学生所看到的平凡的事物神采飞扬，所听到的普通的形象耐人寻味，同样内容的文章就能表达得更加富于感染力、表现力，课堂的生成效果也就达到了最佳的状态。

雅斯贝尔斯想告诉我们的教育的实质，或许就在于生命与成长吧！

四、用温暖哺育生命的成长

学生是课堂的主人，但课堂毕竟是由教师来进行组织的，学生的主人身份能否得到真正的落实，学生能否在课堂上体会到成长的快乐，谛听到生命拔节成长的声音，就在于课堂是不是具有哺育学生生命成长的土壤和温暖。教师只有真正改变自己的教育观与学生观，才可能改变教师的教学行为，改变师生交往的方式和学生成长与发展的方式，从而使课堂真正成为哺育学生成长的土壤。自古以来，教育传承都把“严师出高徒”奉为金科玉律。“程门立雪”，体现的是学生对老师的尊重，但让学生感受到的是冰天雪地的寒冷；张良拜师，获得太公兵法，却要接连忍受三次的羞辱。他们虽得到了他们想要获得的教育，但都在身体上和情感上受到伤害了。所以，让课堂拥有炉边谈话般的温馨和真诚，让课堂播撒温暖的种子，洋溢着春天的温暖，才能让学生在接受教育的过程中真正如坐春风，如沐春阳。置身于此，学生就能尽情地释放生命的灿烂，愉快地享受成长的过程，这就是我们对于课堂的理想。

（一）用师爱让学生安心

当前，教师的声誉大不如前。教师体罚学生的报道时有出现，面对这样的情况，一方面社会对教师的行为口诛笔伐，一方面教师感叹自己难做，连最起码的惩教手段都不能用了。“师爱”是课堂教学开展的基础，是教师情感的核心。师爱既包括家长的爱，又不同于家长的家；既包括朋友的爱，但也不同于同学之间的爱。“师爱”是人类复杂情感中最高尚的情感结晶，它有着更加深刻的内涵，它凝结着奉献精神和蜡烛精神。罗素说：“凡是教师缺乏师爱的地方，无论品德还是智慧都不可能充分地或自由地发展。”[①] 的确，爱能让人产生安全感，师爱能让学生在爱的庇护下安心于课堂，尽情地绽放成长。

---

① 罗素.教育与美好生活——现代西方资产阶级教育思想流派论著选[M].杨汉麟，译.北京：人民教育出版社，1980：104.

所以师爱是传道、授业、解惑的前提，是组织教学的基础。

其实作为教师，几乎没有人不爱学生，凡具有强烈事业心和责任感的教师，对学生莫不倾注全部情感。现实生活需要我们弄清“师爱”和学生身心、智力活动积极性之间的关系。各位教师对爱的理解认识与爱的表现有千差万别。有的人认为严格要求就是对学生的爱，因而表现为严父式的爱。为了体现教师的威仪，进入教室从来都是板着脸，学生看不到他的笑。甚至于有的老师严厉到学生远远地一看到他就掉头跑掉了。有的人认为让学生学好、学牢该学的东西就是爱，把学习效果作为最高教学追求，因而在他的眼里其他一切都是从属的东西。这样的教学宗旨必然影响到学生的价值追求。学生心目中的一切，必然以知识能力的掌握程度为最高要求，必然以是否能按时完成作业为最重要的学习标准之一。教室里充斥的是成绩唯一论，那些成绩不好、一直落后的同学，是没有可能安心置身于一群学习成绩比他好的群体之中的。长此以往，学生的心理问题就出现了。学生的心理健康是比身体健康更重要的东西，身体是否健康，我们可以直观看到，而心理是否健康，我们看不到。而学生的心理健康与否，是对人生、对社会影响非常大的一个因素。所以这种以学业为标准的严爱看上去似乎对学生负责，但是这种爱让学生不安心，学生不能有安全感地待在教室里，自然也就不可能健康地成长。在学生的青少年时期，教室是学生待的时间最长的地方，所以要想让学生健康快乐地成长，我们就必须营造一个让学生快乐安心的环境，这对于端正教育思想、提高教育效果、培养“五好”少年是十分有益的。

（二）用幽默让学生快乐

温暖的课堂便是快乐的课堂。当学生处于安心快乐的心境中，他们的生命是最舒展的，他们的成长是最自然的。所以，每个课堂中都应该有笑声；如果整节课中学生没有任何笑容，这样的课堂气氛就是沉闷的，也是不受学生欢迎的。教师应该努力用深厚的知识储备、个人的人格魅力、幽默风趣的语言能力和多样的教学环节安排把欢声笑语和积极的力量带入课堂，使学生充满活力，放松快乐地深入到学习之中去。

幽默大师查理·卓别林说过：“幽默是智慧的最高体现，具有幽默感的人最富有个人魅力，他不仅能与别人愉快相处，更重要的是拥有一个快乐的人生。”①罗伯特·斯坦恩的《幽默的艺术》说：“幽默是一个人品质、能力、智慧的象征，它是一种修养；幽默是用来治愈人的，而不是用来伤害人的。幽默是爱！总之，幽默是一种积极的人生态度，它使生活总是充满快乐、温暖、爱心和希望。”②苏联教育家斯维特罗夫说：“教育最主要的也是第一的助手，就是幽默。”③教学幽默则是指教师在课堂教学中体现出来的幽默感，是教师运用富有情趣、意味深长的表现手段进行教学的富有艺术性的行为方式。在教

① 刘相好．会话合作原则视角下《哈利·波特与魔法石》的言语幽默研究[D]．长春：吉林大学．

② 斯坦恩．幽默的艺术[M]．王笑东，译．北京：民主与建设出版社，2002：2．

③ 皮连生，杨心德，吴红耘．学与教的心理学[M]．上海：华东师范大学出版社，2009：26．

学中，幽默是完成教学任务的助推器，是融洽师生关系的润滑油，是激活学生思维的催化剂，是消除紧张空气的排气阀。幽默的教学语言绝不仅仅为了博得学生一笑，它在使学生愉快欢悦的同时，也促使学生深入思索，悟出笑话背后的深意，从而起到积极的教育作用。语文课教学的幽默是通过教师的体态幽默和言语幽默来表现的，而言语的幽默更为重要。有人说，语文课堂中幽默的语言是语文教师思想、气质、才学、视野和灵感的结晶，它像一个精灵，能使语言于瞬间闪烁出耀眼多彩的火花。所以语文教学上的幽默，就是指教师教学语言和举动的机智风趣，能使学生在听到老师幽默风趣的语言时开心大笑或会心微笑，并在其中领悟教师深刻的意旨。《美国中学生讲授法》中关于幽默说：“幽默不仅不会影响直接认识的获得，而且在几个星期之后，学生从讲授时所运用的幽默中，却有意识地记下了更多的概念。”①

语文课的教学有先天的幽默条件，可以借助作为艺术手法的幽默手段，以“笑”为其主要特征形态，活泼课堂氛围。教师的语言表现为温文尔雅、委婉轻快，既不粗浅，也不辛辣、刺激，而是富于哲理和饶有意蕴。这个度很重要，如果我们把握不好这个度，就可能滑向两方面，要么过于油滑，要么表现为讽刺打击。我们要注意的是，一切的幽默都应以“善”为标准，虽然三言两语却又妙趣横生，片言只语，就能直击问题要害而令人忍俊不禁，让人在笑声中明白其中的道理。语文课的教学幽默总是以语文知识的学习为前提的，是语文教学过程的一个皮相，是为培养学生语文能力服务的，以塑造学生的健康人格为其根本目的。课堂教学的立德树人目的又决定了它绝不应该是粗俗的、油滑的，而应该是一种亦庄亦谐的轻幽默，同一般幽默一样，是一种心理的暂时解脱和心灵的松弛，能够使学生获得一种压迫被移除的快感。

（三）用和悦让学生释放生命的潜能

生命意识的淡薄是我们的课堂快乐稀缺的主要原因。淡薄的主要表现就是教师对学习不和悦。“教不严，师之惰。”《三字经》里的这句话可谓千古流传，影响深远。洋溢着生命温暖的课堂，是和悦的课堂，在这样的课堂里，教师的目光是温柔的，教学的语言是悦耳的，教师的态度是和蔼的。师爱让学生安心于课堂，幽默让学生快乐于课堂，和悦就是在此基础上让学生把生命潜能尽情释放。洋溢着生命温暖的课堂，是学生可以自在地参与教学过程的课堂。只有当学习是学生全身心投入的整个人的生命存在的方式，学习才能促进整个人的成长。教师在课堂中的职责之一就是为学生创造一个尽可能开阔的思想平台，配套一个尽可能和悦的氛围，让他们独立地思考、自主地选择、尽情地释放；而不是让学生一味被动地接受教师的结论，更不是把我们自己的选择强加给学生。

---

① 李娜．中学语文教学中幽默情趣的问题和应用[J]．中学时代：理论版，2014(9)：1.

莎士比亚说过：“赞美是照在人心灵上的阳光，没有阳光，我就不能生长。”[①]在对学生亲切和蔼的同时，教师要对学生的每一步表现做出积极的评价，力求对学生的一点一滴都给予恰如其分的肯定和热情的表扬来诱发学生的兴趣。在学生遇到困难时，老师真诚帮助，当学生出现错误时，老师和蔼地引导纠正，使学生感到老师在与他们一起学习，而不是高高在上的领导者、指挥者。在这样的肯定和表扬声中，对教学中所提出的问题和要求，学生不但十分容易接受，而且会成为推动他们深入学习和促进思维发展的动力。这样既保护和培养了学生的自尊和自信，同时也赢得了学生对教师的热爱和尊敬。以和悦的态度让学生情绪愉悦，不仅为优化课堂教学创设了一个良好的情境，也让学生尽情地释放自己的生命潜能。

为什么老师总是会以严厉的面孔示人呢？我觉得主要的原因就在于教师驾驭课堂的能力不强，一怕教学任务完不成，二怕学生乱了套，不敢放手让学生尽情展现，不敢鼓励学生大胆质疑，提出具有深度和开放性的问题。再加上课堂上教师的随机点拨欠缺或者不到位，不能有效引导学生的思维方向，不能自觉地发展学生的思考策略。这样的课堂就不能让学生感受到智力劳动的愉悦，感受到智慧之花的尽情绽放。

洋溢着生命温暖的课堂，是开放的课堂。教室作为有限的空间，无法满足学生展示丰富独特的生命表现形式的更多的需要，它难以避免地使生活变得死板、呆滞、程式化和模式化。而学生在学校中的绝大多时间是在教室中度过的，所以学习氛围的营造是多么重要！我们要让学生带着问题走进教室，带着自信走出教室，走出校园，走向社会，走入丰富多彩的生活，走向更为广阔的世界，最终实现知识的不断生成与生命的快乐成长。

有人说，对生命的遗忘是教育最大的悲哀，对生命的漠视是教育最大的失职与不幸。激发生命的活力，尽管不能解决教育的所有问题，但我们找到了教学的出发点，厘清了教学的本源。看重生命，让整个教育世界充满温情和仁爱，充满信任和希望。我相信，在这样的基础上，语文课堂教学会因美好的人性期待而在我们的手中变得更美好。

第二节　走进生活世界

“生活世界”是以社会实践活动为基础的现实世界，是一个人时时刻刻生活于其中、与人有着内在统一的交融关系、具有丰富的生活意义和生命价值的真实世界。这里的“生活世界”是指和师生有关的一个由自然与社会、理智与情感、科学与人文以及真、善、美等多因素构成的有机统一的世界。

---

① 袁剑叶. 赞美中等生[J]. 江苏教育，2002(11A)：1.

“生活世界”是现代西方哲学中的一个重要范畴，最先由德国哲学家胡塞尔提出来。[①] 现代哲学家们敏锐地感受到了人类近代社会遇到的危机，并对这种时代性的危机进行了彻底的反思，倡导回归到人的生活世界。英国的维特根斯坦努力寻找作为一种“生活形式”的语言，以期能够使得语言活动与习俗礼仪和人文生活融为一体。[②] 德国的哈贝马斯认为生活世界是交往行动的根基和背景，是一个交互主体的世界。[③]

法国18世纪启蒙思想家卢梭提出了“自然教育”的理论。[④] 他反对教给儿童一些空洞的书本知识和文字说教，以为这种脱离人生实际的文字知识是违背自然主义教育的。卢梭理想中的学习内容重点放在了实际经验和实际生活上，主张学生要通过实际生活接触事物，在观察、探索之中受到启发和诱导。英国19世纪的教育家斯宾塞从其功利主义的社会政治观出发，提出教育的目的就是为“人的完满生活做准备”，教育的任务就是教导每个人怎样生活，教育要训练学生去过完满的生活。[⑤] 对教育与生活关系的论述最完整、最具影响的教育家当数美国的杜威。他从实用主义经验论和机能心理学的角度出发，提出了“教育即生活”的理论。[⑥] 教育就是要给儿童提供保证生长或充分生活的条件。我国的教育家陶行知先生也说过这样一句话：“生活与教育是一个东西，不是两个东西。”[⑦]

在“教育即生活”理论基础上，我国现代教学论专家对教学与生活的关系进行理论探索，主要有以下几种观点。[⑧] 首先是“教学生命（生成）观”，即教学是师生以一个完整的生命体、以内在体验的方式参与教学生活的过程，教学过程本身就是师生创造生命意义的生活过程。教学是人的生活——创造生存“意义”的生命活动过程，是以认识为主要方式的人的生成过程。其次是“教学体验观”，即教学既是一个特殊的认识过程，也是一个个体独特的生命体验过程。它强调教学过程中主客体的自然融合，是对人的自我生命的一种升华和超越。教学过程最本质的目的应是充分关注人的体验能力，使学习过程成为一种愉悦的生活历程，使学生成为自我生命的体验者和创造者。

对于新课程标准背景下的语文课堂特征，有不少文章加以论述。林芳宇老师发表了《试谈新课程理念下语文课堂教学特征》，归纳了五方面特征：教学目标的整合性，教学内容的开放性，教学方式的互动性，教学过程的活动性，教学手段的多样性。[⑨] 袁益

① 白玉国．胡塞尔“生活世界”内涵探析[J]．江汉论坛，2005(7)：4．

② 陈嘉明．维特根斯坦的“确定性”与“生活形式”[J]．哲学研究，1997(1)：8．

③ 刘悦笛．论哈贝马斯“生活世界”的意蕴[J]．河北学刊，2002，22(3)：5．

④ 卢梭．爱弥儿[M]．李兴业，熊建秋，译．北京：人民教育出版社，2017：84．

⑤ 李朝阳．教育：为完美生活作准备——斯宾塞《教育论》导读[J]．教育科学研究，2012(11)：3．

⑥ 唐斌，朱永新．杜威“教育即生活”本真意义及当代启示[J]．中国教育学刊，2011(10)：90－93．

⑦ 方明．陶行知全集[M]．成都：四川教育出版社，2005：651．

⑧ 裴娣娜．现代教学论[M]．太原：山西教育出版社，2010．

⑨ 林芳宇．试谈新课程理念下语文课堂教学的特征[J]．吉林教育：现代校长，2005(12)：2．

芳老师发表文章专门谈“探究式课堂”特征[①]，严月明老师谈了个性化课堂特征[②]，王立敏老师谈了生成性课堂特征，[③]蔡明老师谈了生态课堂特征。[④] 他们对走进生活世界的语文课堂教学特征，都有专门研究。对有关的教学策略，有不少教师发表了意见。2008年3月，福建朱忠梅讲师在《海南广播电视大学学报》上发表了《语文教学生活化的探索与策略》，文章阐述了语文教学生活化的意义，提出了语文教学生活化策略，提出“语文课堂教学生活化”“课外综合实践活动生活化”[⑤]。唐兆鹏老师在《语文生活化的教学策略》中提出：在想象中“还原”生活，在品读中走进生活，在音乐中感受生活，在拓展中丰富生活。[⑥] 朱林红老师发表了《实施语文教学生活化的策略》，提出“以课堂教学为主阵地，全面实施大语文教育”，“返璞归真，在生活中学习语文”。[⑦] 天津师范大学研究生乌焕焕、教授和学新发表了《论面向生活的语文教学策略》，提出两点面向生活的教学设计策略：“结合学生的生活阅历进行教学设计”和“立足学生的现实生活进行教学设计”，还提出了三点“面向生活的语文教学实施策略”：“链接生活化元素，设疑导入新知”“走进学生生活，体验感悟新知”“面向现实生活，创新拓展新知”。[⑧] 这些内容落实在实际教学中，我们可以分为知识建构、阅读体验、写作感悟几方面。

一、借生活经验建构知识

教学过程是一个通过学生自主活动和交往对话进行主动建构的过程。自主学习和知识建构是学生的一种基本生活方式。学生通过自主学习，对外部信息进行特定的“选择”“重组”和“理解”，丰富了自己原有的认知结构和生活经验，这是一层意思。另一层意思是教学过程也是在人际交往和社会互动中真正实现的，因而具有社会生活的建构性，即既建构着人与人之间的交往关系，也有助于促成教学主体完美人格的生成。

教学活动的过程就是理解的过程，意义是在人的理解中不断生成的，只有通过理解，历史、文化、作品的意义才能展现给我们。在走向生活世界的课堂上，理解是学生在课堂生活上存在的基本方式和特征。德国哲学家伽达默尔就认为个体的理解是一个理解者与“文本”的“视界融合”过程，也是一个理解者积极主动地建构新意义和创生新意义的过程。[⑨]

---

① 袁益芳. 中学语文探究式课堂教学特征浅谈[J]. 成才之路，2010(29)：2.

② 严月明. 个性化语文课堂的特征分析及思考[J]. 中小学教师培训，2011(2)：2.

③ 王立敏. 生成性语文课堂特征论[J]. 教育科研论坛，2007(7)：2.

④ 蔡明. 像叶圣陶那样教语文——生态语文课堂的缘起与描述[J]. 语文学习，2013(10)：4.

⑤ 朱忠梅. 语文教学生活化的探索与策略[J]. 海南广播电视大学学报，2008(3)：40.

⑥ 唐兆鹏. 语文生活化的教学策略[J]. 语文教学与研究(综合天地)，2010(2)：1.

⑦ 朱林红. 实施语文教学生活化的策略[J]. 语文教学与研究(大众版)，2005：32.

⑧ 乌焕焕，和学新. 论面向生活的语文教学策略[J]. 天津师范大学学报(基础教育版)，2011(1)：4.

⑨ 伽达默尔. 伽达默尔集[M]. 邓安庆，等译. 上海：上海远东出版社，2003.

理解学习强调在原有理解的基础上，运用基本知识和学科原理框架对新经验和新知识建构新的理解。理解既需要个体认知，也需要小组的协作，它是个体心智运作和社会文化中介的多元化意义建构的过程。理解重在获得对学科核心概念和原理的深层理解，是一种有效学习，也是有意义的学习。学习过程的本质是理解的探索和发展，而不是事实内容的记忆和积累，因此在语文的学习中，促进深层的理解是很重要的一个步骤。

学生在学习的过程中获得了学习内容的深层理解，才是真正的理解，才能获得意义拓展和价值生成。语文课是以文字为基础的，而文字的学习一般在小学前三年基本完成，以后虽然不断扩大识字量，但主要以扩大词汇量为主，而不是以扩大识字量为主。生活是语言的基础，语言是生活的表达。从语文的内容角度看，在小学低年级段，应该在学会拼音的基础上，通过诵读经典而认读汉字；小学高年级段，应通过诵读足够多的古今中外的诗歌和短文，积累语言素材；初中阶段，应该广泛地阅读史传或人物传记，积累他人的生活经验；到高中时，应该更广泛地涉猎古今中外的文学、史学、哲学等方面的作品，并以此品味人生。阅读是为了理解和积累，写作是为了表达和创造。自主学习的建构过程是基于学生的生活体验完成的，社会中的每一个体都对其存在的社会生活有与众不同的认知、理解与感悟，这种独特的体验与感悟在语文的自主学习中就会主导着个体对语言语境的理解，不断匡正自己认识上的误区，也不断丰富自己认识上的欠缺与不足，这种基于生活世界的自主型的学习建构既有鲜活的内涵，又有极为切实的实践意义。但学生学习的过程不全是个体自主学习的过程，甚至自主学习的时间仅占总学习过程中极少的比例。绝大多数的时间是伴同学习的过程，是在人与人的交往过程中进行的，这就是生活世界的交往。因而语文学习的社会交往建构性是极为突出的，学习过程中的社会生活交往全时间、全空间地影响着学生对语文学习的体验。因此，要让个体在融入社会生活的过程中不断地审视自我的判断与自我的地位，从而形成更客观、更理性的人生价值观和语言表达体验，让学生在社会生活交往过程中学习选择表达方式与表达语气，从而更好地达成个体之间的交往关系，使伴同学习的过程更为融洽，更趋和谐。

二、借生活经验理解文本

教材选用的文本都是作者在生活中创作出来的，是作者对生活的一种再现和提升。在文本解读中，我们要引导学生对自己的生活经验予以充分重视，并把它们引入到文章解读的过程中，这既能极大地激发学生的兴趣，也能让学生感受到语文与生活的联系。学生有了生活经验的注入，文本的解读过程也就变得更加丰盈有趣，富有创造性了，文本也就由枯燥的文字变成富有生活质感的动人画面，让语文课堂焕发出了生机和活力。借生活经验去理解文本，是珍视学生独特的感受、体验和理解的体现。阅读是读者与文本之间对话的过程。阅读教学不是告知结论、传递评价，而是对学生已有生活实践经验的挖掘、激发，让学生入情入境，产生情感共鸣，使学生快乐阅读、理性阅读，感悟阅读、享受阅读。正是每一个学生的独特阅读体验让语文课堂丰满精彩。

（一）用生活经验体悟文学作品中的形象特点

个体的体验是一种以现实生活阅历为基础，“以身体之、以心验之”的活动，具有鲜明的主观性、独特的个体性、丰富的情感性和深刻的感悟性。“在体验中，主体以自己的全部‘自我’（已有的经历和心理结构）去感受、理解事物，因发现事物与自我的关联而生成情感反应，并由此产生丰富的联想和深刻的领悟。”[①]学生阅读文本，实际上打开了一个人与“我”“我”与世界的隔阂，进入对象之中，与阅读对象融为一体，从而在这种主客交融的关系中深刻地理解和领会自己的生活意义与生命价值。

现行教材中，语文和生活世界紧密相连，有利于学生用生活经验去学习新知识。但是，学生并不是对所有知识内容都能够很容易地融会贯通，有些学起来还可能感到吃力，这就需要我们在教学这些知识之前，引导学生先进行充分的相关体验，以取得一定的感性认识或经验，这就是体验性。体验的方式有多种多样，有实地观察、调查了解、动手操作、搜集资料、预习等等，这些体验性的语文活动贴近生活、走进生活、融入生活。以朗读体验为例，有感情的朗读能让学生读中促思，进入角色，体验真情，感受美好；有感情的朗读能使抽象的文字化作活生生的形象再现于学生的脑海，达到知情相融，人文相悦的境界。又如模拟体验，由于学生受年龄和经验的限制，对有些课文中描述的情景比较陌生，不易理解，特别是一些蕴涵着自然科学道理的课文。文学作品中人物的语言蕴含着特定的思想感情，这种感情一般很难分析，但可以在虚拟的“真实”中借助绘声绘色的朗读来体验。这时，可以模拟情景，让学生在再现情景中体验，这不但可以使学生获得大量的感性知识，同时还有助于提高学生的学习兴趣，激发学生的求知欲。再如情境体验，教学中，教师创设情感丰富的教学情境，能让学生处在积极的思维状态中，最大限度地投入，在特定情境的情感体验中引发情感冲动，促进学生的感悟生成。所以，教师可以针对不同的内容，创设不同的情境，让学生自愿地全身心地投入学习过程。

阅读文学作品时，学生以设身处地的方式，把自己想象成作品中的人物，即“入戏”去亲身体验，感悟作品，也就是进行角色体验，并根据以往的生活经验，结合文本内容，展开联想与想象，进入情境，进入角色，畅游于文本所赋予的弹性空间，文本就不再是简单的认识物，而是蕴涵生活意义的生命体。这样就拉近了文本与生活的距离，唤起了学生对文本内容的独特感受。学生就能很快进入角色，教学效果也就事半功倍。《林黛玉进贾府》中林黛玉的心理描写极为出色，全文就是借林黛玉的视角来观察认识贾府的事事人人。在学这篇课文之前，课堂上，我会跟学生漫无目的地瞎扯，比如假期你是怎么安排的，是到哪儿旅游去了，还是走亲戚了，等等，让几个学生说说，于是大家很轻松地

---

① 陈佑清．体验及其生成[J]．教育研究与实验，2002(002)：11－16．

交流起来。当许多学生争先恐后地说出他们旅游的地点、所拜访的亲戚家的时候，我就接着让旅游的同学介绍一下他所看到的地方。学生就会由所见城市的全局情况，到某一名胜局部特征展开细致描绘，然后说出自己的感受。接着话锋一转，我就引导学生进入角色，让学生合上书，问道："如果你就是林黛玉，初次到金陵的话，你会先看什么，再看什么？"学生依据平常旅游的经验，很快说出到一个陌生的地方的观察顺序。接着让学生打开书进行一一对应，并找出能表达出主人公观察后感受的相关内容，于是学生们自然就能理解课文第一段中反复出现的一个字——"大"，所能体现出的主人公林黛玉的心理感受。这样，第一段的总写内容就一一落实到位了。然后再让假期安排走亲戚的学生谈谈在亲戚家的感受，会不会像在自己家里那样放松，如果比较顾忌，让学生谈谈自己顾忌的内容与做法，然后再印证林黛玉进到贾府后的感受。这样就落实了"步步留心，时时在意，不肯轻易多说一句话，多行一步路，唯恐被人耻笑他去"的心理基础。角色体验就是让学生的生活与文本息息相通，使文本摆脱静止的文字世界，恢复到鲜活的状态，彰显出饱满的生命活力。

（二）用生活经验对文本内容进行比照分析

面对文本内容，我们要求读者要努力做一名"理想的读者"，"理想的读者"就是要求"读者"具有一定的文学文化素养，具有自主阅读的精神，具有较强的语言分析能力、细节解读能力、结构分析能力。我们解读文本的意义有两个方面：一是要复原作者表达的生活体验，这就需要读者从文本出发，在文本中去发掘，真正地"进入文本"；二是要唤起读者对自己的生活体验的回忆，然后用自己的生活经验去印证、分析、评判文本。我们主张让学生"裸读"，就是不要受到参考资料的束缚，不要把前人的定论作为自己的心得，不要盲从专家和权威的高见；所谓"裸读"，就是不抱成见，不戴有色眼镜，不因自己的好恶而曲解作品；就是要求读者结合自己的生活经验和阅读经验去感受文本内容。我们都熟悉《项脊轩志》，作者写了三位女性，突出了作者对亲情的回忆。但是很少有人会于无疑处生疑。于是我问了学生以前是否写过以母爱为主题的作文，他们在写母爱时，会不会通过别人的转述来表现母亲对孩子的爱。学生纷纷表示，当然不会。然后我又让大家对归有光在写其母亲的相关事情时都要通过老妪来出面介绍这个细节进行评价，并思考为何不直接描写。这个问题涉及细节，说明学生并未注意通过细节体悟情感。有学生说，这是为了使文章变换手法，呈现方式灵活，使内容不重复；还有的说，表现了大母的唠叨。经过学生的讨论比较得出，他们自己写母亲，内容大多是直接发生于"我"与母亲之间，母亲对自己的关心照顾是自己亲身感受到的，不需要别人转述了；而归有光所写的全是老妪的转述，研究转述的内容，可以看出与归有光无关，写的是归有光的姐姐小时候的事情，而不是与归有光有关的母爱，为什么呢？原因恐怕只能是实在无回忆可以记录，因为母亲离世太早，而自己太小。这一点，可以通过作者的另一篇文章《先妣事略》得到印证。《先妣事略》中说母亲一生育有八个儿女，二十六岁便因病去世了，可以想见归有光幼时能得到的母亲的抚慰是相当有限的。所以他说“追惟一二，仿佛如昨，馀则茫然矣”，可见对于归有光来说，头脑里有关母亲的印象也只能想起一两件事而已，其他的记忆早已茫然消失了。对比一下我们学生自己，十几年来一直得到母亲无微不至的关爱，可归有光却在幼年即失去慈母，少有母爱！由此可见，作者心中无限悲凉。通过引导学生比照生活经验，学生就可能较为深入地进入作者的内心世界，阅读文本，我们似乎能够隐隐感受得到归有光的文字表现出的凄楚，学生的恻隐之心也就油然而生。这样，再让学生去回读有关先妣的文字，心情也就沉重了许多。调动生活经验，比照文本内容，设身处地去感受人物、感受事件，会使感情悟得更加真切。

三、借生活厚植写作根基

“生活与教育是一个东西，不是两个东西。”[①]的确，语文源于生活，运用于生活，发展、完善于生活。教育不能离开生活，语文教学更不能脱离生活这个源泉，生活为语文学习与运用提供了广阔的空间。教学不能局限于教材，满足于单一的课堂教学，要切实注重语文与生活的联系，突出学生的实践活动，在语文中理解生活，在生活中学习语文。让语文走进生活世界，以生活的情境为语文教学的基础，是“生·动”语文的重要特征。因为生活是一本很好的教科书，它与语文教学相结合，就成为学生学习的鲜活的教材。学校是学生生活的重要舞台，教师要善于将这座舞台上发生的点点滴滴引入到学生的学习中来。如同学的交往、平时的活动、激烈的比赛与精彩的表演等，所有学生感兴趣的热门话题，都是很好的练习交流听说的素材；家庭生活的温馨、朋友相助的感动、同学团结的友谊无不触动着学生的心弦，让学生用细腻的笔触记录下来，就是一篇一篇动人的美文。陶行知先生指出：“生活教育是生活所原有、生活所自营、生活所必需的教育。”“没有生活做中心的教育是死教育。没有生活做中心的学校是死学校。没有生活做中心的书本是死书本。”[②]语文教学是为了生活，离开了生活，教育就失去了意义。

写作植根于生活，首先是写作的训练应瞄准于生活。

有人戏言，学生为了写作文从小就学会了写假话。写假话，其实就是假写作。之所以出现这种情形，是与教师的写作引导有密切关系的。平时教材中脱离生活的选文内容、空洞乏味的作文训练题，都提不起学生的写作兴趣。现在的学生一见到写作文就头痛，深感无话可说，无话可写，毫无头绪。被逼无奈，最终也只能是绞尽脑汁、挖空心思东拉西扯，最终写出来的文章也是空话大话成堆，假话套话连篇。为了应考，有经验的教师总是为学生总结出以不变应万变的固定模式和万能作文公式。我们教师首先应反思，我们的作文教学出了什么问题，为什么学生写作文就变得这么难呢？其实根本原因就在于我们的教学脱离了生活，脱离了学生。我们总是在研究考题的基础上力求命出

① 方明．陶行知全集[M].成都：四川教育出版社，2005：652.

② 方明．陶行知全集[M].成都：四川教育出版社，2005：21.

与考试相近的作文题来训练学生，而没有眼光向下、手心向内地去把生活当作手中的写作法宝。

作文命题贴近生活，学生才可能写生活。近几年“任务驱动型作文”盛行了一段时间，让人们看到了作文命题贴近生活的努力。所谓任务驱动型作文，在英美等国的作文考试中比较常见。试题往往是给学生创作出一个情境，设置对立性的问题，让考生通过写作提出解决处理问题的想法和方案。任务驱动型作文写作是 2015 年高考语文作文新出现的题型，旨在着重考查阅读能力、写作能力，特别是思维能力。要求学生读懂材料，在读懂的基础上按照任务指令作文。与以往传统作文不同的是，任务驱动型作文写作具有一定的封闭性，写作目的要求更明确。考生要在真实的情境中辨析关键概念，在多维度的比较中说理论证。这种任务驱动型材料作文更能贴近社会生活；注重材料的启发和引导作用，更能体现学生分析问题、解决问题的能力。如全国一卷要求考生给“女儿举报”事件相关方写信来入情入理地谈问题、讲道理，全国二卷要求考生在深入思考“当代风采人物”推选标准的基础上优中选优，都会引导考生就一个具体明确的要求来写作，从而更有效地规避套作和宿构，实现写作能力在应用层面的考查。但是，我们也看到，任务驱动型的作文从出现就带有难以克服的弱点，看上去是在引导学生关注生活，其实以假材料为作文材料，本身就违背了真实写作的原意，让学生依然在脱离生活中思考，在假话空话中比拼。就像全国一卷的作文材料所述的这个事件：“一位父亲在高速公路开车打电话，旁边的孩子一再提醒父亲不要拨打电话，可是父亲不听劝阻，最终孩子选择报警。警察来后对父亲进行批评教育，此事引起社会争议。”如果把它放在生活中去看，这种情况真的会发生吗？即使真的发生了，发生的概率又是多少？全国卷拿这个几乎不可能为真的材料来引导学生写作，看上去是在贴近生活，其实依然是在引导学生说空话、说假话。

其次，写作的内容应来自生活。为什么学生写作文没有话说？为什么学生们的作文水平就这么难提高呢？为什么学生的作文模式都千篇一律呢？因为他们没有找到作文的源头。我们要引导学生学会捕捉生活中的微小镜头，以小见大，从一粒沙中见世界，从一片叶中见自然，从平常中见特别；学会用发现的眼光去观察生活，用细腻的心理去看待生活，用悲悯的情怀去感悟生活。生活中每一件小事都意蕴丰富，每一个小片段都深含意义。围绕一个中心就可写成一篇文章。只要学生用心观察、用脑思考，认真品味，平常的生活就是绝佳的作文素材。我们都有一个感觉，那就是学生写作水平最高的作品并不是正规训练的大作文，而是平时每周一写的小随笔。我最喜欢批改学生的随笔，每一篇都那么灵动，那么自然，那么富有生活的气息。谁家的猫一点也不讲“鼠道”地把抓来的小老鼠放在大厅里把玩；谁家的茉莉把枝子偷偷伸到邻居那儿开了一朵花；谁的外婆爱穿牛仔裤逛街；某位老师上课竟然一连背出了好几首诗……每当这时，我仿佛在与他们交谈，与他们进行心灵沟通。每周随笔是训练学生感悟生活的重要方式，也是师生心灵交汇的一种重要渠道。他们开始学会用发现的眼光去留意生活的美，为写作收集素材，同时不断丰富自己的阅历，为写作提供了源源不断的活水。还有很多学生把随笔当作交心的平台，倾吐心声，缓释压力。白居易说：“感人心者，莫先于情。”不同的学生对生活有不同的思考和感受。在随笔中，学生对同一件事情从不同的角度、用不同的思维方式去思考，从而得到对生活的不同见解。老师在批阅随笔中也理解、尊重、珍视学生对生活的独特感受，并鼓励学生用笔描绘生活，吐露真情，充分尊重他们的表达方式和情感体验以及深沉的内心世界，鼓励学生多在生活中去看、去听、去想，欣赏他们的一切想法，为他们写出富有个性化的生活感受而鼓掌，为他们真实写作、写出真实创造宽松的环境。这样，学生慢慢就会发现，生活是作文的不竭之源，在作文中写出生活味，写进生活内容，是那么容易又是那么让人享受的事，如此无疑就激发了学生的写作欲望和灵感！

四、借生活优化对话过程

关注学生的生活经验，注重引导学生适当地以直接认识书本知识和间接经验的方式来进行学习，实现直接认识和间接经验的有机统一，打通书本世界与学生的生活世界之间的界限，把生活世界中的资源与书本知识融会贯通。梁漱溟先生把生活等同于生命，他认为：“生命与生活，在我说实际上纯然一回事；一为表体，一为表用而已，‘生’与‘活’二字，意义相同，生即活，活亦生。”“生命是什么？就是活的相续。”[①]这种个性化经验非常重要，在课堂上师生说出来向大家分享，有利于资源的互补。这里的教师不再是一个知识的传授者，而是作为生活经验的分享者之一参与分享，是课堂上平等的角色。这样的课堂，最接近学生的个体生活。比如在学习《论语·侍坐》章时，对于如何理解子路的大话与公西华的谦虚，学生在分析侍坐情境与个人性格时从自我感受入手，得出是老师与学生的亲疏关系造成的结果，这一新颖的师生对话虽然不一定科学，但很有新意，而且思考的方向是对的。

以学生生活经验为起点的生活化的教学，加强了课堂教学与生活的沟通，优化了教学素材，贴近了生活实际。这样，就能帮助学生更好地理解课文内容，并让学生真正受到启迪；这就赋予了课文以崭新的内容和活力，更好地揭示了其潜在的意义；并且能引导学生更好地研究文本，弄懂生活，进而做生活的强者。

生活体验是一种个人思维活动。体验包含着人过去的生活阅历、当下的生活内容和未来的人生梦想。当语文课堂让学生产生了自我的体验，他对语言的领悟和文本的理解就会立即形象化、图像化起来。语文学习就是一种语言的学习活动，就是要让学生领悟到语言的魅力，所以语文教学就是要在学生发生了这种体验之时，引导其找到恰当的语言来表达自己当下的感受。真体验是不容替代的，是打上鲜明的个性特色的，当下许多语文课堂上师生进行的是伪对话，追求的是假体验。教者的心里最高兴的是学生

---

① 梁漱溟，清竹摘．谈生命与向上创造[J]．出版参考：新阅读，2009(3)：1．

的一边倒，而且也总是想方设法把自己的情感体验或是教参上的别人的体验牵强灌输给学生，为的是让学生记住那最准确、最深刻的一条，教者的用心良苦可以理解，但客观现实却往往违背了教者的意愿。真正的对话不是单向的，真正的体验也绝不是唯一的，而是多元的。

我们首先要尊重学生的个性，以宽容、欣喜的心态去对待学生的体验，同时给学生以充分的时间去感悟。在教学对话过程中学会等待，等学生个性体验的发生，而不是简单地以教师的“一言堂”“标准答案”去取代学生丰富多彩的解读，要珍视学生的奇思妙想，给学生以充分自主地发表意见的机会，让学生敢想、敢说、敢为。其次是用对话引发学生的联想，激活学生的相似积累。在阅读的过程中，学生之所以产生了共鸣，是因为他的生活信息贮存中具备了与该文章相似的信息内容，并且这个相似的内容被迅速激活，提供了对该文章各个方面的一致性的认同。如果读者大脑里不具备某种相似的积累，新的信息与已有的知识经验无法进行沟通，文章对于读者来说就是不连贯的，并且是难以或者不能理解的。课堂的师生对话中要注意帮助学生打通这种沟通，启发学生充分调动这种相似积累，促进个性化体验的产生。再次要创设自由的交流氛围。学生在个性化阅读中，由于受心智水平、认知经验的限制，其理解、体验往往不能一步到位，会产生认识的肤浅、偏差甚至谬误，有时还可能遇到些疑难和困惑。这样的体验是允许存在的，也是普遍存在的，教师要给学生创设自由交流的氛围，营造一个无话不敢说、无题不敢辩的对话心理场，让自由交流在一种轻松、和谐、愉悦的心境中进行，学生可以在体验的交流中、观点的碰撞中，把握自己的理解程度，判断与目标的差距，反思自己及他人见解的合理性，最终实现对课文的全面、深入的理解和掌握。

文本的理解有多重内容，首先是语文课堂教学中师生对文本的理解。教材文本是课堂教学的工具，有了对文本的理解，对话才成为可能。不同的个体阅读文本时有着不同的“视界融合”，有着不同的理解结果，采取适合的形式加强对话沟通，有利于学生在个人生活基础上理解人生，理解社会，理解传统和历史。课堂上师生相互理解并沟通对话，是建立在生活阅历、情感倾向完全不同的基础上的，如果没有师生角色的相互理解，就不会有顺畅的对话沟通。理解的沟通是以教师与学生之间的“言语的普遍有效性”为基础的，为了保证这个有效性，我们必须让对话语言具备四个条件，即：言说者的话语有可领会性，如果话语内容超过了对话者可理解的范围就无法沟通；有真实性，即对话的言语有落实的基础，有出处，有依据；有沟通的诚意，而不是表演或欺骗；有规范性，即言语具有可理解的语法规范与伦理规范。这样才能在以课堂为背景的理解性沟通中达到一种认同和共识，这样的课堂才是语文课言语表达训练的最好课堂。

当然，在对话过程中还要注意对话的平等性教学原则。倡导主体之间的平等对话，实现不同生活世界的情意交流，会促进学生主体认知和精神的生成。在对话中，对话者的关系和对话的氛围是值得重视的因素，应该体现为平等、友爱、轻松、合作的关系，只有这样，才能诱发那些深藏在每一个人生命深处的生活阅历。

对话有几种模式，有生生对话，包括同桌的交流、小组间的交流和全班交流等几种对话的模式；有师生对话，如师生之间的答问、教师的引导与学生的表达等等。在语文课程的实施中，教师要真正彻底摒弃自己唱主角、几个优秀学生当配角、大多数学生当群众演员甚至听众的状况，最佳途径就是去权威性、去话语霸权，让所有学生都受到平等的关注，进而全都动起来。在阅读教学中，一个人有一个人的看法，一个人发表了看法，其他人便获得一个接收积累的机会，而学生的对话无处不在，这样就使个体认识更为成熟，更加全面。在这种对话中就有讨论、辩论，有新火花产生。

第三节　促进优质生成

生活本身不是一个结论，而是一个历程，生活世界中永远具有创造性和超越性。在教学中，教师需要对课程内容中的制度性文化和法定性知识进行重构，包括对课程内容的增删、置换和改造加工，形成预设内容；同时在师生互动的教学情境中对原有内容进行阐释和理解，形成新的而又真实的“意义世界”。这是生成性体现。这个过程鲜明地体现了学生的个性特征，是学生个体生命体验的自然外化。所以课堂生成之美，就是生命体验之美，这正是“生·动”课堂的要义。

从教学过程的推进来看，由于教师和学生都是具有主体性和创造性的人，其过程中有着真实生命的涌动，有着理智的探险，有着创造的火花，有着精神的欢乐，教师和学生都会获得真实的当下生活世界的切身体验。生成性教学的主要特征包括过程性、互动性、不可预料性、价值性等。生成性教学的价值取向为：让课堂充满关注生命成长的气息，让学生的主体人格在和谐自由的环境中发展；让学生稚嫩的思维灵动起来，让他们质朴的思想涌流出来；让课堂呈现出丰富的差异，让差异成为有效的教学资源；让学生产生积极的、个人化的思考、表达、交流及实践。有学者认为，开放的课堂是生成的前提，动手实践是生成的基础，师生互动是生成的沃土。还有学者从多层面论述生成性教学的特点：从课程存在的形态上，没有预先准备好的静态的所谓方案；从方案设计上，没有精密的设计；从课程的设计与实施的关系看，设计和实施统一于同一过程之中；从关注的中心看，关注孩子的兴趣和爱好，更多地从其感兴趣的事物中考虑可能实现的教育目标；从目标的性质看，强调一般性，即大的、概括性的目标；从教学内容上看，内容带有一定随机性、灵活性；从教师、儿童的地位来说，儿童不仅参与课程实施的过程，而且积极主动地参与课程的设计；从教学评价看，评价是课程新的生长点，可能意味着课程下一步的发展。

“生成”是生长和形成，是根据课堂教学本身的进行状态而产生的动态形成的活动过程。在20世纪70年代，美国心理学家维特罗克研究了学习过程后，认为学习是学生主动参与的过程，学生在学习的过程中并不是被动地接受信息，而是主动地建构他本人对信息的理解,并根据自己的理解得出相关的推论。“他可能不理解教师讲解的语句,但他肯定理解自己加工生成的语句。”[①]维特罗克认为学习中的生成就是学生凭借原有的知识结构和能力经验,去主动接受感知新知识、形成新能力的过程。

生成有质量的差别,优质的生成是指在课堂教学过程中,随着师生互动的展开而随时可能呈现出来的超出预设的有用、和谐、优雅、精彩的生成行为,优质的生成其生成过程是美的,其次优质的生成其生成的内容是美的。

语文“生·动”课堂,目的在于以尊重生命的基本特征为基础,增长生命体验、丰富生命内涵、提升生命质量、扩大生命影响。“生·动”课堂与知识性课堂最大的区别在于课堂呈现的是生命的活力美、知情意的生成美。“生·动”课堂的生成特征在于生成过程的动态性、自由性;生成的内容具有整合性、体验性;生成的效用具有创造性、诗意性、超越性。生命体具有共同的六大特征,“生长”是生命体的重要特征之一。只要生命存在,生长的脚步就不可遏抑。生长的特征映射在课堂上,就表现为生成。“生·动”课堂的生成为我们展现了学生生命个体在学习中的成长的样子。

一、明确课堂生成特性,促进生成的顺畅

(一)生成的过程特征

1. 动态性

教学是动态的教学,课堂是动态的课堂。在师生互动、生生互动的课堂里,教学不是教师按照预设的教学方案,机械僵化地传授知识的单向、线性的过程,而是根据学生学习的情况与学习需要,实时调整的动态发展的过程。在这个动态的发展过程中,居于核心位置的就是生成。动态的教学决定了动态的生成,动态的生成成就了动态的教学过程。生成的动态性使课堂追求多维的、灵活的、开放的、动态的弹性设计,即在教学设计中充分考虑学生的学习需求,把生成尽可能地多纳入预设之中,用富有弹性的预设敲开精彩的生成之门。

教学生成是动态的,主要原因是教学过程的不确定性。

在雅斯贝尔斯教育生成观下的课堂教学生成,是课堂教学中教师要在与学生的对话中实施全面、自由的教学,关注学生的个性,正视他们的个别差异,强调教学双方要自由生成,自我超越,注重人的精神成长与灵魂的唤醒。那么这些不确定性表现在哪些方面呢?

首先在课堂教学的知识生成上表现出不确定性,因为教育是师生主体间自由交往的过程,这种交往是师生双方精神的交流、心灵的沟通,这种交流与沟通是靠师生之间的对话来实现的,教师在实际的课堂教学中要引导学生形成对知识的认知,学生受个性

---

① 李尧,李仁甫. 生成性学习的特征,机制及其效度[J]. 中学语文,2021(31):4.

生命阅历、知识层次的限制，其认知程度是不确定的。在对话中，教师不是知识的占有者，而是通过对话启导学生的精神，让学生自己发现知识，这种对话和讨论不依循固定的前提条件和固定的形式，学生得到的知识是在与教师的对话与讨论中逐步形成的，所以得到的结论和知识是相对的，具有不确定性，而不是绝对的。

其次，在课堂教学的过程中也表现出不确定性，因为在课堂教学中教师要在与学生的对话中实施全面、自由的教学，尽可能减少预设和权威的控制，“教育绝不能按人为控制的计划加以实行”。因此，课堂上教师需要针对学生的表现而实时地对教学计划做出调整与修改，对话内容和教学过程也是自由生成的，教师要引发学生多思考，多探索，这种课堂教学是一种动态的存在。

生态的动态性源于生成的契机是动态的，生成的内容是动态的，生成的过程也是动态的。

要想使课堂教学有效、高效，我们在教学前总要进行周密的准备和精心的预设。在预设过程中，我们或许大致推想到在学习过程中学生可能生成的学习反馈，但不可能完全让课堂按照教案的预设来进行，因为不同的学生对教学内容有着不同层次的认识和接受程度，随时可能出现预设之外的情况，带动教师与学生生成出许多设计以外的东西，所以我们无法把握可能激发生成的契机。这就决定了生成的动态性。

学生认知的过程是动态的，因为生成的过程也是动态的。学生学习认知情况的差异，决定了学生对课堂所学知识的接受程度不同，因而学习的反馈结果是不可预料的；同一学生对学习内容的接受程度也随时间的推移而不断变化，因而学习的成果也是在不断变化的；同一学生在一堂课的学习过程中其参与程度、关注程度是不断变化的，因而随着教学进程的推进，课堂的生成情况也在不断地变化着。

课堂生成的过程就是师生共同学习、共同建构的教学发展过程。生成因互动而产生。最先是教师的引导促进生成的产生，继而学生的生成促进教师的即时教学行为的相机生成，同时，学生学习生成又不断影响着周围的同伴的生成，在这样师生互动、生生互动的活跃课堂上，精彩的、预约之外的生成就不断产生了。

2. 自由性

自由，其实是心理安全的一种体现。心理学研究结果启示我们，人如果是在放松的状态时，心里就会产生安全感和自由感，人的思维就会活跃起来，那么高质量的生成也就随之产生了。

由此可以看出，生成的课堂环境是自由的。课堂上如果能创造适度的宽松的环境，让学生具有这样的心理状态，就能使学生的学习潜能被最大限度地激发出来。课堂上要创设的学习环境是民主的，师生平等、人人平等，是和谐的，相互包容、相处融洽，是自由的，心理放松、心情愉悦，能让学生体会到被尊重、受信任、获关爱，能获得教师的激励、同学的感化和同伴的帮助。这就可以让学生内心的真实想法尽情地袒露表达。在这样的情境下，学生生成和释放的能量将是超越常规和无法预测的，精彩的课堂生成随时出现,这就充分体现了生成之美。

在生成的过程中,课堂始终是自由的课堂氛围,是和谐活泼的充满正能量的课堂氛围。这种自由存在于教学现场之中,存在于当下的教学情境和此时此刻的师生互动、生生互动之中。教师用灵活机智的教学品质去激发生成的灵感,促成课堂美的生成。而如果教师主宰课堂,学生个性压抑,课堂气氛死气沉沉,没有自由的空气,在这种情况下,师生间的交流是不畅通的,心灵的沟通是阻隔的,生成之美则很难出现。

生成的过程也是学生心理上自由突破、自我超越的过程。雅斯贝尔斯认为,"教育是使受教育者自由的生成,并启迪其自由天性"。① 和谐的生成教育理念主张教育应促进人的自由生成,促使人的心智觉醒。在课堂教学中,教师要注重引导学生放松心情,自由互动,逐步达成自我超越,这是人从不成熟走向成熟、从不完整走向完整的过程。在课堂上,我们的目标就是要让学生在学习过程中能最大限度地发现自己的长处,挖掘自己的潜力,让学生的内在智慧与潜能充分地发挥出来,生成就是使学生自己探索解决问题的路径并获得问题的答案的过程。在这个过程中,教师最主要的作用就是"助产",正视学生间的差异,在课堂教学中做到既看到学生的普遍性,又注意学生的差异性,努力让每个学生都能够达到发现自我、挖掘自我、完整自我、超越自我,都能创造出符合自我个性特征的生成之美。在课堂上教师与学生平等对话自由交流的过程中,有的放矢地进行区别性的灵活的指导,让学生在自由自在的心理状态下尽情地生成自己的想法。在课堂教学中教师不再努力按照自己的设计将学生塑造成自己想要的样子,不去运用权威与地位命令学生,而是从帮助者的角度出发,在与学生共同学习的过程中呈现出所学内容的本来样子,带领学生走进真正的求知之路,让学生在与教师和同伴的交往中得到客观的评价,从而不断地修正自我,达到自我成长,最终实现自我的完善与超越。

(二)生成的内容特征

1. 整合性

这里的整合就是在课堂生成过程中学生所进行的整合思考,也就是杂取种种方案,兼收各方内容,努力去找到最根本的解决方案。整合思考是这样一种思考方式:在面对两种或多种相互冲突的方案时,不是以其中选一或者各让一步的方式来解决,而是尽可能地兼顾各方,创造出一个更周密、更完善的方案,能够建设性地面对截然相反的主张之间的紧张关系,能够做到不是以牺牲一个或多个的代价来选择另一个,而是提出一个新的主张,产生一个创造性的解决困局的方案,既包含之前的每一个对立主张的要素,又比它们每一个都更优越。

课堂教学的过程就是一个动态生成的过程,有不可测性和不确定性。课堂教学也是教师整合生成和预设的过程。课前预设的提出问题、解决问题的方案或许已经很优

① 雅斯贝尔斯.什么是教育[M].邹进,译.北京:生活·读书·新知三联书店,1991:3.

秀了，但是课堂上实时生成的教学现状是我们最好的教学资源，放弃哪一方都是可惜的。语文学科的人文性，让课堂承载了语文的深厚底蕴和丰富内涵。语文工具性与人文性的特点决定着语文学科是一门综合性的基础课程。语文学科的核心素养的内涵是综合的，语文课程的目标是综合的，语文学习的资源也是综合的。这个综合的学科，需要教师与学生也具有综合的知识与综合的能力。布鲁纳说：“认知是一个过程，而不是一个结果。”①课堂上，生成的过程就是在不断总结自己与他人的经验，不断整合自己纷繁的思绪，创造出更优化的更有序的思维产物或情感体验。所以能否实现整合生成与预设是教师是否成熟的重要标志。因此从教师的角度来说，课堂生成的过程就是教师不断整合教学进程的过程。

从学生的生成角度来讲，学生从获得知识、得到启发，到生成自己的认知，就是一个不断整合提炼的过程。同一个课堂传授的知识是相同的，但是各自内化的过程各不相同，各有其特殊性。因为外部的知识从接受到内化需要一个过程，这个过程就是接收者把知识与自己已有的生活经验相结合，融会贯通后，整合成自己的认知。这就是知识的生成过程。课堂上学生的生成还需要输出，即把头脑中生成的内容外化表达出来，“理解和运用语言”。理解就是内部言语的生成，表达是外部言语的生成。表达的过程也是一个整合的过程。表达就是认识活动的第二个过程，这个过程就是整合的过程。实际上，整合的过程也就是一个新“秩序”的发现过程，或者是一个新的认识过程。表达就是认识内容的新秩序的建立过程，只不过，这个秩序的形成是在产生了一个新的知识秩序的基础上完成了对一个已有观念的主观表达。

2. 体验性

体验，也叫体会。从心理学来看，体验是人的一种特殊的心理活动，在体验中，主体以自己已有的经历和心理结构去感受、理解事物，发现事物与自我的相似或关联而生成情感反应，并由此产生丰富的联想和深刻领悟的过程。可见，体验是用自己的生命来验证事实，感悟生命，留下印象。体验到的东西使得我们感到真实，并在大脑记忆中留下深刻印象，使我们可以随时回想起曾经亲身感受过的生命历程，也因此对未来有所预感。美国经济学家约瑟夫·派恩说：“所谓体验就是指人们用一种从本质上很个人化的方式来度过一段时间，并从中获得过程中呈现的一系列可记忆的事件。”②这就告诉我们，体验是每个人独特的创造，是个性化的。从“很个人化的方式来度过一段时间”可见，体验不是有机体的即时反应，也不是形成机械应答式的某种技能，它必须是经过一个过程的。这个过程是心理感悟内化的过程，主要是情感的共鸣。体验的生成必须有生命认同的全程参与，刘惊铎在《道德体验论》中把体验定义为人类的基本生存方式之

① 陈连林. 语文课堂中问题“预设”的可能维度[J]. 语文学习，2008(5)：2.

② 成尚荣. 体验：学习的一种过程和方式[J]. 课程教材教学研究(中教研究)，2005(Z6)：87－88.

一，是一种图景思维活动，也是一种震撼心灵、感动生命的魅力化育模式。[①]

情感体验的生成是语文课堂生成的重要内容。这个过程分为两步走，先是体察认知，即文本内容的认知的过程，这个过程主要是阅读文本以感知内容；再是内化鸣响的过程，这个过程主要是运用已有的生命经验对已感知的文本内容进行理解内化，进而生出自己的情绪感受。这个内化的过程需要一段时间，而如果这个过程被人为地缩减或加快，只是匆匆而过，就不会形成真正的体验。可见，要使学生在阅读的过程中生成自己的体验，教师首先要给学生的体验生成留出足够的时间，使学生与文本深入接触，用心灵去解读文本。

阅读体验正是一个带有鲜明的个性特征的过程，我们绝不能在一切老师说了算、一切唯老师之命是从的老套中压抑学生的阅读创新灵感，如果那样就彻底失去了阅读的意义。所以学生体验的生成，关键是学生深入文本，用心灵去感受、体悟、领会文本作者的意图，最终实现和作者心灵的融合。可见学生应在阅读中进行创新思维的活动，品味作品的情感，阅读体验才能产生。也就是说，体验的主体是学生，是学生的个性化行为，别人无法替代。而教师主要是留给学生足够的体验时间，教给学生一些体验的方法和为学生体验创造良好的情境。那么生成的体验性是不是说学生的情感体验与教师无关呢？当然不是。教师自然不能拿自己的情感体验去交给学生，代替学生自己的体验，但是教师可以创设合适的情境促使学生生成体验。那么有利于学生生成情感体验的情境有哪一些特点呢？一是自由的，学生可自由地读书、思考和讨论，只有自由的、不受限制的心理状态才能生成自己真实的体验。二是贴近生活的，阅读文本有时和学生生活较远，教师要利用背景资料、联想换位等方法去拉近文本与学生现实生活的距离。三是平等对话性，体验性的生成需要学生的互相合作、交流启发，并进行自我反思的对话，最终与作者共鸣，生成自己的体验。四是激励性，也就是情境能激励学生勇敢地讲出自己的心理体验，并且学生在讲出体验后能获得肯定。让学生在享受体验文本的乐趣时，还能体验到自信的快乐，从心理上享受到体验的成功与快乐，从而更加积极地投入阅读学习中来，并进而生成自己的独到的体验。

（三）生成的效果特征

1. 创造性

“生·动”课堂是以学生为本，以学生的发展为指向，把学生从传统的被动接纳的知识贮存容器转变为主动发展的生命个体。这个主动发展就表现为创造性的生成。追求开放和谐、动态生成的新课堂，让学生在这样的语文课堂中真正焕发生命的精彩，这应是我们一直追求的目标。

有人说生成是老师和学生的即时创造，可见创造性是生成本身具有的属性。创造

① 刘惊铎. 道德体验论[M]. 北京：人民教育出版社出版，2003.

性具有独特性、多向性、开放性的基本特征。这些都表现于课堂生成过程之中。

比如生成新知的过程就是一个个性化的创造性的过程。新知的传授不再是一个授受的过程，而应是生成建构的过程。布鲁纳说：“知识的获得是一个主动的过程，学习者不应是语言信息的被动接受者，而应该是知识获得过程的参与者。”[①]并不是说只有创造出社会上不存在的知识才叫创造，只要是学生事先没有相关的知识储备，通过自己的思考探究发现了新的知识，建构出了自己的认知经验，就是创造。教师在学生原有的知识经验、能力水平、个性特点的基础上，展开推进教学活动，学生的认知和体验逐渐深入而建构生成新知识，这个过程就是创造的过程。这些经过自己生成建构的知识，使用的是学生自己独有的言语逻辑系统，具有鲜明的个性特征，深深打上了独特的烙印，学生建构的这些认知将比单纯通过授受的线性过程获得的知识记忆更牢固，影响更持久。

课堂教学环节虽然可以事先预设，但生成的指向是多向性的，生成过程是不可控的。当教学环节进入旺盛的生成环节，师生思维的交互碰撞就会生成大量的思维火花四散迸发，这就是多向性的生成。生成的多向性扩展了学生的思考、开阔了学生的视野，丰富了教学的内容、活跃了课堂的氛围、启发了学生的思维。多向性的生成成就了生成的多样美。“一花独放不是春，百花齐放春满园。”多向性的生成正是体现了尊重学生个性的课堂教学理念，让每一位孩子都获得成功感，让每一位孩子都有展示自己的空间，让每个孩子的个性都得到张扬。课堂生成创造的多向性体现在生成的整个过程之中。不同的学生在同一个生成情境里生成的指向是不同的，同一名学生在同一情境里也可以生成不同的多种指向。比如在阅读过程中针对同一文本的理解，学生关注点不同，生成的文本阅读体验就不同，获得的阅读感悟也就不同。在各种不同的理解体验交流过程中，同学们思考就会更全面、更深化，思维品质的提升就会更持久。

学习课文是一个与文本对话的过程，这是一种理解与阐释的过程。对同一文本的理解，各人可以从不同角度读出不同的意义。因此，教学中应该引导学生打开思维的局限，创造性地去理解，力求从人们看上去一致的地方读出不一致来，培养学生的这种从多角度去思考问题的能力。这种“多元”与“开放”的观点，决定了课堂生成的创造性。学生与文本的对话、认知的建构不止局限于人与文本，也包括人与人、人与现实环境的对话。对话与建构的本质就是生成自己的观点，并在接受其他观点的过程中不断修正自己的认识，最终达成共识，实现对话者间的视界的融合。所以课堂生成是开放的，主张倾听他人的声音，生成行为就需要我们通过学生与学生、学生与教师、人与文本、人与环境的对话来建构关于世界的新的理解。

2. 诗意性

什么是诗意呢？何其芳在《〈工人歌谣选〉序》中说：“诗意似乎就是这样的东西：它是从社会生活和自然界提炼出来的、经过创作者的感动而又能够激动别人的、一种新鲜

① 孟平，马玲.“学案教学”：实现学生“主动性学习”的途径[J]. 山东教育，2000(7)：2.

优美的文学艺术的内容的要素。"[①]诗意首先是能借助形象引起人们情感的共鸣;其次具有表达上的流畅性,让读者有酣畅淋漓的气韵,有神清气顺的鸣响。赵丽宏说:"诗意是什么?不同的人可能有不同的理解和回答,大概永远也不会有一个公式化的标准答案。不过我以为有一点是没有疑问的,诗意是一种美,是一种崇尚美的精神之光的闪烁,是自由的心灵在广阔世界飞翔时撞击出的美丽火花。只要生命存在,诗意就不会消失。"在赵丽宏看来,诗意是让人怦然动心的风景,是让人寻觅渴望的真诚,是一种情不自禁的激情,是活泼生命的一种情调。但是"当你的心被浮躁或者冷漠笼罩,当你对生活和人生丧失了激情和爱,那么诗意便会离你而去,就像小鸟毫不迟疑地飞离凋零的枯枝"。[②]

那么,语文课堂生成的诗意性,又源于什么呢?

生成的诗意性源于语文课堂本身就是充满诗意的课堂。之所以成为诗意的课堂,是因为语文本身就是诗意的学科,语文的阅读是诗意的阅读,情感的体验也是诗意的体验。陶行知先生早就说过:"我们要把育才办成一个诗的学校……我要以诗的真善美来办教育……使每个同学、先生、工友都过着诗的生活渐渐地扩大去,使每个中国的人民、世界的人民,都过着诗的生活。"[③]语文教育的最大魅力就在于她的情和美。营造情感氛围和审美空间,调动学生的阅读情感,使学生置身于一个有血有肉的精神境界之中,领略作品的艺术情感,提高语文素养,生成生命体验和生命品位,这就是诗意语文的价值。

美国教育家华特·B.科勒斯涅克指出:"语文学习的外延与生活的外延相等。"[④]语文教师不仅自己要关注社会生活,更要引导学生去关注社会生活。在充满诗意的教师的引领下,带领学生扩充诗意的学习视野,营造诗意的课堂氛围。语文教学应当立足课堂,延伸课外,扩大学生的视野,丰富学生的体验,为其形成良好的人文素养创造条件。北京师范大学肖川教授说:"语文课的诗意来自哪里?很大程度上是源于教师的诗人气质,洒脱、飘逸、空灵、净润,在不经意间用词的鲜活和灵动、意象的丰富和意境的高远。"[⑤]

德国诗人荷尔德林写道:"人,诗意地栖居在大地上。"[⑥]在生命张扬的语文课堂上,作为活跃的生命体的师生,若每处每时都能感受到课堂中的情趣和美的存在,课堂便会成为诗意的存在。追寻诗意语文,创造诗意课堂,教师与学生在教与学中享受诗意成就,让课堂成为诗意的家园,这样诗意地栖居,正是语文教学改革所倾心追求和殷切期

---

① 韩松刚. 含混的"诗意":小说写作的一种美学倾向[J]. 文艺争鸣, 2016(12):7.

② 赵丽宏.诗意[J].现代语文,2004(12):12-5.

③ 方明.陶行知名篇精选(教师版)[M].北京:教育科学出版社,2006:136.

④ 邓木辉. 也谈"语文学习的外延与生活的外延相等"[J]. 课程教学研究, 2018(3):3.

⑤ 凌宗伟. 大气磅礴 细处摄神——有效语文教育的两个支点[J]. 中国教师, 2008.

⑥ 阎宗学. 回归诗意:语文教学的应有情怀[J]. 中国教师, 2004(4):34-36.

望的。

可见，诗意的生成源于语文学科的诗意内涵，助力于教师课堂上的诗意引领。

3. 超越性

从宏观上看，超越性是人生命的基本属性。正是人的超越性，使人在对生命存在以及存在方式的认识与改造中，把人们的自然生存变成社会的生存。教育的目的是提升人的生命质量和价值，教育是关注人的精神生活的，因此教育必须通过关注人的生命的超越性来引导人们去把握生命并促进生命的不断超越，从而提升人的精神境界，实现人的生命价值，获得人的生命的意义。人是通过精神活动由现实的世界进入可能的世界，而现实的世界是有限的，可能的世界是无限的。从发展的角度看，人的本质不是既定的，而是不断生成的，个体生命的生成性是人之生命超越性的活力。人既不是现成的，也不是被完成的，他永远处于尚未完成的状态。雅斯贝尔斯指出，人类并不是一个已经发展的固定族类，不像动物一样是不可改变的，人类有着无限发展的可能性。[①] 海德格尔认为，人的本质在于人的存在，他认为人没有现成的固定本质，人是什么决定于他怎样去存在，可能性永远高于现实性。[②] 而萨特则明确提出“人的存在先于本质”[③]，意即人不可被预先决定，一切都是可能的。人是“空缺”，无论怎样去填补和拥有，他还仍有可能性要去实现。所以，人永远是可能性的存在，人总是他所不是的东西，人永远是前面的那个他，永远要超越自己。人的这一本性决定了人永远不会满足于现状，而是在不断地进行超越。因此，人的本质是要在人的生存过程中去寻找的。个体生命的超越性主要是通过对人类文化的继承和发展来实现的。

从微观上看，课堂教学中的生成，也是在不断超越他人、超越自我的过程中实现的。在以传授知识为主要方式的教学过程中，教师作为知识的拥有者和权威者，以单向方式传授知识，当然是不可能被超越的，也就不存在什么生成了。当知识的课堂变成了“生·动”的课堂，一方面是指通过课堂教学达到使学生认识生命、尊重生命、珍惜生命、欣赏生命与热爱生命的目的，另一方面是指充分尊重和发挥师生生命的主体间性，创造出民主平等、活力无限的课堂，达到教学效果的最优化。而以知识教学为主导，造成教育的畸形，扭曲了人的生命发展。只有融入知识、智慧之中的“生·动”教学，才会激扬理性的生命，真正提升生命的意义和质量。学生一方面在课堂学习过程中不断地学习新知，增进能力，丰富生命内涵，另一方面又不断地生成出新的知识、新的体验，在学习成果不断生成出的过程中，后面生成出的内容总是会在前者的基础上有长足的进步。每个学生在不断地生成的过程中都不断地试图超越自我、超越他人，获得成长成功的体验，就在这样的循环往复中，生命质量日趋获得不断的提升。因为人本是一个不断生成

---

① 雅斯贝尔斯．什么是教育[M]．邹进，译．北京：生活·读书·新知三联书店，1991：64.

② 海德格尔．存在与时间[M]．陈嘉映，王庆节，译．北京：生活·读书·新知三联书店，2014：4.

③ 萨特．存在主义是一种人道主义[M]．周煦良，汤永宽，译．上海：上海译文出版社，2005.

超越的存在,人的生命从其本质上来讲是一个不断生成的过程。在人的生活、生命世界中,没有什么亘古不变、始终如一的东西,一切都处于无限的生成过程之中。

二、强化师生互动,促进生成的开展

"生·动"课堂是以关注学生生命成长为前提的课堂,在这样的课堂里,教师通过激发引导,在师生互动、生生互动中展现学生生命个体的活力,提升生命个体的自我意识与认知水平,生成具有鲜明个性特征的知情意行。没有互动就没有生成的基础,没有生成的活动就没有"生·动"课堂所应具有的意义。所以说,课堂的生成是在互动的过程中产生的。互动性包括生命个体间的互动启发与知识的互动生成和能力的互动提升。

生命个体间的活动包括生生的互动与师生的互动。"生·动"课堂的主体是学生的生命个体,而不是知识的容器。这个互动首先是教师与学生的互动。课堂上教师也是作为生命个体而存在的,与学生不同的是,教师是以成熟的生命个体形式存在。"生·动"的课堂里,教师不是以权威与行政地位的客观优势来影响学生个体,而是遵循生命的本质规律,在生命的丛林里,用生命的大树去影响身旁的苗木,让作为苗木的学生个体在触摸与仿效中生成生命的体悟与成长经验;同时,生命间的互动是彼此影响的,双方都在生成中获益,教师的生命也在互动中获得进一步的完善。这就是教学相长。当然,在"生·动"课堂中学生个体互动才是最主要的。学生间的互动是平行层面上的交流,更有利于生命体验的生成。萧伯纳说:"你有一个苹果,我有一个苹果,彼此交换一下,我们仍然是各有一个苹果;但你有一种思想,我有一种思想,彼此交换,我们就都有了两种思想,甚至更多。"①生命个体在课堂互动学习中互相启发、互相砥砺、互相帮助,就能不断生成新的知识与能力。而这种生成美在传统的私塾式教育中是绝不会呈现的。

用交互性促成知识的生成。传统的知识型课堂强调的是知识的传递性。即使有动,也是授与受的单调动作与单向输送,这个动是单一的、线性的,这个单向线性过程没有空间容纳生成的存在,课堂的温度也激不起生成的产生。而"生·动"课堂强调的是生命个体的平等互动。每一个生命个体都是知识的拥有者和传播者,每一个生命个体又都是知识的吸纳者和建构者。知识的互动生成既可表现为有形的学习内容的吸收消化,也可以表现为潜移默化中的熏染习得。知识在多层次互动中不断生成,使知识的量以几何的倍数递增。

用交互性促进能力的生成。能力生成的互动性体现得最突出,因为能力是在实践中产生的。一种技能的生成除了需要对要领的总结掌握外,更需要观摩、切磋、讨论、体悟。因此,学生个体的实践互动是学生能力生成的最佳时机和手段。语文能力就体现在听说读写上。"听"是听老师说、听同伴说,在听说的训练中提升听的能力,没有说就

① 江涛. 让学生真正学会课堂讨论[J]. 四川教育学院学报, 2004, 20(8):1.

生成不了听的动作,当然也就生成不了听的能力。“说”的能力,也就是在听的过程中生成了,听别人如何说,听别人如何评价自己的说,在反省模仿中不断提高。生成是思维活动的结果,是要在思维的碰撞中产生的。活跃的思维活动离不开活跃的课堂氛围,只有在动态的学习氛围中才能产生动态的思维生成。

三、保证课堂的和谐,促进生成的顺畅

生成来自课堂上和谐的氛围,生成具有和谐性的特征。赫拉克利特认为,和谐产生于对立的东西。中国古代讲究的是“和而不同”,即事物的对立统一。可见中外哲学的统一即具有差异性的不同事物的结合、统一共存。因为生成不可能是独立产生出来的,它一定是双方或多方相互作用、相互影响的结果。而且只有在双方或多方相互作用形成和谐的局面时,优质生成才成为可能。

把握预设与留白的和谐。课堂教学是预设和生成的和谐统一。没有生成,教学就成了授受物品的交接动作而已,学生充当的就是纳物的容器;没有预设,教学就没有目标,课堂就会成为无序的课堂。所以,充分的预设是组织课堂教学的关键。我们只有在备课时考虑周到,设想周严,做好课前的精心预设,课堂上才能有美好动人的生成。有人片面认为生成课堂讲究的就是生成,预设就不叫生成了,这就割裂了生成与预设的关系。没有预设的生成是无本的生成、无序的生成,没有美可言。只有预设与生成的和谐统一,才会造就优质生成的诞生。

在教学预设的实施过程中应该把握好预设与生成之间的动态平衡。首先,课前精心预设应预留调整的空间,预设只能是一个教学的准备,真正的教学是在动态的课堂中随机进行的。只有教师在备课的过程中考虑到课堂上的变量,给师生的活动留足空间,才能让课堂成为生成美的场所。这就是预设与生成之间的和谐。为了达到预设与生成的和谐,教师需要根据学生的实际情况,在预设环节围绕教学目标、任务,围绕自己知识和视野的范围,围绕学生兴趣、需要和认知起点,随机应变,顺应学情,促进生成美的实现。

当然,预设和生成的关系没有固定的模式。教学目标的设定、教学内容的组织、教学步骤的安排、教学方法的选择,都是预设的内容。但在教学过程中,以生成美为中心的教学活动也是灵活多变的,不能让预设束缚住了生成的“手脚”,也不能让生成迷失了教学的方向。努力用好课堂教学中预设和生成的和谐统一,才能使课堂教学异彩纷呈!

生成的和谐性其次表现在师生交流互动的和谐上。课堂是教与学互动的过程,是教师与学生的互动交流过程,这个过程是千变万化的,没有定式的。因为教学内容的不同、教学对象的不同、教学情境的不同、教学基础的不同,每一堂课都是一次性的、独特的,具有不可复制性。因此,再好的教学设计也不可能预见课堂上所有的情况。而努力创造和谐的师生交流氛围,形成和谐的师生关系,是让课堂上的生成顺利而来的重要手段。

和谐的交流意味着师生的相互尊重，意味着师生的默契配合，意味着教师的放与学生的飞。学生和教师同样都是具有独立人格、自主行为意识的人。课堂上师生的地位是平等的，教师是“平等的首席”。学生和教师的差异仅在于他们年龄上的差异、学识上的差异、认知上和情感上的差异等。因此，教师在要求学生尊敬自己的同时，也要尊重学生，尊重学生的个性，关心爱护他们，与学生平等相处，真诚相待。尊重学生，主动接近学生，信任学生，尊重学生的意见，让学生有自主发表看法的机会，有展示他们学习成果的舞台，有改进他们学习技能的可能，学生们就能身心放松，思维活跃，热情主动地投入学习之中去，美好的生成也就接踵而来了，整堂课上师生思维就能不断迸发出创新的火花。

和谐意味着师生的默契配合。当师生能够互相尊重，特别是教师能够尊重学生的主体地位，学生敢于表现、乐于展示从而热情参与的时候，课堂上和谐的氛围就具备了。教师要教给学生的知能，学生渴望教师解决的疑惑，也就能够在和谐的交流中默契地相互领会。通过学生的某一个肢体语言，教师就可能知道他要表达的意思，根据教师的一个表情，学生马上就明白了努力的方面，这种默契的交流实际上达到了精神上的深层沟通，最容易引起学生大脑皮层的兴奋，大大增强思维活力，从而生成出大量优质的思维产物。

和谐意味着教师的放与学生的飞。课堂上，教师不放手，就意味着教师永远是把持课堂教学节奏的节目主持人，让你上去表演你才能去表演，不让你上，你永远只能是观众。我们在课堂观察过程中也看到许多课上得行云流水，教师设计严谨，学生表现得恰到好处。但透过表象，我们总能感觉到，学生的背后都有一个线，在牵着他们的一举一动。我们唯有割断拴住小鸟的线，才能让鸟真正展示出其一飞冲天的能力与气势。所谓“放”，就是我们课堂上能够容纳学生的个性表达、偏题表达或错误表达，暴露学生的思维过程，而用不批评、不指责的方式为学生纠错。学生被充分地尊重和信任，具有了自主思考、自由展示的机会，他们可以充分表现自己，表达自己的思想、认识和情感，消除胆怯和依赖心理，不怕出错和失败，能够积极主动地参与学习过程，能积极探求、积极思考，具有了探求创新的强烈的心理愿望，那生成美也就随之产生了。

四、创造宽松的情境，促进生成的自然

语文“生·动”课堂，是以助力学生自然生命的快乐成长为终极目的，以提升学生语言生命水平为抓手的生命化教育。在课堂教学的过程中，学生张扬生命的活力，展现生命的激情，生成生命的体验。让语文课堂处处有生命在场，时时有生成发生，突显学生生命的本体地位，让学生的生命在课堂的精彩生成中呈现出成长的自然美。

自然美，这里是指未经雕琢修饰的本色的美。“清水出芙蓉，天然去雕饰”是自然美的最恰当的体现。语文课堂应该呈现师生互动的本色表达，除去一切浮夸与掩饰，真实地展现师生情感的交流与思维的碰撞，如实地反映生命的体验与成长的历程。生命的

反映应该是最真实的，个性的体验应该是最自然的，反映在课堂之中，正是课堂生成的本色之美。

体现自然美的生成，首先是自由的、民主的。课堂是学生的学堂，本质是属于学生的天地，应开放给学生尽情地奔跑遨游，舒展自己的思想，表达自己的心志。学生能够自由地选择，自由地表达最想表达的想法，正是学生最具个性特点的生成。体现自然美的生成，其次是不做作、不虚饰。我们面对的学生都是鲜活的生命个体，是有思想、有情感、有主见的人。教师引导学生从学生的视角出发，观察现象，思考事物，生成的是原本的认知；用真实的情感去感染学生，学生生成的是真实的体验。没有曲意迎合之心，没有虚荣伪装之意，天然璞玉最具雕琢价值。体现自然美的生成还是不刻意、不牵强的。课堂上学生的思考能顺应自己的本心，顺应事物的机理；学生的表达能简单而反映本质，直白而尽显精髓。不刻意为之，而生成能水到渠成，自然而来；不牵强求之，而生成能去繁华存筋骨，水落石出，直达本心。

我们如何才能在“生·动”的语文课堂上让生成尽显自然之美呢？

（一）创设自然的生成情境

语文课堂的生成是语文教学的重要内容。比如阅读体验的生成可以帮助我们提高对文字的感悟能力，写作体验的生成可以帮助我们理清思维过程，提升语文的综合素养。生成一方面受制于学生自身生活经验的体悟，另一方面受制于对文字的敏感度。阅读就是读者通过作品与作者对话的过程，因为年龄、时代、生活阅历与知识层次的不同，读者与作者的对话不容易处于一个交流平面上，往往作者倾尽心血与感情写就的作品，在读者那里却得不到充分的理解与感情的共鸣，这个时候就必须给读者创设情境，铺路搭桥，让读者能置身情境之中，去生成感悟，领略作品的魅力。在创设情境时，要遵循自然的原则，用贴近自然的情境激发美的课堂生成。这样的情境，至少具有以下三个特点。

一是生活味。即这个情境必须是生活中很容易自然发生的、出现概率很大的情景，一般情况下人们都可能遇到，也就是要具有代表性、典型性。如果创设的情境是常人生活中难以遇到的、极为罕见的情况，这就不符合自然的原则，在这样的情境中要学生去生成自己的心理感悟，自然也是不可能的。比如我们在学习朱自清的《绿》时，让学生体会“我第二次到仙岩的时候，我惊诧于梅雨潭的绿了”这个句子中“惊诧”这个词的妙处，学生没有到过梅雨潭，没有这样的感受，于是教师创造情境启发：“惊诧是个什么样的状态呢？假如说，地球上的生物都毁灭了，只剩下你一个人坐在家里写作业，这时候，突然听到了很清晰的敲门声，你会怎么样？”像这样缺少生活味、不自然的例子在教学中并不少见。

二是合情理。情理的“情”是指一般大众所具有的情感，理是指客观的不以人的意志为转移的规律法则。中国人民大学人文学院哲学系肖群忠教授认为，中国文化及其核心——儒学，是一种合感性与理性为一体的情理精神构成了其学说体系的基础，也成为中国社会人际互动和社会秩序的内在精神基础。[①] 所以合情理是我国传统文化的心理需求，是民族心态的反映。情境创设合乎情理，在感情上一般大众可以接受，于道理上又不违背客观事实，这样的情境才有利于教学的进行。

三是悦接纳。创设情境的目的是为了给学生搭手，因而就要考虑学生的需要，学生乐于接受，就能使随后的生成变得顺畅自然。一般教师的生活圈与学生的生活圈有很大的不同，学生世界里有他们自己流行的东西，或是某个圈子里都有他们自己的"梗"，每每点到，他们便会心一笑，而教师却是游走在他们圈外的，这就是所谓的代沟。要想让情境的设置让学生乐于接受，就要了解学生的爱好，贴近学生的生活，摒弃呆板空洞的说教，去掉生冷僵硬的面孔，与时俱进，让学生有亲切感，有愉悦感，能激发学生的探究兴趣，有快乐的体验。

（二）运用自然的启发方式

启发引导是开启学生心智之门，打通思路壅闭堵塞的重要一步。启发引导自然恰当，就能让学生的智慧泉源喷涌而出，绽放出美丽的思想火花，生成出丰富的情感体验，充分彰显生命的精彩，成为课堂上师生愉悦交流、传递快乐的美好环节。启发引导的自然主要体现为启发时机的自然、启发方式的自然。

"不愤不启，不悱不发。"可见古代先贤非常注意选择启发引导的时机，要在学生"心求通而未得""口欲言而未能"之时。在这样的时刻启发引导，就如同疏通堰塞已久的水流，瞬息江河奔腾，畅快直下。"求通""欲言"是学生的学习期待，有了学习的期待，才有了启发的基础。仅有基础是远远不够的，还要有期待的蓄势，期待越强烈，启发的效果越明显，给学生留下的印象也越深刻。期待蓄势的表现就是"求而不得""言而未能"，学生仅仅有期待是不够的，还要为自己的学习期待付出努力并做出不断的尝试，在反复努力与不断尝试之后，仍然找不到出口，在这个时候，学生的期待蓄势达到了峰值，这自然就是启发引导的最佳时机了，一经点拨便水到渠成。如果启发引导的时间过早，学生还没有形成学习的期待，或期待还不够强烈，这个时候的启发引导就明显表现出教师强烈的预设味；而如果启发引导的时间过晚，学生期待而不得，则会影响学生的学习热情。

启发方式是相时、相势而变的，是多种多样的，如言语启发、动作启发、体态启发、教具启发等。教师需要根据教学的具体内容采取不同的启发方式，使启发以最自然的状态进行。启发方式如何才显得自然呢？一是与教学内容配合自然，二是与教学情境契合自然。比如，于漪老师在教学生"神采奕奕"这个词时，让学生先想一想这个词是什么意思，要表达的是一种什么样的状态，然后看老师表现。于老师先转过脸去，酝酿一下情绪后，精神抖擞地转过身来，学生一下子明白了这个词的意义，顺理成章地用这个词

① 肖群忠，霍艳云．董仲舒"德莫大于和"思想探析[J]．伦理学研究，2017(4)：4．

造出了贴切的句子。这就是体态语言的启发引导方式，既自然又贴切，收到了很好的效果。启发方式的选择要因势而为，顺时而化，如果一句话就能点拨清楚的内容，就无须费时选用其他的方式；如果教学条件情境允许我们选用更直观、更方便快捷的启发方式，我们当然就应选择最方便快捷的直观启发方式了。我们在研读余光中的《听听那冷雨》时，其中有一段话：“想这样子的台北，凄凄切切完全是黑白片的味道，想整个中国整部中国的历史，无非是一张黑白片子，片头到片尾，一直是这样下着的雨。”[①]为什么作者在这里反复强调黑白片呢？学生理解起来较有难度。为了让学生更好地理解，我们让学生回忆曾看过的黑白照片，从时间感、色温感、空间感几个维度来谈感受。学生就可以得出一些看法，从时间维度上来看黑白片的特点是古旧的；从色温维度上看是冷色调的；从空间维度上看是二维的。通过这样一层层点拨铺垫，学生就逐渐找到理解这个黑白片的入口，领会课文就不再感觉太难了。

陶行知有一次在武汉大学做有关教育理念的演讲时，他走向讲台从包里拿出一只大公鸡，又掏出一把米放在桌上，抓住鸡头，硬塞米给它吃。那鸡拼命挣扎就是不吃。陶行知把手放开，让公鸡自己待在桌子上，过了一会，公鸡看没有人管它，自己就去吃起米来了。经过这样的启发，陶先生说：“教育孩子就像喂小鸡一样。你强迫孩子去学习，把知识硬灌给他，他就是不愿意学。可是如果你让他自由地学习，让学生充分发挥主观能动性，学习的效果就不一样了。”陶先生这种运用公鸡的启发方式在公众演讲中收到了非常好的效果，也显得自然贴切，但是这种借用于外物的启发方式，并不可能经常出现在教室里。如果我们也生硬地学着陶行知把公鸡带到教室里，不知又会闹出什么乱子了。

（三）保证自然的生成过程

课堂的生成既有可预约性，又有不可把控性。

说生成可预约，是说我们可以在课堂教学的教案设计中预设好生成的时段和生成的情境，在这样的基础上，生成可应约而来。说生成有不可把控性，是指课堂上学生的生成是自由的，具有随机性、生态性、瞬时性。学生的生成是学生个体的反应，是依照学生自己的生命体验规律进行的。由于学生个体知识积累层次的不同、家庭文化背景的差异以及反应能力机敏度的差别，学生对同一现象必然有着不同速度、不同层次、不同角度的反应，这个生成的过程就如同生命自然生长的过程一样，充满着自由的美和生长的美。

生成的过程之美，美在自然。我们要尽可能地为生成的自然形成创造条件，让生成自由而来，而不是努力纠正方向，使之向自己想要的答案靠近，一旦失去了自然之美，生成就是鹦鹉学舌的重复了。课堂让学生接受知识的过程是有序的，但是内化知识、建构知识、形成新知识的过程却是因人而异的，是具有随机性的。我们如能利用随机生成的

① 余光中，林辛．听听那冷雨：余光中散文精品选[M]．济南：山东文艺出版社，1994.

结果进行反馈评价引导，就会使知识的生成建构更自然、更顺畅，这需要我们有敏锐的捕捉能力和随机的应变能力。这里所说的"随机"既是指时间的随机，又是指学生的随机。教师因时而化，因生而教，既尊重了学生，又强化了课堂生成的效果。课堂生成的随机性，又使课堂生成具有瞬时性的特点，稍纵即逝，一闪而过。随机性指的是出现的时刻是不可把控的，而瞬时性强调的是存在的时长是不可把控的。我们如果没有敏锐的捕捉能力，就有可能忽略学生精彩的生成，失掉很好的时机，影响了整堂课的教学质量。产生瞬时生成的学生往往是头脑灵活、不安分守己的学生，如果我们有意或无意地忽略了学生的生成，时间长了也会打击学生生成的积极性，使学生不再有积极灵动的反应，这也就失去了生长的美。

（四）讲求自然的生成顺序

生成的随机性和瞬时性表现了生成的自然美。在生成的过程中，生成内容是有顺序的，按照其自然的顺序生成，这个过程就显得顺流而下，水到渠成。课堂上学生的生成是在相互启发、相互影响中进行的，有了前面学生思考生成的铺垫与启发，后面学生的生成内容与质量往往会有量的提升和质的飞跃。这也就是为什么教师在抛出问题后，总要经过一个沉默冷场阶段，才逐渐会有精彩的呈现。这一方面是因为学生在回答问题前需要一个思考的空间，另一个重要原因就在于学生的试水与相互启发。有了第一个吃螃蟹的学生后，其他学生就会迅速调整各自的思维，在相互启发下，学生的思维越来越活跃，于是百花齐放的局面就渐次呈现，这就是课堂自然生成的递进的层次美。这种自然的生成顺序使生成这根思维的线越来越长。

我们常常把教室比喻成一个生态环境，在这样的环境里，学生互相影响，竞相生长。那么基于生态学中"普遍联系与和谐发展"的基本原理，在课堂环境内，学生、教师及教学媒介就应各自回归本位，以自然的形态来发挥其相互影响的作用，促进师生的共同对话，实现生命的课堂成长。课堂教学的最高境界就是"自然"，而自然的核心是以学生的自然生命规律为本，让课堂充满浓浓的人文气息。老子说，"道法自然"，教学必然是所有的行为有助于满足生命的各种需要，成全生命的自然成长。当然，因为生命的特殊性和不可复制性，课堂还应满足生命的特殊的需要，让特殊的人获得特殊的关爱和尊重，并能得到特殊的帮助。所以，讲究课堂生成顺序的自然，也是珍视"独立精神，自由思想"的教育观，充分发挥人类进化所特有的灵性，尊重学生的个性感悟，尊重学生的独特体验，允许学生有自己独立存在的信念和意识的表现。生成顺序的自然，是老师对学生充满着尊重、期待、赏识和包容的结果。

第四节　精设语文活动

语文活动是指学生在教师的指导下在一定的地点和一定的时间内有计划、有步骤地开展语文学习的活动，在活动中获得知识经验、提高能力的过程。在语文活动中，学生以学习语文为核心目标，开展一系列活动，并获得语文体验，提高语言文字运用能力。

语文活动，作为课程的组成部分，应有课堂活动的一般特点，即有一定的时间要求，有教师的组织实施，有固定的参与人群和一定范围的活动场所。语文活动，是基于学生已有的语文经验与自身生活实际而开展的自主的语文学习活动，具有鲜明的自主性和贴近生活性。语文活动是学生个体切身体验的过程，与传统语文课堂中“教”与“学”“授”与“受”的单一性是截然不同的，强调的是在活动中学，是学生在一定的情境下自主实践、探究思考的过程。学生通过活动探究获得有关语文的一般性的知识和能力，并使之成为个人经验的一部分。语文活动还是一个开放的综合性学习过程。在活动课上，学生可能突破教材与课堂的限制，得出的结论会因人而异，具有鲜明的个性化特征。

1996 年 5 月高等教育出版社出版，由阎立钦先生主编、倪文锦先生副主编的《语文教育学引论》中第十五章关于课外语文教育的论述认为，课外语文教育多以活动的形式出现，是与传统的课堂语文教学相平行的语文教育活动；论述还认为，语文活动处于第二课堂的领先地位，并将课外语文活动大致划分为集会、演出、竞赛、编采、娱乐、展览等 6 种类型，又从听说读写几种形态来划分，列举出听说、阅读、写作三种常见的形式。[①]虽然这个“课外活动”是在当时教育界还没有引进活动课程概念时的论述，但在新课程理念下，这课外活动其实与我们所说的活动课有很多相同之处，至今这个系统的论述对我们还有借鉴意义。

随着新课程改革在全国的普遍展开，关于活动课的有关研究近年来比较多。2001 年，教育部制定的《基础教育课程改革纲要(试行)》中明确提出课堂教学模式的变化，把活动作为重要的一种学习活动推出来。《普通高中语文课程标准(2017)》有 99 次提到“活动”这个词，并提出：“语文课程应引导学生在真实的语言运用情境中，通过自主的语言实践活动，积累言语经验，把握祖国语言文字的特点和运用规律，加深对祖国语言文字的理解与热爱，培养运用祖国语言文字的能力。”北京师范大学出版社 2004 年 4 月出版的《走进新课程——与课程实施者的对话》，对于活动课的开展提出一些建设性的意见[②]，但论及活动课的有关内容较为简略。首都师范大学出版社 2001 年 11 月出版的、由郭元祥著的《综合实践活动课程设计与实施》，是对活动课设计与实施的一个具体的指导，这本书所论及的综合实践活动多以自然科学为事例，对于语文学科亦有借鉴意义。[③] 由何雁主编、由宁夏人民教育出版社 1998 年出版的《高中语文活动课设计》是针对高中语文活动课的一部专著，该书以丰富的事例较为翔实地论述了高中语文活动课

---

① 阎立钦. 语文教育学引论[M]. 北京：高等教育出版社，1996.

② 朱慕菊. 走进新课程——与课程实施者的对话[M]. 北京：北京师范大学出版社，2002.

③ 郭元祥. 综合实践活动课程设计与实施[M]. 北京：首都师范大学出版社，2001.

设计的要点及注意事项[①]，但由于时间较早，在与新课程标准的衔接上还有较大距离，没有真正深入到课程实施现状的层面去研究。《人民教育》在2005年第4期和第5期上连续发表《叩问综合性学习》系列文章，第3—4期刊载了湖北十堰的邹立群、朱艳林老师的《语文，请守住自己的领地》[②]，通过一个案例的剖析与思考指出，综合性学习应强调语文学科素养的综合性，应是语文本身的知识体系的整合，是语文与生活的整合，是语文与艺术、科学的审美情趣、思维方式和知识体系的整合，而并非必然的跨学科的综合。湖北宜昌的郭锋老师也同时撰文《正视生活实践的价值》[③]，从一个案例谈起，认为语文实践活动能让语文自身求得更活跃的发展，让学生认识更广阔的语文世界，让语文学习成为更自主的活动，从而面对生活的检验。第5期上，巢宗祺教授发表的《语文综合性学习的价值与目标定位》[④]一文，从语文综合性学习的价值、综合性学习的目标定位、综合性学习的设计与实施、综合性学习多重目标与效益最大化四个方面的关系，系统论述了语文综合性学习的价值与目标定位等问题，指出综合性学习的创设的基本目的就是为了促进学生素养各个要素之间的整合，为了实现教育效益的最大化。语文综合性学习既要重视过程，也要讲究实际效果，因此其基本目标应当指向语文，首先要保证在语文的某一个方面或几个方面取得比较确定的成效。这对语文活动课的实施起到了定音定调的作用。

温州大学彭小明老师在2005年第8期《语文建设》上发表的《论活动教学模式》[⑤]中，从活动教学的基本理念、活动教学模式的步骤、活动教学模式的特征三方面对活动课程的开设实施进行了系统的论述。认为活动教学模式主张教材以学生兴趣、需求、个性为起点，遵循儿童认知规律、心理发展逻辑，贴近学生生活和社会实际，大量增加教材的即时信息和直接经验，突出学生的自主性、积极性、自觉性和亲历性，强调学生主动实践、积极探究、亲历活动。它不仅重视学生的认知目标、技能目标的达成，还重视学生情感目标的实现，使学生知、情、意、行得到全面发展。

人民教育出版社的王本华先生在《语文建设》2006年第10期发表的《综合性学习的有关问题与对策》[⑥]一文，针对目前语文综合实践活动中人文性盖过工具性的现状，指出语文的综合性学习就应该有语文味，因为它只是学习方式，而不是综合课程。语文综合性学习的设计（教材编写也好，课堂设计也罢）必须是立足于语文学科的，应该能够充分体现语文的实践过程，最终目的是考查学生语文知识的积累和能力的迁移。从学

① 何雁．高中语文活动课设计[M]．银川：宁夏人民教育出版社，1998．

② 邹立群，朱艳林．本期话题：叩问综合性学习（一）：语文，请守住自己的领地——综合性学习应强调语文学科素养的综合性[J]．人民教育，2005(3)：4．

③ 郭锋．正视生活实践的价值——从案例《探访奇石》看语文综合性学习[J]．人民教育，2005(3)：3．

④ 巢宗祺．语文综合性学习的价值与目标定位[J]．人民教育，2005(5)：5．

⑤ 彭小明．论活动教学模式[J]．语文建设，2005(8)：6—8．

⑥ 王本华．综合性学习的有关问题与对策[J]．语文建设，2006(10)：3．

习者一面说，他们通过综合性学习，首要应该得到语文方面的收获，而不是其他各种各样的知识或材料。

《中学语文教学》2006 年第 6 期中，史绍典老师发表的《综合性学习，拒绝去语文化》①一文，针对重人文轻工具性的现象指出，课程标准所说的语文学科与其他学科的沟通，不是要我们跑到别的学科去学习，不是要我们包办、代替别的学科的学习，而是在语文学科的基点上，达成多学科学习内容、学习方式等的沟通与交融，强调的只是“沟通”，而不是“跨过”。

《中学语文教学》2009 年第 9 期上刊载了浙江蒋华老师的《语文“综合性学习”教学实践与思考》②，从三个方面论述了他们的实践与思考：一是以“语文综合”为前提，整合学习资源与活动形式；二是以“语文学习”为核心，强化语言训练和文字表达；三是以“语文体悟”为方式，渗透情感教育与审美体验。

苏教版高中语文教材，创造性地运用了活动体验、问题探讨、文本研习三种呈现方式，灵活地处理了教材与师生的关系，在引导学生积极参与语文学习活动、养成良好的学习方法上做好了先期的准备。语文活动在课本的预置方面具有革新意识，它考虑到了高中生好动的年龄特点，也符合当今中学生博涉广泛、主动性强的特征，它还鲜明地体现了新课程理念“增进课程内容与学生成长的联系，引导学生积极参与实践活动，学习认识自然、认识社会、认识自我、规划人生，实现本课程在促进人的全面发展方面的价值追求”。这是令人欣慰的。学习活动引导学生围绕各个专题的人文内涵和学习要求，结合具体学习材料，开展丰富多样的语文实践活动，引导学生学习使用图书资料、网络资源，学会使用有关搜集资料的渠道，进而最大限度地占有有用资源，然后学会筛选提取。让学生在活动中体验，在活动中思考，在活动中探究，在综合性活动中提高语文素养。

一、语文活动的价值取向

（一）活动过程重于体验结果

语文无处不在，语文的素养是在潜移默化中形成提高的，传统的语文教学过多地强调知识的传授，忽视了生活语文的熏陶渐染作用。而事实证明，在生活实践中所获得的语文收益比课堂上听来的印象更深刻、更实用。所以从这点上来看，学生活动体验的过程比结果更重要。苏霍姆林斯基说过：“儿童的智慧就在他的手指尖上。”③让学生亲身实践，动手操作，意义重大。有一位中国学生家长问一位美国老师，为什么不让孩子们

① 史绍典．综合性学习，拒绝去语文化[J]．中学语文教学，2006(6)：3．

② 蒋华．语文“综合性学习”教学实践与思考[J]．中学语文教学，2009(9)：3．

③ 葛兴坤．儿童的智慧在他的手指尖上——苏霍姆林斯基和谐教育思想的启示[J]．素质教育大参考，2006(03A)：2．

记忆一些重要的东西，那位美国的老师回答说：“对一个人的创造能力来说，有两样东西比死记硬背更重要，一个是他要知道哪里去寻找所需要的比他记忆多得多的知识；第二就是他能够综合地使用这些知识进行新的创造。”①可见，懂得怎样做比得到一个正确的结果更有意义。语文活动的过程需要阅读、鉴别、思考，其本身就是语文学习的过程，而得出结果只是这一漫长过程中的一步，所以我们在对活动体验作业进行评价时要从有利于保护学生的兴趣的角度出发，宽容而待之，从而使学生更有积极性、更有主动性地去参与语文活动。

（二）活动感性体验重于理性归纳

语文活动分两步，先是活动，后是体验。活动是体验的基础，体验是活动的目的。而体验是因人而异的，偶尔的感动，一点的感触，甚至仅仅一点点异样的感觉都可以称作是体验。体验是丰富的、多彩的。体验不需要上升到理性，由于学生的阅历限制和知识积淀的不足，活动后的体验往往是浅层次的，但这正是“初体验”的特点，这种活动体验的收效将产生较为持久的刺激作用，让学生在回味之中感受陶冶。可以说体验不可能是理性的，理性的体验只能是人的强求之果，即在感性的基础上进行一番深思提炼而成的。因此我们在开展活动体验课时不能强求，不能拿现成的书面答案去苛求体验者求同、统一。当你要求学生把阅读理解的答案奉为标准认真记录下来的时候，正是你戕害学生体验的过程，久而久之，学生的体验将不再具有敏锐性和广泛性。如果需要理性的话，那也只能是方法的指导，绝不能是体验结果的规定。从这一点看，我们很多的活动体验课的安排和开展都有悖于这一规律，遗憾的是许多老师都在拿着理性的大棒不停地打击着学生活动的自尊心。

（三）活动自选动作重于规定动作

语文活动所产生的体验是建立在个体活动基础上的自主体验，最主要的是个体行为，因此我们要大胆放手，让学生根据活动的主题自主地、大胆地活动，选取他感觉最喜欢的内容，选择他们感觉最得心应手的角度去活动，去获得体验。而当前我们许多老师总是放不开手脚，放不下心来让学生自己做，总是用心良苦地事先为学生指好方向，铺好道路，扶着学生向前走，最多只是放手一两步。太多的规定动作，必然对学生限制太死，所谓的活动最终也是有名无实，这样体验也就成了老师的体验。当然有的是教材的原因，比如“永远新的旧故事”这一板块中，一道活动体验题目是“请分别用一个词概括翠翠、傩送和祖父的形象特征，并说出你的理由”，就属于严格的规定动作，学生无自主可言，因此不能说是活动练习题，或者说是不成功的活动体验题。

（四）综合活动重于单一活动

语文活动设计的目的就在于改变过去传统课堂教学言传身授的教与学的呆板方

---

① 高钢．我所看到的美国小学教育[J]．中学语文教学，1999(6)：2．

式，重在让学生走出课本和课堂，在活动过程中自主锻炼培养学生的综合运用的能力。因此活动练习的设计有必要尽可能地综合。但我们遗憾地看到很多语文活动后的习题大都是单一的体验总结，比如写作等，缺少综合，更谈不上与其他学科的融合交叉了。而国外的高中生作业则很注意综合性，如有一份作业是写一篇“公民权利”研究论文，要求篇幅是 3—5 页，至少用 3 种资料来源，至少有 5 句引文，对比华盛顿、杜佰依斯、马丁·路德·金、马尔科姆·X，讨论他们关于黑色美国的观点，并列出资料来源。这样的综合性的作业我们可能觉得不可思议，但这确实就是美国高中生的一次普通的作业。当然，国情不同，各有利弊，但我们加强活动的综合性、突出体验的丰富性还是非常必要的。

二、语文活动的过程控制

语文活动的实施课需要教师的课前准备，比如活动目标的确定、活动环节的组成及衔接、展示方式的选择等等。教师是活动的组织者和领导者，没有事先周密的计划准备，就不可能有成功的活动。语文活动主要分两类，体验活动和探究活动。在语文活动开展过程中，我们要注重三方面内容。

一是注重情境与氛围的创设。在体验中，无论是思维、智力的发展，还是情感、态度、价值观的形成，都需要情境和氛围的创设，在一定的情境氛围中才能产生有关语文的交往、对话和理解。

二是注重途径和方法的选择。获得体验需要通过一定的途径和方法，如何通过联系已有经验，思考知识点的背景，从而获得自己的情感体验，这就是途径与方法的问题。通过这方面的研究可以更有效地进行活动课的实施。

三是目标与结果的分析。凡事预则立，体验活动需要进行目标预设，在目标的引领下有序开展活动，让学生在过程中体验到生命成长的意义；在活动结束后还要对结果进行分析，分析与预设目标的差距，反思改正的措施。

活动体验类的活动课，重点在于让学生在活动中感知语文的蕴意，体会语文的人文情怀，学生通过接触社会、了解社会，从而增加对社会的生活积累，并获得对社会物质文化、精神文化和制度文化的认知、理解、体验和感悟，在活动中达成情感态度、价值观的教学目标。活动探究类活动课，是教师尽最大努力创设情境让学生积极主动参与、亲身体验、独立思考，进而把活动与探究行为的主动权交给学生，培养学生搜集和处理信息的能力、在活动中获取新知识的能力、分析解决问题的能力、合作与交流的能力和归纳总结及反思学习过程的能力。

三、语文活动的设计控制

（一）体验类活动的设计

1. 让活动体验贴近学生的年龄特征

部编版教材所选的课文充满了时代气息和人文气息，尤其是活动体验课的内容贴近学生的生活实际，翻开必修上，映入眼帘的是第一单元"青春"，读着单元的导读序言："青春是花样年华。怀着美好的梦想、纯真的感情，带着对自我的认识，对社会的思考和对理想的追求，我们就此迈出人生的重要一步。"刚步入高中的青年学生一下子就被这为自己量身定做、充满激情的课文所吸引了。我们就抓住学生的这个兴趣，设计系列语文活动，比如我就在学习第一单元时适时地开展了"青春诗会"活动，活动分为"诗歌朗诵会""诗歌创作会""吟诵姑苏"几个部分，让学生在洋溢着青春气息的诗歌中徜徉吟诵，体验感悟，学生很容易进入角色，很容易理解课文的内涵，也很容易爱上语文这门学科。第一单元的诗歌教学很快结束了，但引发的诗歌学习热潮一直在持续发酵。应该说这样的体验活动易于开展也易于成功，这与过去较少关注学生年龄与成长规律的教材形成了鲜明的对比。

2. 让活动体验尊重学生的个性特征

传统的语文课堂教学方式单一，多以文本研习为主，在文本研习过程中又多以教师满堂灌为主，学生大多处于有问则答、无问则倾耳恭听的状态，作业有统一要求，练习有标准答案。而语文的体验活动则以学生为主角。我们在设计活动体验方案时要突出学生在活动中的自主性，让学生拥有充分展现个性特点的机会和舞台，除了获得丰富的个性体验，学生的个性也得到充分的尊重，这样就有利于学生个性的张扬。

如苏教版模块二"和平的祈祷"专题中，教材设置了 4 个活动习题。如何让教材的活动落实到学生中去，让每一个活动习题的操作性更强，这就需要我们教师根据学生的实际情况去进行过程设计。比如我选取了第 3 题，以抗日战争为题材，分小组让学生搜集同类题材的照片，并拟上解说词，先用幻灯片在班级交流，然后张贴在教室里。同学们用自己的眼光审视历史，以"卢沟桥的哀叹""屈辱的历史""民族的脊梁""南京的呻吟""故乡的烽火"为题收集相关抗战的图片，举行了一次震撼人心的图片展。前面的几个主题的图片，学生收集的抗战图片大同小异，而最后一个专题"故乡的烽火"则充分尊重了学生的个体特征。他们从各自家乡的抗战史中选取内容，有的同学的爷爷曾参加过抗战，展示的是爷爷的戎装照片；有的老家曾遭受战争的洗劫，展示的是老家房子被烧毁的情况；还有的展示的是家乡的抗日烈士陵园的照片。在图片展中，各位同学还要为所选的照片配写解读词，给观众解读自己的照片。最后我们举行的是抗战照片的展览活动，全班同学一同来参观照片，每走到一位同学的照片前，这位同学就向大家介绍这张图片的由来，以及所蕴含的历史意义。我们欣喜地看到，每一张照片的选择都体现了学生的个性，每一份解说词的拟写都体现了学生的特点，每张图片的解说都让学生实践了解说员的角色。就这样，学生们在活动中锻炼了语文能力，在语文活动中重温了历史，获得了爱国主义的教育，他们在这次活动中所受到的教益是空口说教的教育所不能比的。

3. 让活动体验拓展学习的空间

过去的教材往往是以本为本，就本论事，局限于课文之内的语文教学，本身就束缚住了教师自己的思维，而依托教材内容安排活动课体验的时候，突破课本的局限，就可以拓展学习的空间。我们在安排体验活动的过程中就要尽可能地从教材生发出去，以课文为端点放射开掘，努力让学生的学习范围更广阔、体验内容更深入多样。当然要注意的是体验的目的是更好地理解文本的内容，拓展的目的是让学生有更多的验证知识的机会，因此这个拓展要从教材出发，最终再回到教材，有收有放才行。如果离开教材，不受节制地无限拓展，则这样的活动就是无源无根无序的活动。虽也能锻炼学生的能力，但没有教材为依托的活动，其获得的体验最终也无法归置。

苏教版模块二中“慢慢走，欣赏啊”这一专题，每一板块后面都附录上名家的评论或解读，让学生在学习课文的同时，了解到名家解读的视角和深度，能够使学生受到很好的启迪。我在跟学生一起研读经典篇目《林黛玉进贾府》时，就发乎教材而不止于课文，以教材中附上的王蒙的一段评注为出发点，引入脂砚斋评点、俞平伯评点、蒋勋评点等内容，让学生比较、品味、体验，然后再写出自己的观点。通过这样的拓展，学生对《红楼梦》产生了浓厚的阅读兴趣，很多同学为此纷纷借阅或购买名家的评点本，这不能不说是活动体验课的又一收获。

4. 让活动体验增进情感教育

情感是人对于客观现实的态度的体验。情感是由客观事物是否满足个体的需要而产生的，它反映了客观事物与个体需要之间的关系。它是人们学习和工作的动力。它对人的认识和行动起着调节支配作用。一个人对事业充满着热情、热爱自己的工作和学习，他就会发挥创造性，就能做出成绩来。可以看出，情感是人与外在事物的关系的反映。所以个体与外界的情感交流是人生的重要内容。情感教育，是指把情感作为人的发展的重要领域之一，对其施以教育的力量。现代教学论认为：“情感的培养是语文教学的重要任务，同时它更是提高语文教学效率的重要手段。”[①]因为在人的成长过程中，情感是伴随其中的，甚至对人的世界认知、行为养成起着决定作用。当今人工智能技术在飞速发展，但再成熟的机器，即使其功能再强大，也无法体验人的情感。而一个人，如果他真的没有情感，不爱他的家人、不爱他的家乡、不爱他的国家，也不关心他人，那么就算他能力突出、成绩优异，当他进入社会之后，也很难在社会上立足。

人文性是语文学科的重要属性，而人文性的重要教学任务就是对人的情感教育。因此，在语文体验活动中，我们不可能仅仅印证所学的语文知识，而要同时进行情感交流的教育。活动过程中可采用多种方法和手段，调动学生的积极情感，加强学生与外界的情感沟通，对学生进行情感教育。可以这样说，情感信息的传递交流在语文活动中占有相当重要的地位。即使在让学生感知、理解、记忆和运用基础知识的过程中，也应伴随着种种情感活动，感之愈深，知之愈多。正如苏霍姆林斯基所说：“情感如同肥沃的土

① 曾艳．语文教学中的情境创设与情感教育[J]．语文学刊：基础教育版，2007(2)：2.

地，知识的种子就播在这个土壤上。"①

在语文活动体验中，极为重要的体验内容就是情感体验，这是语文教学具有鲜明特色的个性目标。情感教育的缺位，将直接导致学生缺乏对感动的体悟。列宁说："没有人的情感，就从来没有也不可能有人对于真理的追求。"②忽视情感教育的语文活动是没有语文特质的活动，也是一种不完整的教育。语文教学是一个传道、授业、解惑的过程，也是一个陶冶学生情操，给学生以情感的正能量，并引导学生走向正确人生道路的过程。情感在从认识到形成能力、养成习惯的转化过程中起着极其重要的作用。别林斯基说："思想消融在情感里，而情感也消融在思想里。"③可见，语文活动就应重点培养学生的情感，引导学生体会文章的感情，让学生感悟作者的悲喜，体味文章内容的哀乐，培养学生正确的感情倾向，拥有正确的爱恨情仇。情感体验可以让语文活动充满生命活力，它是语文教学的生命。

语文体验活动的方式是多样的，很多体验活动的内容是要求师生、生生或是学生与家长相互合作共同完成的。通过活动课培养学生的合作意识，加强人与人之间的情感交流，充分体现了语文教学的人文性的特点，也在培养学生关注语文、热爱语文方面创造了舆论氛围。如必修一的"体悟人生"中，我们安排了学生与父母共读《十八岁和其他》的活动。为了让这个体验更充分、更有效，这个体验活动分四个层次进行：首先我们请家长给孩子写一封信，表达他们对孩子的期望；第二是等学生读过家长的信后，我们再布置学生给家长写一封回信；第三是在家长收到学生的回信后，布置家长和学生共同阅读课文《十八岁和其他》并进行交流；第四是在共同阅读结束之后，学生书面总结出这次交流的过程，并写出体验活动的心得体会。这个体验活动历时三周，由学生和家长共同完成，这个活动在家长中产生了强烈的反响，很多父母是第一次与子女进行书面交流，也是第一次收到子女充满感恩之语的书信，很多学生与父母之间的隔阂一下子消除了。这样的交流使学生在健康的情感中健康地成长，教育效果十分突出。这样的语文活动体验能让学生自主地活动起来，在活动中提高了语文素养，获得了人文的熏陶和情感的教育，可以说给了学生喜欢学语文的一个理由。

（二）探究类活动的设计

探究类活动设计，可以分为"接受式探究"和"发现式探究"两类。

接受式探究学习的过程，也是学生主动学习的过程。在这个过程中，学习者主动接受前人的研究成果，通过搜集、整理、分析资料，把它变成验证自己假设结论的事实依据，从而建立自己的正确认识。接受式探究活动中，学习者处于学习的主体位置，并且有主动探求接受的内驱力。比如，从现有语文资料或者现有语文资源中进行文本研究

---

① 汪岚. 重视语文教学中的情感教育[J]. 青海教育，2004.

② 孙淑芳. 语文教学必须重视情感因素[J]. 金色年华：下，2009(2)：1.

③ 王晔. 诗画意境欣赏浅谈[J]. 名作欣赏，1983(02)：109－110.

搜集学习，锻炼学生对文献研究的分析能力和对信息进行筛选提取的能力。发现式探究，主要通过写作观察、文本解读等活动过程来实现。如何设计一些贴近学生生活实际、学生感兴趣的活动，引导学生积极主动参与，在活动中发现，在活动中思考，从而自主获得规律性的东西，增长知识、提高能力，是发现式探究活动的关键。

1. 让学生学会资料的搜集占有

学生的探究活动，是建立在文献资料的基础上的。要求让学生学习使用图书资料、网络资源，学会使用有关搜集资料的渠道，进而最大限度地占有有用资源，然后学会筛选提取。

首先是查阅书籍文字资料的能力。学生要查阅资料，必须掌握一定的文献资料检索方法。比如，在学术文献的查询过程中，学生要掌握图书检索工具和书目范围，明白过期报刊资料的查询方法，在查找到相关书目后，要懂得如何进行内容查询，找出自己想要的那部分内容，进行摘记整理。

其次是查阅网络资料的能力。虽然现在电脑比较普及，但是很多学生还是不懂得如何运用电脑搜集资料。一是让学生熟习常用的搜索引擎，如"百度"，并让学生了解百度网页、百度知道与百度学术的使用方法与内容区别。二是让学生掌握关键词的筛选使用。只要把想查找的内容的关键词输入到搜索栏里，然后回车，就可以查找到相应的信息。这种方法容易掌握、省时高效。学生在活动中不仅学到了知识，更重要的是他们利用网络来获取信息的能力得到了提高，这对他们今后的学习和生活有着深远的影响。但是，在活动中，我们也要引导学生健康地上网、文明地上网，提高学生对网络内容的明辨是非能力和对不良信息的抗诱惑能力，养成良好的网络活动习惯。三是小组合用，进行资源共享。个人的能力是有限的，所收集到的信息也是有限的，因此要引导学生与同伴进行交流，形成合作小组，达到资源共享。在分析和处理信息的时候，教师要积极创设交流、合作的氛围，让学生把自己看到的、听到的、想到的通过各种形式与同学进行交流，得到新的收获。

2. 让学生学会信息的甄别处理

选取可靠而有价值的科学的信息和数据，是科学研究取得成功的关键。因此对收集到的信息进行分析、判断与识别，是学生进行有效探究活动的基础。

首先是判断信息的可信度。通过对信息来源的判断，确定所占有信息的可信度、权威性。比如对专著的判别要明确其出版社的专业性，对报纸杂志资料的采用要明确杂志的等级是专业主流期刊还是中文核心期刊或杂志的增刊。比如，网络上的信息，其来源大多不可查考，虚假的可能性比较大，相比较而言，报纸、书籍上的资料相对就会更可信一些；但即使同样是专著，出版社不同，可信程度又会有所区别。

其次要对信息进行比较分析。我们在查阅资料时往往会查到观点相对、结论相互矛盾的信息。不同来源的资料观点不尽相同，可能这个同学收集到的结果是这样的，那个同学收集到的结果又是那样的，同学之间往往会出现争议。这时应多方查找资料，认真分析。如果是完全相反的信息，必须观察一段时间后再确认。遇到自己拿不准的信息，可以向行家请教。要注意可能会查找到虚假信息，此时应联系实际识别判断。

再次是归纳整理信息。获得的信息庞杂繁多，经过分析筛选后，剔除一些不可靠的信息，删除重复的信息、错误的信息和对本次活动作用不大的信息，留下有用的信息。对于已经通过分析筛选出来的零散的信息，我们就要指导学生进行分类整理与归纳。通过归整这些信息，要让学生掌握整理信息的能力。在阅读书籍报刊资料时，要教会学生使用资料卡，对信息进行整理与归纳。对通过网络搜索获得的资料，要教会学生如何进行分类建立文档、如何命名等。因为初步梳理、归类、统计数据信息是分析数据的基础和前提，它能使零乱的数据信息逐渐变得条理清晰，为后面的规律探究打下基础。信息的归纳是与探究成果密切相关的，有经验的研究者往往愿意在信息处理上花费更多的时间。

（三）小组讨论类活动设计

课堂讨论源于拉丁文 seminarium，原意为“苗圃”或“发祥地”，可见课堂讨论是学生生成知识的产房、培育能力的摇篮、增长才智的园地。课堂讨论是学生自主学习的重要方式，有效学习理论告诉我们，所有有效的学习都一定是自主的学习。从认识角度看，在课堂讨论的过程中，学生尝试独立思考，尝试意义建构，并努力让个体经验系统扩散，这正是实现自主学习的行动过程。所以抓好课堂讨论的各个环节，是学生有效学习的重要组成部分。我们在听课过程中深切感到，在当前讨论甚为密集的课堂上，有效的讨论所占的比例还远远不够，那么如何才能让课堂讨论真正有效呢？笔者认为应从以下五个字入手。

1. 精——精选讨论话题

案例一：2008 年 11 月淮安市江苏省淮州高级中学省师训中心“从语文走向文化”同课异构活动。一位老师在执教《金岳霖先生》时给学生介绍金先生与林徽因的关系，并针对金先生为了成全林徽因与梁思成而甘愿退出的做法，让学生讨论：你怎样看待金岳霖的爱情观？学生发言热烈，见解精辟：“只要你过得比我好”“有一种爱叫做放手”……

在课后评课环节，与会人员反响热烈，有老师认为这活跃了气氛，调动了学生的积极性，学生在讨论中也可以领会金先生的人格魅力，但更多的听课老师感到在这节课上讨论这个话题是并不合适的。

讨论话题是决定课堂讨论是否有效的基础因素。

不是所有的问题都可以拿来在课堂上讨论的，不是所有的讨论都能收到良好效果的。在选题时，我们要考虑讨论题理解度的难或易、涉及知识范围的宽或窄、本身内涵的深与浅以及结论的开放与单一。很显然，那些太容易的或太简单的、涉及知识面过窄的、结论趋向单一的问题就不适宜作为讨论题。所以选择讨论的话题要注意以下条件：

话题的必需性。课堂讨论的环节是一个费时的环节，需要有引导、思考、辨识与得出结论几个小环节，一般要占用课堂五分之一的时间。课堂讨论题应该是解读文本的锁钥，是鉴赏文本的关键，是文本出色精巧之处，是应该讨论也值得讨论的东西。如果不属于这些，那么即使学生讨论得再热烈、见解再精辟，也是不必要的。

比如在教读苏教版高二册的《金岳霖先生》这一课的时候，有位教师就围绕课文第一句“西南联大有许多很有趣的教授，金岳霖先生是其中的一位” 设定讨论话题，把讨论题定为“金岳霖到底有什么趣?”这就非常准确地切中了全文的要害，抓住了解读文本的关键，这个话题就定得恰当，定得有意义。而另一位教师在执教本文时就“金岳霖为什么要在林徽因生日那天请客”这一话题展开了热烈的讨论，结果有的学生说金岳霖曾经追求过林，有的说林是金的梦中情人，课堂气氛十分活跃，但许多听课老师不很认同。的确，这个情节学生很感兴趣，也能反映金岳霖先生的个性，但这远不是主要的，也并非教学上的重难点，我们让学生把注意力长时间集中在这里，虽活跃了课堂，但未免有哗众取宠之嫌。

话题的适宜性。话题要难度适宜。不能太容易，对学生一眼看穿的话题，再去讨论就属多此一举了。我们经常看到语文课堂的“伪讨论”现象，很多都是太简单而无必要的议题。讨论题不能太深或离中学生太远，像“清谈玄学对西晋文学的影响”这样的议题，作为中学生，在短暂的几分钟内不可能说出什么高见，讨论也不可能有什么实效。讨论题应能引起学生思考，并能使学生有不同的见解。通过这样的课堂讨论，学生的思辨才能得到提高。课堂讨论是在学生个体较难全面把握，或较难辨清本质的情况下，调动集体的智慧互相启发、质疑辩难的过程。话题应难易适度，即能“跳一跳，摘桃子”。因此，讨论话题不能太容易，学生不用跳就能摘到的“桃子”，当然没有必要再去假惺惺地秀一场讨论了；讨论题也不能太高深，如果使劲跳也够不到“桃子”，学生也不可能在课堂有限的讨论时间内有所思考、有所见解，这样的讨论即使安排了也是无效的。

比如，在教读苏教版高二册《听听那冷雨》一文时，有位教师注意到了第 5 节“于今在岛上回味，则在凄楚之外，更笼上一层凄迷了”这句话，于是让学生讨论为什么作者会有这样的感受？应该说这位老师很具有语言的敏感性，这段中四个词，“凄凉”“凄清”“凄楚”“凄迷”很有必要让学生好好回味一下。但是，就此作为话题展开讨论，则缺少些深度，因为前文已有了乡愁的铺垫，本句中再次强调了“在岛上”，学生稍作思考便不难看出乡愁的情思。

而有位教师在教授人教版高一册《胡同文化》时，把文中“忍”作为讨论话题，安排学生讨论中国传统文化中的“忍”对现代人文精神的影响。应该说，这位教师看到了本文中学生理解上的一个难点，但是中学生的传统文化基础还很薄弱，对儒家思想的认识还很浅陋，对这个问题不可能有什么独到的见解，也离文本太远。像“检验真理的标准是什么”这样的议题，作为中学生，在短暂的几分钟内不可能说出什么高见，讨论也没可能成功。

话题的开放性。开放性即具有一定的探讨性、争议性，对同一事物可以有两种或两种以上不同的理解，每一种理解原则上都能站得住脚，都能讲得通。这样，学生才能在各抒己见中碰撞出智慧的火花。如果讨论题具有明显的倾向性，则很容易出现一边倒的现象，讨论就是不成功的。即使是是非之争，这种“非”也应是具有一定的代表性的，或者具有一定的存在的合理性。

比如有教师在执教《祝福》公开课的时候，就让学生讨论一个话题，“祥林嫂的悲剧是社会的悲剧，还是个人的悲剧”，她本来想用8分钟的时间来进行课堂讨论这个环节，但是几乎全班的同学都异口同声地说这是社会的悲剧，最终讨论环节无法进行，而打乱了她的课堂安排。其实我们应该能够料到，这个讨论话题是典型的一边倒的话题，是非分明，没有人会去大张反面的大旗。而有位老师同在执教这一课时设计的一个讨论话题是：“假若祥林嫂没有被迫改嫁，她会有怎样的结局？”这个话题其实正是上述讨论题的变式，但出题巧妙，使学生有了想象的空间，有了探讨的余地，因而学生对这个话题很感兴趣，课堂讨论热烈，收到了很好的效果。

话题的熟悉性。即学生对所讨论的问题有一定的知识背景和情感体验，不能离学生太远，那些在理解时可能出现知识缺陷和情感盲区的内容一般不能作为讨论的对象。

苏教版高一册第三专题“月是故乡明”选了一组以思乡为主题的课文，但是其中有几篇课文如《前方》《今生今世的证据》，对于刚上高一的学生来说缺少切身的情感体验，难度较大，因此在教学中我们就要注意做好相关材料的准备和知识背景的铺垫，而不宜直接针对教学难点来组织学生讨论。比如在教读《前方》时，有老师就让学生讨论，为什么说“即便是还了家，依然还在无家的感觉之中”，这种深层次的对精神家园的寄托和追求离学生还太远，学生没有切身的情感体验，不可能讨论得顺利。

如果讨论题所涉及的知识范围超过了学生现在的知识水平，在讨论过程中学生也会力不从心而无法使讨论进行下去。比如在教读苏教版高三册《肖邦故园》时，相当一部分同学对文中涉及的音乐知识感到陌生，这时候就不能轻率地把那些与音乐联系紧密的地方当作讨论话题，如作者为什么说“这一组玛祖卡曲似乎是被万种离情、一怀愁绪所过滤而净化了”，学生很难讨论出正确的答案，因为懂音乐的学生毕竟少数，而听过玛祖卡曲的学生更少，听懂玛祖卡曲的则又何其少矣。

2. 巧——巧定思维引爆点

案例二：2006年11月连云港市江苏省海州高级中学教学开放周。有教师执教《祝福》一课，以“祥林嫂的悲剧是社会悲剧还是个人悲剧”为讨论话题，但是老师没有直接这样发问，而是另选一个突破点：“假如祥林嫂的丈夫没有病死，祥林嫂命运会怎么样？”学生讨论热烈，见解独到：“如果她先去世的话，祥林嫂可能会生活得幸福，否则她还会有这么一天。”“祥林嫂是改嫁女，村里村外的人依然看不起她，她不会得到尊重。”……

我们精选了讨论的话题，并不代表讨论就能进行下去，就能深入下去，还要创新性地确定思维的引爆点，既能抓住要害，又能激起学生讨论的兴趣。

案例二中的引爆点就选得很好，很小巧，既能引起学生兴趣，又能让学生深挖拓展。好在没有直击讨论话题，而是留给学生想象与推理的空间，让学生在迂回中寻到问题的原点，看似没有直接瞄准，其实每一个动作都为目标而来。确定引爆点要注意以下方面。

引爆点要小。对于大而宽的讨论话题，学生无处入手，用“大而化小”的方法设置引爆点，变研究五大洋海水的构成为分析一试管的水样。小切口引爆点既易操作，又易深入，是沙里的世界、水里的乾坤，就像炸药，压缩得越紧越小，爆炸的威力越大。

引爆点要巧。引爆点的巧妙设置可以激发学生讨论的兴趣，激活学生的思维，让讨论既热烈又深入。巧就巧在既能切中要害，又能活跃学生的思维，这就要我们教师在引导学生讨论之前深思善辨，抓本立筋，巧妙设点，激发学生学习的积极性，效果自然不言而喻。

引爆点要绕。所谓绕，就是引爆点不能离内核太近，也不能直奔主题，而是让学生在讨论中曲径通幽，体会到发现之乐、含蓄之美。因为语文课堂有太多的东西需要在过程中领悟，教材的文本中有太多的东西需要我们涵泳品味，在学习中，过程永远比结果重要。

3. 深——智用纵深性启发语

案例三：2008 年 10 月连云港市江苏省新海高级中学教学开放周。有教师执教《记念刘和珍君》，组织学生讨论品味有关刘和珍遇难时场景描写的语言的魅力。学生讨论，重点指出了动词的作用如“攒射”“猛击”等，教师点拨：这些动词的确富有表现力，我们还可以继续讨论，从修饰语方面来品味出字面之外的潜台词。学生讨论发言：“斜”可见子弹在身体中行进路程之长，伤者痛苦之深，也照应了“攒射”；“从背部”入，可以看出屠杀是有预谋的，学生是毫无防备的……

对学生的讨论，教师不是完全放手，而是需要相机点拨。纵深性启发语是学生是否能深入讨论的关键。教师在课堂讨论中，重点是把握方向，引导深入。讨论是一个动态的生成过程，学生随时都会有新思想和新问题生成，如果这些问题得不到及时有效的引导和解决，往往会阻碍课堂讨论的顺利开展。纵深性的引导可以考虑从下面几条入手。

讨论方向上的纵深。学生不明白思考的方向，他们思考时就会产生偏差，远离话题，无法达到讨论的目的。因此，在讨论的过程中，教师要对那些片面的和错误的观点加以引导和纠正。思考方向一般有以下几种，如线性思考的溯果求因或审因知果，聚散思考的归纳与演绎等。当学生的思维一直停留在事物的表层时，教师可提出要求引导学生进一步深入思考；当学生的思维出现了偏差，或偷换了概念，教师可提示其发言与问题的相关性；当学生由于思维定式而不能发散开自己的思维方向时，我们可以提示思考的另一侧面。

案例三中，教师针对学生定式思维适时提出新的思考方向“修饰语”，这样就成功打开了学生思维的局限，使讨论进入了新的天地。

思维品质上的辩证。学生在讨论时得出的结论极易走向极端化，这其中很大的原因在于学生思维品质上缺少辩证性。讨论的过程呈现一边倒、一言堂等现象，通常与组织者没有很好地调节控制有关。新课程理念最大的进步之一是允许对文本进行多元解读。因此在课堂教学中，我们要善于引导学生辩证思考，在辩证的思维中形成多元解读，这样会引发学生不同观点的碰撞，产生思想的火花，促进课堂的生成。

表述维度的严谨。初次进行讨论活动的学生往往不知如何从事个体的严谨思维活动，不知如何理解和掌控彼此的发言以维持群体的严谨思维，而思维的严谨性是由语言的表述体现出来的，表述不严谨，正反映了思考的不严谨。因此，在讨论开始前，在学生进行表述时，教师要做好个体思维和群体思维的示范工作，使学生最终形成自己的理解。

4. 全——力求讨论的全员参与

案例四：2008年10月8日，连云港市高考目标管理暨高三一模质量分析会，连云港市白塔高级中学。有位教师执教《江南的冬景》，首先提问：作者在本文中描绘了哪几幅图画，表现了怎样的心情？学生回答，教师总结纠正：曝背谈天图、寒郊散步图等。教师组织学生讨论各幅图画的特点，并品味写作特点，一有答案即可起立发言，有两名学生频频举手……

课堂讨论的目的之一是让学生自己来发现和解决问题，让他们在整个教学活动中充当主角，成为真正的思考者、活动者。让学生在课堂上主动参与，并不是指几个优生或少数学生在课堂上积极表现，而应是全体学生参与，课堂应该是全体学生的活动空间。在课堂上，能否最大范围地调动学生参与课堂活动，是课堂成功与否的评价标准之一。案例四中，教师为节省时间让学生一有答案即可发言，使活跃的两位学生频频表现，而其他同学很少参与。其实，即使两位同学表现很好，这场讨论也是不成功的。在小组讨论的时候，“好学生”往往扮演着教师的角色，那些学困生在小组中往往处于被动地位，没有表现的机会。因此，我们要尽可能采取措施，让更多的学生能成为参与者。

组织者的轮值制。往往学习优异者都是讨论组里的权威，他们把握着话语权，总是全面深入而优雅地展示着自己的思考成果，即使学困生思考出了答案，也没有勇气去表达，这就让共同参与的讨论演变成某几个人的舞台表演。我们要让讨论真正成为每一个学生都愿意参与、都能参与的事，就要让讨论在平等的氛围中进行，执掌讨论小组的人员应采用轮值制。

讨论者的分工制。合作是一个相对的词，合作依然要建立在分工的基础上，没有恰当的分工，合作就不可能顺利地开展，必然会造成某些讨论环节表现不足甚至缺失。因此，根据学生的特点进行适当的分工，让每个人积极参与不同的讨论环节，也是调动学生积极性的好方法。

学困者的扶助制。学困生在小组掩护下逃避责任，合作学习就成了一句空话。因此教师要更注意扶助那些胆小的学生，而不是总让高举着手的同学表现。在讨论组内可以优先安排学困生发言，让他们先说出最容易想到的答案，使他们体验成功的快乐，这样既保护了他们的自尊，也调动了他们的积极性。

5. 协——促进讨论的分工协作

案例五：2008 年 11 月，市教育局教学情况视导，东海县石榴高级中学。有位教师执教《我与地坛》，出示填空题：“______ 的母亲”。组织学生讨论填空，并找出最能说明上面的所填词语的文字。学生随即争相给出：伟大、苦难等很多答案。

瑞士著名心理学家皮亚杰认为，社会知识经验——语言、价值、规律、道德、符号系统只能在与他人的相互作用中才能习得。[①] 新课程理念告诉我们，教学的作用就在于给学生提供有效的协作交流的机会。

案例五中，学生表现积极，但缺少相互协作的意识，这就使讨论名存实亡了，因此，我们在实施讨论过程中要从以下几方面引导学生增强合作意识。

学会用心聆听。学生讨论过程中往往表达欲望甚强，参与者各自持有自己的观点及证据，总觉得自己的观点是独到的、正确的，总想亮出自己的观点。因此，很多同学在其他同学发言时没有去认真聆听，看上去全员参与了，其实互相游离，缺少合作。甚至最后，有的同学因为没有轮到自己发言而丧失了讨论的那份热情。针对这种现象，我们应让学生学会“倾听”：在“听”的过程中学会“挑剔”，发现他人的问题；在“听”的过程中吸收其他人学习的成果，真正合作起来。

学会表现尊重。讨论中学会尊重是学生学会合作的重要一环。我们要引导学生尊重他人的发言权，给别人应有的发表意见的机会，引导学生学会尊重他人的观点，认真思考他人的观点，从中发现与自己的观点相同或相异的地方，并能适时地给以鼓励，如对于相同的部分作出肯定的反应，这会增强发言者的信心与勇气。当然，还可以针对相异的部分进行分析思考，提出更全面的见解。

学会适时发言。许多学生总愿意抢先发言，总觉得自己的想法是独到的、深刻的，也怕别人抢了先机，说出了自己的见解。这种积极参与的想法是值得肯定的，但缺少合作精神。也有的学生只是被动倾听，缺少发言的勇气，这也是缺少合作精神的表现。我们要引导学生在尊重别人发言权利的情况下，寻找合适的时机，发表自己的看法。

学生们讨论、争辩、表述以及聆听他人的意见的机会是合作教学极其重要的成分。案例五中的讨论环节没有达到让学生交流合作的目的，当然这与讨论题缺少讨论生成的厚度有关，但学生缺少合作的意识也是造成讨论流产的重要因素，教师一抛出讨论题，学生马上争相发言，缺少用心聆听的耐心，没有表现出对同组同学应有的尊重。

四、活动的实施控制

语文的活动一般分为体验类活动和探究类活动两种，在教学过程中如何配合教学进度开展这两类活动，如何选择恰当的活动使教材内容与活动课型达到最佳的匹配度，这是我们要研究的问题。语文活动不能达到预期的成效，原因有哪些呢？可能包括活

① 皮亚杰．皮亚杰的认知发展理论[M]．周高，译．武汉：华中师范大学出版社，1986．

动课的课型内容与教材内容有脱节，或缺少有机的联系等，因此我们要研究教材与活动的匹配关系，找出规律，弄清什么样的教材内容适宜开展什么类型的活动。

（一）教师引导作用的发挥

活动应以课的形式呈现，既然称之为课，就要体现教师的引导作用，而不能放羊式任由学生去活动。教师应如何导、应导在何处、导的程度如何，也是我们要研究的重要内容，力求通过研究能让老师的作用发挥得恰到好处。教师要利用一切可能的机会和条件，提供并创造一个有利于学生创新和实践的土壤以及良好的氛围，让学生的潜能得以充分开发，使学生在思想意识、情感意识、精神境界、人生态度诸方面得以升华。语文课堂是培养学生探究式学习的实验地。那么，如何在语文课堂教学中发挥教师的引导作用，培养学生的探究式学习行为呢？

首先，确定学生在语文探究活动中的主角地位。教师只是引导者，是开启探究之路的人，教师的作用只是创设情境、提供条件，目的是让学生参与其中、自主探究，在已有的个体经验的基础上合作交流、相互启发，深入独立地思考，进而培养学生的搜集和处理信息的能力、获取新知识的能力，并锻炼分析解决问题的能力、合作与交流的能力和归纳总结及反思学习过程的能力。教师只有把活动与探究行为的主动权交给学生，探究活动才有现实的意义。我们也看到许多课堂上，教师精心设计教学环节，让学生沿着自己设计好的每一个步骤前进，每过一关，教师都在为学生惊呼，每完成一项，教师都不吝赞扬，而一节课下来，我们发现学生的每一个动作、每一次表现都事先在课件的 PPT 上精心设置、安排精密，教师做的就是“引君入彀”而已。而真正的探究是学生们通过自己努力或小组合作获得草根体验的过程。

教师要由讲师变为导师，把舞台留给学生，让学生展示才能，让学生参与到教学活动中，引导学生来钻研、来探究。教师以其独到的眼光，深入的文本理解，抓住关键点，巧妙设计引导问题，激发学生的探究兴趣和热情，有效地锻炼学生思维的条理性、严谨性、创新性，培养学生组织语言和运用语言的能力，使学生得到综合的锻炼。在当今的信息社会，学生获得知识的途径和渠道将更加宽广，教师用知识建立权威的局面被打破，学生的思想观念和价值观也发生了巨大的变化，教师不再是学生知识的唯一来源。那么教师与学生的关系也发生了很大的变化，由过去高高站在讲台上的师道尊严、受人敬畏，到现在走进学生中间，师生平等相处。所以，建立平等和谐的师生关系，教师才能真正步入学生的内心世界，才能亲近学生，进而了解学生。教师只有尊重学生，努力发现学生的特长和优点，并真诚地赞赏学生，才能激发他们学习语文的积极性。

其次，语文探究活动重在设疑。如何在课堂教学中巧妙设疑，开拓学生思路，引起学生的探究欲，是学生探究学习的重要环节与保证。通过各种形式的设疑和有目的的设疑，激发起学生强烈的求知欲和探索精神，有了浓烈的兴趣，相信教学便不再是枯燥艰涩，而是变成了有趣味又有挑战性的了。比如阅读的设疑，文学经典是常读常新的，多数学生在阅读时，粗读一两遍后，便自认为已把课文全部读懂，倘若手中再有一本教参,便益发觉得没有任何疑问了,学习的兴趣也荡然无存。如果这时老师能提出一个出乎他意料之外的问题,就会激发他的探索兴趣。如果他再能经过仔细的阅读,反复的思考,将疑问解决,就会有一种成就感,慢慢地对学语文也就有了兴趣。比如鲁迅的作品在教材中出现的频率较高,学生也怕学鲁迅的文章,戏称曰:“一怕周树人,二怕文言文,三怕写作文。”如果我们能设疑激趣,而不是一味向学生灌输字词句的含义,可能学生学习探究的主动性就不一样了。比如我在教《记念刘和珍君》的时候,在引读有关刘和珍遇难过程的描写的时候,反复让学生提问题,但学生反复读过课文后就觉得自己掌握得非常好了,没有问题了,在这种情况下,我就层层设疑:①为何鲁迅要详细描写这个血腥的场面? ②为何要特地写“其一是手枪”? ③为何要写“弹从左肩入,穿胸偏右出”? 这样于无疑处生疑的问题的确出乎学生的意料,让学生很惊讶,惊讶之后,立即有了探究的热情。在热烈的讨论之后,学生逐渐深入,触及了文本的灵魂。比如第二个问题,学生先是谈到,这样写强调了反动派的罪恶,为了镇压学生的爱国运动什么枪都用上了;继而想到,手枪的持有者应该不是一般的兵,而应是当官的,于是得出结论:屠杀学生的不仅仅是士兵,军官不仅放纵士兵杀人,而且亲自参与了屠杀;接着又继续深挖,手枪是短枪,射程短,既然能致命,必然是贴近了学生才射击的,更可以看出反动派的凶残! 这样一个问题的层层挖掘探究,大大加深了学生的理解,激发了学生的阅读兴趣,于是第三个问题的探究就更顺利、更自觉主动了,学生纷纷发言表达自己的观点。一位学生说,可以看出反动派是在两边开火的,对学生队伍进行两面夹击,根本没有想放学生活着走出来,大家纷纷赞同;另一位学生继续发言说,我们看看这个弹道走向,是从肩膀入到胸出,可以看出是从斜上方开枪的,所以反动派在楼上早已埋伏了士兵,因此对学生的屠杀是蓄谋已久的,这个深入的探究分析让学生深感叹服;又有一位学生说,综合这两位同学的发言,我们可以看出作者这样详细的描述正是印证了前面所写的一句话“这是怎样的一个罗网”! 这样的探究学习,让学生既收获了成功的体验,又积累了深读文本的经验。

我们在设疑过程中要注意,一是设疑具体,力避空泛。疑问如果是抽象的问题,往往会使学生对你所提的问题本身产生疑问,他不知道你在说什么,也不明白该从哪个角度回答,因为即使勉强回答也缺少依据。有经验的教师应当在课堂教学的过程中善于围绕教材的重点、难点,精心设置疑问,让学生产生好奇及要求解疑的心理,诱发强烈的求知欲望,激发学生运用已有知识,主动攻克疑难,从而获取新知,使思维得到发展,培养学生钻研问题的良好品质。二是设疑要有探究的空间,有层次可以深入。如果没有一点深度思考的余地,势必陷入肤浅,学生也会觉得没什么意思,从而失去学习兴趣。教师的设疑应是深挖教材的结果,疑问既能使多数学生有话可说,又能进行认真阅读、深刻思考,才能说周全。能让学生感到其一旦思路打开,便有闯入桃花源的那种豁然开朗的感受。三是要开放包容,而不应设唯一答案。不怕争论,结论要允许多样。文本阅读本身就是仁者见仁、智者见智的,要允许学生在讨论中有多种认识和不同理解,只要言之成理即可。那种强求结论的整齐划一的做法，反而会使学生产生逆反心理，更不利于学生思维能力的培养。越是能引起学生争论的问题，越能收到意想不到的效果。总之，探究学习的目的在于引发学生思考，让学生做思维体操，课堂上巧妙设疑不仅有利于激发学生学习的兴趣，增强他们的求知欲，而且有助于培养他们的探索精神和思维能力。

（二）活动评价机制的确立

语文活动重过程还是重结果，重形式还是重内容，重定性还是重定量，这些要通过研究得出一个比较明确的结论，力求能形成一个有一定科学性的评价体系。在活动评价的过程中，我们要遵从以下原则。

1. 鼓励性原则

语文活动是新课程的重要学习方式，其总的目标是使学生形成积极的、自主合作探究的学习方式，培养学生的探究欲望、创新精神和实践能力。活动评价，是教师对学生在学习活动中的综合评定，在活动的全过程中学生表现出的认知层次、情感态度、能力状态、技能水平等各方面都应成为评价的内容。在评价的过程中，应坚持正面评价为导向，运用表扬、鼓励、表彰等方法肯定学生的参与热情，中肯评价学生的活动表现，并贯穿于整个课程实施过程。无论是在学生遇到困难的时候还是遭受失败的时候，无论是定性还是量化评价的时候，都应该激励学生，使激励评价成为学生获取成功的动力。在鼓励的过程中不是盲目地虚夸，而是要有针对性，让学生明确受鼓励的表现是什么，还有哪些地方没有得到肯定，这样充分发挥评价的教育、改善、促进的功能，引导学生反思自己的实践活动。培养学生对活动过程（特别是细节）的记录习惯，通过活动过程、交流和活动成果汇报，让学生学会实现对问题的讨论、方法的交流、成果的分享与思考，达到自我反思、自我改进的目的。

2. 多元性原则

多元智能理论告诉我们，人有九种智能，各人在不同的智能领域有各自的特长。从这个理论角度来看，语文活动本身就应是一个综合性的活动，在这样的综合活动中需要各种能力融合搭配，才能使活动顺利地开展下去。因此，我们在进行活动评价的过程中，所关注的就不仅仅是研究成果和学术水平的高低，还应包括开展活动前的策划能力、开展活动过程中的组织能力、活动进行中的学习内容的丰富性和研究方法的多样性等。因此，评价标准和评价主体应是多元化的。如在活动中我们强调学生要学会收集分析归纳整理资料，学会处理反馈信息，还要鼓励并尊重学生富有个性的自我表现，如利用演讲、表演、写作、绘画、制作等多样的形式展现学习的成果。当然评价的多元，除了评价标准的多元，还应包括评价主体的多元，不应只由教师来操持评价工具、决定评价结果，还要让学生参与评价过程，通过讨论、协商、交流等多种形式，将学生自我评价、同学互评与指导教师或社会、家庭有关人士评价结合起来。教师在评价中要肯定学生与世界交往的多元方式，不仅允许学生对问题的解决可以有不同的方案，而且表现自己所学的形式也可以丰富多样。

3. 过程性原则

过程性评价是在活动实施的过程中对学生的学习状况进行评价的方式。过程性评价采取目标与过程并重的价值取向，对学习的动机效果、过程以及与学习密切相关的非智力因素进行全面的评价。语文实践活动是一种学生亲历体验的过程。因此，我们要重视对学生在活动过程中表现的评价。只要学生参与活动过程，在活动中对自然、社会和自我形成一定的认识，获得了实际的体验和感悟，就应该肯定其活动价值，给予积极的评价。这个评价不是基于某一个固定的标准，而是主张活动内外结合的、师生认识综合的、开放的评价方式；评价过程与活动过程交叉融合，评价主体对评价对象充分了解。过程性评价的功能包括对学生的学习质量水平做出判断，肯定成绩，找出问题；促进学生对学习的过程进行积极的反思，从而更好地把握学习的方式方法；理解和掌握评价的方法，为后续的学习提供方向方法上的支撑，等等。

第五节 创新交互形式

课堂是学生学习与生成的基地，一堂课的时间就是学生学习的一个独立时间单元，众多个单元组成了一个完整的学习版块，如果我们在课堂上没有明确的学习目标，我们的课堂学习必然没有章法，我们学习的内容必然没有系统，而这些碎片化的东西如果没有整合理顺，最终也将无益于学生的成长。然而，现实是许多老师为了避免浪费时间，寻求有效教学时间的效益最大化，总是以完成“教学进度”为指标，开展课堂教学，进行课后巩固，使语文教学缺少创新，而对学生没有吸引力，这样看似没有浪费课堂的时间，也充分利用了教材的资源，其实是消磨了学生的学习热情，又阻碍了学生正常的思维发展。我们都知道思维创新能力的重要性。老师当然希望每一位学生都拥有这种能力，若是这样，想必今后的课堂定能活跃许多，但事与愿违，高中生普遍缺少思维创新能力。深究其因，一是教师的教学方式僵化单一，二是学生误以为学习仅靠背就行了。在教师方面，我们绝大多数学校的现有教学方法，特别是课堂教学方式过于强调知识的传授和学习的结果，忽视了思维训练方式与创新能力的培养，忽视了学生对未来发展的需要，用一句话概括就是应试型的讲授教学方式。其特点表现为以课堂为中心、以课程为中心、以教师为中心、以知识为本，统一要求、统一标准答案。教师采用满堂灌输的教学方式，要求学生死记硬背或记忆模仿。教学过程中往往实行固定的课堂组织形式，教师沿用单一的教学手法，一本教材、一支粉笔、一块黑板，照本宣科、口传笔授。最常见的教学方式就是教师上课时通常都是按照课本及大纲的要求，把知识点罗列在黑板上，学生上课做笔记、课后做练习，通过做练习来吸收和消化课本的重点、难点。虽然学生通过反复训练和记忆可以把教材中的难点及要点掌握得较为牢固，在知识上夯实一定的基础，然而教学方法单调、学习气氛沉闷、学习内容枯燥，学生处于被动的学习状态，个性和心理一直受到压抑，特别容易丧失学习兴趣。

一、建立新型的师生沟通关系

有些学生以为语文学习就是背诵。对于语文学科来说，背诵的确是很重要的一种学习方式，但如果没有思维的参与，语文也是不可能学好的。创新的前提是丰富的联想和想象。联想力和想象力是创新思维的基础因素，是学生语文能力灵性和个性的形象展示。而联想和想象力则来自学生自主自由的学习实践，因此，要发展学生的想象力，就必须在语文教学活动中发扬民主，摆正教与学的辩证关系，培养学生的主体性。教师只需要沟通点拨，提供“刺激”，引起学生的认识冲突，设置启发式的问题情境和自主式的活动情境，激活学生的经验储蓄和知识储蓄，使学生的联想和想象获得环境的肯定和支持。要让语文从课本中走出来与丰富的课外学习资源相结合，首先应当调动学生积极的创新兴趣，激发他们创新的心理欲望，从而提高他们主动的问题意识和主动的创新意识，这是培养学生创新能力的前提和基础。要做到这一点，在语文教学活动中，应该把教师单向灌输知识改变为师生、生生之间的多向交流，让学生真正参与到语文教学的过程中来，成为语文教学和语文实践活动的“主人”，而不是被动的“听众”和“观众”，也不应是“啦啦队”。教师应该真心诚意把学生当作课堂的主人，承认学生独立的人格个性，创设和谐、民主、融洽的课堂氛围。这种氛围包括师生平等的商讨，教师主动的描述、诙谐的评点、亲切的笑容、和蔼的目光，使学生敢于参与，乐于合作，让学生与教师自由交往。教师还要诱导学生调动原有的知识储备和经验储备，选择自己的思维方式和适合自己的学习方法，鼓励他们逆向思维、求异思维、发散思维，让他们从新的角度去考虑、去感受每篇文章、每个问题，激发其强烈的创新欲望，启发他们在语文教学活动中独辟蹊径、标新立异，“仁者见仁，智者见智”。

二、营造课堂的创新氛围

做好一件事，完成一项任务，方法路径有许多种，前人更是给我们留下了许多可以借鉴的经验与教训。踏着前人的脚印，亦步亦趋地前行，最保险也最呆板。世界上本没有路，在荒野中踏出的每一步都是创新之举，但创新就有风险，开拓就要代价。如何让学生在课堂上放下包袱，鼓起勇气，竞相迈出创新的那一步，走出别人没走出的一行脚印，这是我们要努力追求的。

思维创新能力并不是与生俱来的，我们不能强求习惯被要求“齐步走”的学生具有多高的创新能力，况且他们对语文学习中该如何创新也没有什么认识和经验。这就需要教师的引导和指点，让教师成为创新氛围的营造者、创新行为的鼓励者。如果教师不能扮演好这个角色，学生还谈何创新呢？而教师如果能在课堂教学中充分营造出创新的氛围，学生的创新热情就会被激发出来，个个跃跃欲试，都想一展才思，创新思维自然也就生成了。

在营造创新氛围时，启发诱导的方式是很重要的。首先是注意启发的方向性。课堂上学生的思路出现了偏差，总会惹得教师着急上火，口虽不言，心里会埋怨学生为何总是会剑走偏锋呢？其实出现这样的问题，要更多从自己的角度去反思：我们在启发的过程中有没有明确的方向？在铺垫的过程中有没有把相关工作做到位？很多时候，学生出现问题的原因在于教师启发的语言缺少指向性。所以要努力提高启发引导水平，注意启发的指向性，并细致考量用何种表达方式既能给学生以明确的方向又能给学生以自由的空间，让学生有方向地创新生成。

其次是注意修正补充引导。如果注意到了上述关于启发的方向性要求，就可以大大减少学生思维的偏差。如果课堂上已经出现了大面积的思维偏差，那就需要开展修正补充引导。偏差也可能是创新，营造创新的氛围就是要保护这种创新热情，因此修正引导首先应肯定其创新思维的活跃与表达的果敢，其次要帮助学生分析形成这个思维方向偏差的来龙去脉，启发他们重新思考，辨明思维方向。为了让学生辨清方向，教师还可以补充相关铺垫性知识，引导学生进行思维对象、思维方式的重新选择，借此让学生思考哪一种选择更贴近要探讨的主旨。

再次，激发学生的争鸣意识，也是营造创新氛围的重要措施。教室本就是出错的地方，学生只有尽可能多地暴露自己的思维问题，才能尽可能多地收获成长。教室里教师只是平等中的首席，不能总是担任裁判员的角色，要不断创设情境，引发学生争鸣，学生在争鸣论辩中学会寻找对方的思维漏洞，反思自己思维不足。这样砥砺切磋，真理越辩越明，真相越来越清，思考越来越深入，思维也就越来越有创新的高度。

近来，相关报纸杂志经常讨论教师的创造性问题，也在感叹语文课堂教学缺乏创新的现象。是什么原因让我们教师的创造力降低、创新动力不足呢？我们也看到，讨论文章最后大都归因于当前的教育制度、考试方式，认为现行制度就是扼杀创造性的元凶，是阻碍教师创造力发挥的痼疾，似乎在现行体制下语文教师就不可能有创造才能，当然也教不出有创新思维的学生。毋庸讳言，体制的确存有不足，但我们不能无论什么都要等到条件具备才能发展。1984 年，胡博曼(Huberman)和梅尔(Miles)在研究中有一个重要的发现，那就是能力决定行动。对于变革，如果人们觉得他们有能力做得很好的话，就会更加愿意维持和实践这些变革，也就是说行为的变化先于观念的改变。“变革是一个旅程而不是一个固定的蓝图……我们不应该先规划再行动，而是先行动再规划，如此循环。”[①]可见，语文课堂的创造性掌握在教师自己的手中，只要有创造的意识，就能让像石缝间的一样顽强地在艰难的环境中崭露头角，展现出惊人的生命力。

三、运用创新的呈现方式

目前的教育体制确实存在着很多弊端，但这并没有妨碍大师级语文教师的出现，他

---

① 雪莱·B.维普纳，多萝西·S.斯特里克兰德，戴安娜·J.昆西.阅读项目的管理与监督[M].刘正伟，等译.上海：上海教育出版社，2015：22.

们正是充分利用现有的条件,极大地发挥自己的创造才能去创新、去开拓,因而取得了卓尔不群的效果。我们语文教师要充分利用现有的课堂阵地,充分利用好现有的教学手段,去创造性地发挥课本这一例子的作用。教学有法而又教无定法,只要能在规定的时间内达成教育目标,采取什么样的呈现方式完全是你自己的事了。许多教师总认为按部就班、有板有眼才是教学,这就是导致教学过程千篇一律、枯燥呆板的原因。其实,之所以说教学不是技术而是艺术,就是因为教学行为的个性化与创新性。根据教材与学生的具体情况灵活设计呈现方式,调动学生的学习兴趣,引发学生的创新思维,这才是教学的根本出发点。英国教育家皮斯博曾说过:“如果你想让学生能够独立地批判地思想,并且有想象力,你就应当采取能加强这些智慧品质的方法。”①这样培养出的学生必然朝气蓬勃,富有探索精神。教学方法五花八门,讲读、欣赏、讨论、竞赛各具其能,课堂教学中图片展现、音乐烘托,或网络在线征引,或隔空查阅求证,讲练结合、讨论对话并举,开展竞赛、分组合作,等等,各种方式综合使用、灵活搭配,都能使你的课堂生动起来,学生的思维活跃起来,自主学习的欲望高涨起来,探索的精神昂扬起来,创造的火花闪亮起来。

例如,说明文《景泰蓝的制作》虽说是一篇经典的说明文,但课文内容平实,没有小说的曲折有趣,也没有散文的深情动人,学生拿到课本把其他的篇目都提前看过一遍了,而主动看这篇课文的几乎没有。面对这样的一篇“没有意思”的课文,如何讲出新意来?我们大多时候就是对着课文领着学生去分析,学生学得枯燥,教师教得乏味。用功的学生还可以死记硬背下瓷器的制胎、掐丝、点蓝、烧蓝、打磨、电镀几道工序,但是几乎没有学生真正感兴趣。在如今现代教育技术极为发达的情况下,我们完全可以采用更生动的呈现方式,一改过去乏味的教学方式,让学生更主动、更感兴趣地参与到教学之中去。比如事先采用一系列科技动画技术,把景泰蓝的制作过程用动画的形式制作好。课堂上,先把学生手中的教材集中收缴,只让他们观看动画视频。等学生带着浓厚的兴趣看过视频之后,再让学生分组把景泰蓝的制作步骤以说明文的形式写下来。学生在只看视频,没有教材参照的情况下,自己写出自己的说明文段,然后再与课文进行对比分析,从而弄清楚说明顺序、说明方法以及相关原理说明的意义。经过这个先看再写,再比较阅读的综合过程,学生的知识认知水平、掌握牢固程度也是大不一样的。再如,《拿来主义》这篇课文中对外来文化到底持什么态度的分析,不去一味提问或讲解,而放手让学生来开展辩论,让他们各抒己见,在辩论过程中明白抛来与抛给的区别,及挂过去与送出去的意味,让学生懂得如何辩证地、历史地看待问题。大千世界生机勃勃,面对新鲜的生活,只要发挥我们的创造性,把鲜活的材料引用到我们的课堂上来,那么气氛便不会沉闷,学生也不会只喜欢体育而可能更喜欢语文了。

---

① 孙莉.开启智慧之门让学习更有魅力[J].教育科学论坛,2010(7):1.

四、使用创新预习复习形式

与课堂联系紧密的是课前的预习与课后的巩固作业。长期以来,语文作业内容单一、形式简单。除了写作,我们教师只习惯给学生布置一些固定答案的练习,如低年级布置的看拼音写字词、选词填空、解释词语等等。抄抄生字、背背课文似乎就是低年级语文作业的全部,学生也习惯于这种机械呆板的语文作业方式。到了高年级,这样的作业少了,于是就开始布置习题作业,今天完成多少道选择题,明天完成多少道阅读题。当然,笔者并不是反对让学生进行这方面的练习,但如果总是让他们做这样的练习,他们的思维就会日趋狭窄、僵化,这是不利于培养学生创新精神的,不利于学生今后发展的。因此,我们应该有意识地为学生安排一些"发散性"的练习。语文需要积累,这是任何时候的语文教学都不应该丢弃的,但并不是说语文作业就只有这一种形式,如果我们既不放弃积累,又能以灵活的形式来布置作业,既能引导学生尽力发展他们的创造力,又能使学生的语文基本功得到落实,那么这样的作业形式才是应该提倡的。比如,有的老师布置寒假作业,要求学生出门收集几十家春联。再如在学习《江南的冬景》这篇课文时,老师没有立即去学习这篇文章,而是让来自不同地域的学生描述各自故乡的冬景,说说他们在故乡里过冬天的最大感受,各自描写一幕自己最喜爱的冬景并在班级相互分享。这个课前布置的预习作业没有只停留在课文上,而是以生活为学习素材,让学生找到属于自己的独特体验,然后在对冬天有了明确的印象之后,再学习文本分析内涵,这个看上去南辕北辙的做法,却是收到了非常好的效果。这样的作业可以说调动了学生的积极性,不呆板、有创意,寓学于乐,既训练了学生的观察能力,又训练了学生的描写能力。又比如学习戏剧单元的时候,我们就把课堂搬到学校的剧场,让学生精心排练课本剧。课文《雷雨》选段,教师几乎没有讲解,但在排练过程中,学生一字一句地品味,寻找最佳的表达语气,一个动作一个动作地体会,找到了剧本舞台说明表达的最佳效果,当学生真情投入,在舞台上动情表演时,那是几天的语文课所不能达到的触动心灵的效果,而且这样的效果甚至能影响孩子的一生。这样既调动了学生学习语文的积极性,让学生深入解读了文本,又让学生复习巩固了知识,提高了表演能力。

五、创新整合使用教材

教材无非是例子,教材的作用就是用例子教。语文教学的创新还有重要的一点在于灵活处理、使用教材。语文教学的理论最精深也最纷繁,语文教学方法最灵活也最多变,语文知识范围最广、体系最混乱,语文教学资源最丰富也最芜杂,语文教材最厚重也最零散。许多时候,教师都是为教材所累,不分轻重,不分长短,一篇篇教下去,教师教得累,学生学得累,天天为教学赶不上进度而忧心,其实这就是缺了对教材整合的尝试。

教材的作用从某种意义上来说是不可替代的,它对教师的教和学生的学有强有力的指导作用。但是教材提供的只是一个范本、一个思路和一种参考。一个有创造力的教师，应该积极主动地面对教材，结合语文学习目标，结合当前的社会实际和学生的现实需要，对教材内容进行取舍和改造，来展示教师的个性和教学的个性。对教材的整合，从具体操作上来看，可以整合教学顺序，可以整合人文内容，可以整合知识点，等等。

比如，整合教材的前后顺序，使教学内容与教学时间搭配更合理。我们教材总是不能很好地把握课文所写的内容与正常教学时令的关系。比如朱自清的《春》总不能正好放在春天的时间教，《荷塘月色》总不能在荷花正开的时间学，还有《江南的冬景》也从没有在冬天上过。对教材内容进行教学时间上的整合看上去很简单，甚至没有技术含量，但在教学过程中能让学生真切地结合自己的时令感受，利用教室外的现场情境与课文的描写内容进行比照认知，其学习效果的潜在提升是只在教室里空想所远远无法赶得上的。像这样的时间调整，还有端午节时学习沈从文的《端午日》，临近春节时学习刘绍棠的《本命年的回想》，等等，既能感受文本中的传统文化，又能比较当今传统节日的社会气氛。

再如，针对课文不同的内容，分类整合，重新安排教学的专题。比如高中教材中写人的作品，我们可以根据需要进行不同方式的整合。如“女性人物形象”的专题教学，我们就可以把写女性作品的放在一起进行对比教学，引导学生进行系统分析，如《祝福》中的祥林嫂、《汪大娘》中的汪大娘、《荷花淀》中的水生嫂、《林黛玉进贾府》里的女子形象，等等。再如“社会底层的小人物”专题教学，我们就可以把《品质》中的格斯拉兄弟、《老王》中的老王、《最后的常春藤叶》中的贝尔曼等整合在一起进行欣赏比较。当然除了人物之外，我们还可以以其他的标准对教材进行整合教学，比如依据体裁来整合，依据知识点来整合等等。

整合的方法可以是审视同一单元的所有课文，分析它们的相同点和不同点，透视单元内涵，提取单元精粹，从而形成自己对教材的个性化分析。如果从整合的角度来俯瞰本单元，你会发现，里面汇聚了丰富多彩的美的形态。还可以跨单元进行教材审视。调整顺序，对相关的篇目进行合并以实施对比教学，这样能够从更高层次让学生领会语文当中不同人生境界的美。整合使原本散乱的单篇教学呈现出了新的格局，在一个较小的平台上解决了语文教学零敲碎打的弊病，为学生展示了中学语文学习可能呈现的崭新格局。更高难度的整合是在教材之间或在学段之间的整合。这种整合跨度大，困难多，比如可能要克服课本有没有、理解难度合适不合适的问题。在低年级，这种整合一般较难实施。而在高年级则较容易开展，尤其在综合复习的阶段。在进行总复习时，简单的单篇复习只是对旧课的一次重复，缺乏新意的同时也降低了教学的效率。以阅读或写作的某个主题引领的综合复习，能以非常丰富的事例和全新的归类教学引导学生重新遨游于教材的海洋中，让他们得以在整个中学学习的平台上获得对阅读写作方法的整体认识。如以小见大、托物言志、一线串珠、先抑后扬等写作技巧，景物描写、人物描写、场面描写、细节描写等描写手法等的整合教学，就可起到一箭双雕的效果。整合教材，为学生呈现最有生命活力的教学内容，鲜明地体现了教学的创新意识与教材使用的个性化。

第五章　语文“生·动”课堂的实践

第一节　独具匠心的朗读课教学

语文的“听”“读”是获取信息的过程，重在体验。读，有默读与朗读，默读虽然也是语文学习活动，但因为是隐性的活动，很难看出活动的过程，而朗读则是课堂上显性的活动。如何使朗读教学开展得有实效，使学生在读中有深刻的个性体验，就需要我们在朗读教学时进行精心设计。叶老曾说：“语文老师不是给学生讲书的，而是引导学生读书的。”①目前许多高中语文教师对朗读重视程度不够，有些教师认为，朗读教学主要是在小学教学中使用，小学生朗读，熟能生巧，能提高口语水平，使自己发音清晰、音量适中、语言感染力强。而高中生接近成人，语言能力已趋成熟，且语文教材所选的课文普遍篇幅较长，组织学生朗读会耽误时间，收效微小，因此在课堂朗读的教学环节上大多用默读、跳读来代替。其实，高中语文课堂上的朗读是很有必要的。朗读不仅可以使学生加深对文本的理解，更好地感知文本的美感，而且可以有效地培养学生的思维能力、概括能力、表达能力、组织语言的能力。朱自清曾说：“只有朗读才能玩索每一词、每一语、每一句的义蕴。”②学生不熟读，就无法体悟感情，就难以领会精美的语句的表现力，更难以从内心产生思想启迪和心灵的震动。

在听课时，我们也看到有些老师运用朗读教学法时讲授得少，学生一遍遍机械重复地读，我们老师还美其名曰是“语文本真的回归”，这种机械重复的朗读，其教学效果是可想而知的。这也可能是一些语文教师弃用或尽可能少用朗读教学法的原因吧。那么，是不是只要采用朗读教学法，课堂就一定低效呢？有没有让课堂朗读教学更为高效的办法？这是值得我们注意的问题。其实，朗读活动是学生学习语文的重要形式，只要我们独具匠心地安排好朗读的层次与要求，从以下几个方面去谋划好课堂上的朗读环节，我们的朗读就可以是高效的语文学习活动。

---

① 伏继东．小学语文阅读教学不能没有“讲”[J]．教育革新，2008(11)：2．

② 邬静．学习诗歌就是要“死”读硬记[J]．科学咨询，2008，(10)：58．

一、分解朗读任务，读有目标

我们在备课时要先通盘考虑、未雨绸缪，力求从最优化的角度来精心设计朗读，让学生的每一遍朗读都有明确的目标。如果没有明确的目标，每一次朗读都处于同一个层次上，机械重复地读，不能说无效，但至少是不高效的。我们在听课过程中也看到很多老师会这样提出朗读要求："大家再读一遍"，"好，就这样读，再读一遍"。当然有些时候时间充裕，让学生熟读文本也不是不可以。但在有限的课堂时间内，应尽可能地给每一遍朗读都赋予明确的提高目标，把学生可以自己完成的简单重复的朗读工作放在课外进行。比如在教授《记念刘和珍君》这篇课文时，本人用朗读教学法来赏析品读第五部分，我安排学生分步骤朗读三遍：第一遍，熟悉字句、了解内容。学生读这一遍的时候主要是把握整体、读准字音，这个目标很简单。第二遍，根据自己的理解读出需要重读突出的词语，这个目标是在初步了解基础上的理解朗读，是通过对词语的重音处理来传达学生对相关内容的理解。第三遍，在理解讨论交流之后有感情地朗读，这是在理解基础上的体验过程，在讨论交流之后对文本内容的把握更准确后，用有感情地朗读来达到体验情感的目标。按照这样的朗读设计，分目标、分步骤地展开教学，每一遍的朗读都应该不会低效，甚至是高效的。

当然，朗读是一个综合性的活动，虽然我们每一遍朗读都有明确的目标，但目标任务本身并不是孤立的，在朗读中目标的达成过程或有交叉，可能在达成后一个目标的过程中依然包含前一个目标的相关内容，但这不妨碍分目标、分步骤的进程。在分解目标之后，作为课堂的调控者，教师并不是明示目标之后让学生接着读就可以了的。朗读的每一个步骤之间都还需要教师的组织点拨。我们也看到，有的教师课堂内容安排很紧凑，在安排学生朗读的间隙，教师还抓紧这段时间进行板书或做其他的准备工作，不去关注学生朗读的情况。看上去是充分利用了时间，但教学不一定是高效的。因为在学生朗读时，不给予充分的关注就不能发现学生的朗读问题，无法对学生的朗读给予有效的指导；同时，不关注学生的朗读也打击了学生朗读的热情，是对学生朗读行为的不尊重。

二、分清朗读环节，读有层次

朗读看上去似乎是一个简单的学生活动环节，其实它是一个积极主动地思考、理解和接受信息的过程，也是一种复杂的智力活动环节。表面上看，朗读是一种单向的言语活动，其实它还是一种对话，是学生与作者的对话。作者用文本的形式把自己的思想情感表达出来，学生通过朗读的形式去理解领会作者的思想情感。因为学生与作者的语言文化背景知识、生活经验并不相同，甚至有很大的差异，所以要想让学生跨过这个差异去对作者的思想情感进行深入的领会把握，教师就要为学生设计朗读的递进层次。通过层层深入的朗读，学生与作者的对话一层层深入地展开，从而使学生能深入体悟到文本的情感境界。朱熹说：“读书之法，在于循序而渐进，熟读而精思。”[①]这也在告诉我们要做到读有层次。因此，要改变费时多而收效微的朗读教学现状，就必须按照语文教学原则和学生的认知规律，进行步步深入、环环相扣的朗读教学设计，一步一个脚印地让学生在准确到位的朗读中领悟到文本的魅力。

一般而言，朗读是一个积极思维的智力活动过程。它包含感性认识阶段、深入理解阶段、创造发挥阶段三个层次。如果在朗读上，教师只是停留在感性认识阶段，一遍遍地让学生浮于表面地读，如同古代私塾教育那样，等着“书读百遍，其义自见”的奇迹出现，其教学效果的“少”“慢”“差”“费”是显而易见的。因此，我们还要在朗读教学中设计朗读的递进层次，使朗读进入深入理解的阶段。每一次读都力求完成一个更深层次的任务。我们也听过某位专家说：“读就是读，还带什么任务呀？”显然这位专家追求的是那种纯净的朗读享受，这当然是令人心仪的，但是也是不现实的。因为教学的目标和任务不可能让我们每一遍的朗读都如此纯净，不着一念。那么如何设计朗读的递进层次呢？本人在参加江苏省优秀课评比时执教课文《声声慢》，以朗读统领全课，做了一些尝试。在朗读教学中安排了这样的几个朗读环节：初读初味词情、研读品味词语、听读体味词境、悟读玩味词心、赏读回味词韵。通过这五个层层递进的朗读步骤，读出了“易安的词”“婉约的词”“中国的词”的三层递进的韵味，使学生既有点的感悟，又有线的延展，使朗读起到了较好的效果，也受到了评委专家的好评。

我们还要注意的是，朗读是一种个性行为，对同一首诗、同一段话，不同的读者会有不同的感悟，不同的读者因为自身朗读条件的差异也会产生不同的效果，因此，不同的读者在朗读过程中对同一句话的语速、语气及重音的处理各有不同，这种在共同基础上的个性再创造过程就是所谓朗读的创造发挥阶段。这个阶段需要我们教师点拨引导，也需要我们理解支持。我们不能用主持人的语言表现力来苛求每一位学生，即使面对操着满口方言味的普通话的学生，我们也要努力去满足他们进行朗读再创造的要求。这不仅是对人的尊重，也是对文本的尊重。

三、分辨文本特点，读有方法

朗读教学法是众多教学方法之一，并非所有的教材课文都是适用于朗读教学法的文本。我们也要根据文本体裁选择不同的方法组织课堂教学。比如，课堂上的朗读有齐读、单读、散读、分角色读、和声读等，我们要根据课文的实际情况和课堂需要来甄别选用。就如俞文豹在《吹剑录》里所说的那样：“郎中词，只合十七八岁女子执红牙板，歌杨柳岸，晓风残月；学士词，须关西大汉，铜琵琶，铁绰板，唱大江东去。”[②]可见古人就很懂得不同的诗词体裁要选用不同的方式呈现才能达到最佳的表达效果。曾国藩也曾说

① 阳兴明. 中师普通话的训练序列浅说[J]. 语文教学与研究，1987(11).

② 李谷鸣. 豪放词的出现与发展[J]. 文史知识，1995(11)：8.

“李杜韩苏之诗、韩欧曾王之文，非高声朗读则不能得其雄伟之概，非密咏恬吟则不能探其深远之韵”①，他认为李杜韩苏之诗是要用朗读的方式来学习的，而韩欧曾王之文则不宜高声朗读，而需要密咏恬吟，可见曾国藩对文本特点分辨得十分清楚。遗憾的是，我们现在的语文课堂上，有些教师还没有认识到朗读教学法的重要性，因而出现了一些该读而不读、不该读而读、该读而读不当等现象，这都是值得我们在教学中注意的。

比如，散文诗词类课文的文体，自身都有一定的韵律，或整齐对仗，或参差错落，或一气贯通势如排山，或似断还连声如山泉，其平仄、韵律、对仗及句式的变化，都需要物化成声音才能显现出文本的美感。我们要舍得在齐声朗读上下功夫。比如对戏剧小说，我们往往选择精彩部分用分角色朗读的方式来处理，这样既有利于学生对课文的整体感知，又有利于学生对人物个性的揣摩理解，而如果采用整篇大段地齐声朗读的方式则不适合，这样既耽误时间，也缺少甄别。当然即使是同一种体裁，我们也要根据文本的具体情况来选择。如同是戏剧，节选的《雷雨》片段戏剧冲突强烈，就非常适合分角色朗读；而《长亭送别》多是唱词，则很难用分角色朗读的方式读出韵味来。至于那些说理文、说明文的文脉、理思若更多地以“密咏恬吟”的方式来处理则可能会更切合实际，试想在课堂上花大段的时间去让学生齐读整篇《景泰蓝的制作》来弄清制作工序，其效果与快速默读一遍又有什么区别？显然，这时再采用整篇朗读法来开展教学是不高效的。

案例呈现：

《沁园春·长沙》教学实录

一、读准诗句

师：学诗要有学诗的样子，学诗最好的办法就是读。学《沁园春·长沙》主要就是落实三步，第一步，先读准。我们请一位同学读一读这首诗。

师：请同学来评价一下，她读得怎么样？

生：从读准的角度来评价是没有读错的，但在停顿和感情上略微不足。

师：重点的词语没有读错，但评价的同学提出了更高的要求，在停顿和感情上能否再加强。大家把读准这一条再巩固一下，大家齐读，声音要大。

师：很整齐，但是缺少气势。《沁园春·长沙》是毛泽东很有气势的一首诗，被你们读得这么低沉啊。你们读得低沉的原因是什么？哪些地方需要读得低沉？如果读低沉的话也可以，只能一部分读低沉。哪个地方读低沉？你说说看。

生：应该是开头三句：“独立寒秋，湘江北去，橘子洲头。”

师：为什么这里要读得低沉？抓两个字“寒秋”，“自古逢秋悲寂寥”“秋风秋雨愁煞人”“昨夜西风凋碧树”，自古以来就有男子悲秋、女子伤春之说。女子伤春如“落花流水春去也”，青春不再，容颜不再。男子悲秋，秋天到了，这一年又过去了，而我的功业又没

① 邬静．学习诗歌就是要“死”读硬记[J]．科学咨询，2008(20)：58．

建成。这“寒秋”最能引起人的伤感，还有一个字也能引起人的伤感——“独”。“独上高楼”“独在异乡为异客”“落花人独立”“独钓寒江雪”……“独”字在这里和“寒秋”相搭配，让人感到孤独。那么，他为什么在寒秋的时节一个人到橘子洲头呢？就看你们善于不善于调动手头的资料去了解这首诗了。同学们，从哪里可以看到这首诗的写作背景？

生：1925年。

师：1925年是怎样的情形？共产党建立是1921年，那个时候反动势力和革命势力正在争锋相斗，毛泽东回到了韶山，创建了韶山支部。又正值大革命爆发的前夜，全国各地的工农运动风起云涌。毛泽东在那建立了二十多个农会来进行革命，反动的、封建的势力对他进行疯狂的绞杀。他正在活动着，反动派带着人要抓捕他，他得知消息后，连夜转移，冒着危险出走去广州创办农民运动讲习所。这就是为什么他一个人站在了橘子洲头，所以这三句话稍微低沉些。下面的内容由一个字领起，哪一个字？“看”。

师：“看”字领起到哪个地方？一直到哪里？你说。

生：万类霜天竞自由。

师：正确。大家再把“看”的内容齐读一下。

（学生齐读）

师：这个时候读着心情怎样？

生：会激昂起来。

师：为了表达自己的情感是由低沉到昂扬，中间的短句我们要读得快一点，这样就能感受到这种情感。

（师示范朗读）

师：大家再自由体会一下。

师：看了景色之后肯定有感情，“怅寥廓，问苍茫大地，谁主沉浮？”

（板书：怅——问）

二、读通诗情

师：读准之后就要来读通，读通什么意思呢？就是通其意，首先搞清楚大概的意思。上阕大家都知道，是到了橘子洲头看到一些景象，有了一些感慨。那么下阕写什么呢？接着来问过之后是什么？下阕由一个字领起，你们认为是哪一个字？很好，“忆”字，忆到哪里？

生：挥斥方遒。

生：粪土当年万户侯。

师：这是两种意见了，还有没有第三种意见，或者你支持哪一种？

生：到“浪遏飞舟”。

生：我也觉得到“浪遏飞舟”。

师：是不是大家都觉得到“浪遏飞舟”？假如不到这个地方，还可以到哪个地方？“粪土当年万户侯”，因为下面就是“记”的内容了。通其意就是说知道这首诗在讲什么事了，就是写诗人一个人站在湘江的橘子洲头，面对着大好的秋色抒发感慨。除了通其意，我们还要达其情，把情感再理解透彻。下阕主要以记叙和抒情的方式进行，大家齐读。

师：诗人在下阕回忆了曾经和友人在此游玩的情形。他回忆的过去的游玩是“百侣”，那个时候的他正青春年少，“恰同学少年”。处在哪个时代？“峥嵘岁月”，不平凡的岁月。在这个时候，这帮同学才华如何？“风华正茂”。情感如何？“书生意气，挥斥方遒”，豪情正盛的时候。做了哪些事情？“指点江山，激扬文字，粪土当年万户侯。”我们的理想就是为了我们的国家、我们的社会燃烧我们的青春，这是一种豪情。最后还记得吗？“到中流击水，浪遏飞舟”，他的游泳让人感觉很有力，“遏”字，说明掀起的大浪把船弄停了，浪是非常大的。为什么有这样的大浪呢？因为这些青年们有着万丈豪情，有着他们巨大的能力。还有一个词非常有劲儿，“击”。不是顺着流漂，而是击打着水。他让你“记”这句话是什么意思？“曾记否”其实是在艺术地回答一个问题，哪个问题？

生：“问苍茫大地，谁主沉浮？”

师：这个问题是怎样提出的？想想在当时新旧势力势均力敌，你来我往地争斗，这时候毛泽东在做出很大的努力，但是他也在想，到底谁能战胜呢？谁能主宰这个社会呢？是革命势力，还是猖獗的反动势力。他可能心里没有底，但是他看到眼前这些壮丽的景色，看到哪一些充满活力的景啊？不止有静景，还有动景，动景有哪一些？“鹰击长空，鱼翔浅底。”万事万物都在竞相生长着，充满着活力，他有了更坚定的决心和信心。所以下文用问的形式回答了这个问题，如果用肯定句来回答这个问题，怎么回答？主宰沉浮的是谁啊？是我们新一代的、充满豪情的这些革命者。这样，情感就读通了。

师：下阕该用怎样的情感进行诵读比较好？

生：从“携来百侣曾游”开始，到“粪土当年万户侯”，应该读得激昂些。

师：全都激昂吗？

生：从“忆往昔峥嵘岁月稠”开始激昂。

师：“携来百侣曾游”呢？

生：要读得平静一点。

师：为什么？因为这两句是记叙性、交代性的话，我们要读得平静些。然后“恰同学少年”后面整句渐趋高潮。接着“曾记否”这句过渡一下，“到中流击水，浪遏飞舟?”最后再高昂起来。谁来给我们示范一下。

师：读得很好，我们再请一位男同学示范一下。“恰同学少年，风华正茂”，大家要敢于朗读啊。

师：音质也很好，后面四字的句子到“粪土当年万户侯”可以慢慢激昂起来。大家齐读试试。

师：我们通了其意，达了其情，下节课我们还要赏其艺，他到底是怎样写的，用了哪些手法呢？在中考时也考了诗歌鉴赏，一般会考哪些内容啊？情感、手法等，我们下节课再讲。我们有没有同学可以背下来,有没有?尝试背一下。

师:教室是我们出错的地方,是我们尝试的地方,不应该失去机会。在背诵的过程中还有可能会记不住,那是因为我们对诗的内容还没有完全了解。我们再来看上阕的相关内容,慢慢地在解读的过程中可能你就会印象更深刻了。前面比较低沉的三句是交代了人物、时间、地点。接着是看,看到了哪些内容呢?在写景的过程中是先远看,看到了"万山红遍,层林尽染",远看之后再近看,看到了"漫江碧透"。"百舸争流"可以看做平视,"鹰击长空"是仰视,然后是俯视"鱼翔浅底"。在写景的过程中有一个视角的转变,远看、近看、仰视、俯视相交换,全景和特写相结合。哪一个是全景啊,"万山红遍,层林尽染",哪一个是特写啊,"鹰击长空,鱼翔浅底"。假如说让你回答这首诗写景的手法、特点有哪些,你就可以答了吧。从写景的角度上看,他是用了远观与近看、仰视与俯视、全景和特写相结合的手法来写的。这样的话,看的内容都能记住了,看了之后来了一句总结——"万类霜天竞自由",这样就比较容易背了吧。

三、读懂诗艺

师:上节课我们通了意,达了情,第三步我们要开始赏其艺。从欣赏的角度去看诗人是如何来写的,重点看写景部分,回顾一下,写景部分诗人是怎样写的?用了哪些手法?

生:远看与近看、仰视与俯视、全景与特写相结合。

师:这位同学为我们回顾了昨天讨论的"看"这一部分。主要是从视角的变化来写的,角度的变化有远视,有近景,有全景,有局部,有仰视,有俯视,有平视。也就是诗人在写景时是多视角相结合的,这是上阕的第一个特点。第二个特点,关于写的景物还可以分分类,怎样分类?可以分为静态的和动态的,动静结合。我们在研究一首诗的景物描写时还可以从哪个角度出发去研究?大家想一想。

生:色彩。"万山红遍,层林尽染"是红色。

师:对,层林尽染是补充说明"红",万里江山一片红。

生:还有"碧透",水的绿色。

师:景物描写还有色彩的鲜艳,除了明显的红色和绿色之外,其他的景物还可能含有一些颜色,能不能再挖掘一下呢?

生:"鹰击长空"天应该是蓝色的。

师:一只鹰在蔚蓝的天空飞快地飞。还可能有什么颜色呢?

生:"百舸争流"的"舸"说明还可能有白色。

师:1925 年传统的船不靠机械驱动,靠什么驱动?除了桨,还有风帆,帆是白色。"孤帆一片日边来。"舸就藏有白色。这都是些比较明显的颜色了,还可能有一些别的颜色,比如说"鹰""鱼"的色彩。色彩非常绚丽,这是写景的第三个特点。我们今后读诗、欣赏诗的时候,要从多个角度去看。

师:作为诗歌,它的语言是非常简练而具有表现力的,诗歌主要的特点就是它有炼字的技巧。什么叫炼字啊，就是推敲，“僧推月下门”还是“僧敲月下门”，贾岛为了“推”和“敲”反复去想，有人告诉他，说“敲”好，现在也有人说“推”好。因为个人理解不同。这首诗上阕写景的部分，有很多字是非常富有表现力的，你好好地去找一找，每个人只要去找1—2个字就行了，我们四个人一组，相互交流这个字好在哪。

（学生四人一组讨论交流）

师：我们请同学来说，这一组，一人说一个。

生：“层林尽染”的“染”，化静为动，形象地写出了树林都是红色的。

师：嗯，用了化静为动的手法，非常好，本来是静的，“染”字写出了枫叶红的景象。

生：“透”字写出了江水清澈的程度。

师：好，以至于透到什么地步呢？“鱼翔浅底”，什么叫“浅底”？就是人感觉到江底非常浅，就是因为水太透彻。

生：“百舸争流”的“争”，写出了船在江上远行的动态，船很多，给人一种生机勃勃的感觉。

师：嗯，“百舸争流”，“争”字写出了船争先恐后往前行进的样子，百舸顺流就缺少了动态之美。

生：“鹰击长空”的“击”字，写出了鹰一飞冲天的气势。

师：嗯，“击”字写出了鹰一飞冲天的气势，和“鹰飞长空”不一样。击打是非常有力的。

生：“万类霜天竞自由”的“竞”，运用了拟人的手法，给人以一种互相竞争的热烈的感觉。

师：嗯，若换成“万类霜天都自由”就缺少了竞争的意味。

生：“漫山红遍”的“红遍”，写出了漫山遍野的红色。

师：“遍”写出了枫叶颜色之广。

生：“鱼翔浅底”的“翔”写得好，写出了鱼儿在水中自由自在游走的情形。

师：其实鱼的游动要克服水的阻力，而鸟在空气中飞时，空气的阻力比水的阻力要小得多，说鱼在水中“翔”写出了鱼的自由自在，还写出了水的清澈。

生：我觉得“百舸争流”的“争”写得好，他不仅写出了船争相前行的样子，还表现了作者内心坚定的斗争精神。

师：好的，竞相前进的精神。

生：“层林尽染”的“层”，用“层”修饰“林”，有一种广密的感觉。

师：就写出了那种森林的茂密，具有层次感。

生：我觉得“长空”写得好，写出了天空的辽阔。

师：“长”很好，写出开阔，和“鹰击天空”不一样。大家真不错，我想不到的大家都想到了。

生：“漫江碧透”的“漫”写出了江水广阔浩渺、一望无际的气势。

师：嗯，漫山遍野，“漫江”写出了水很满，水很广阔。

生：“鱼翔浅底”的“浅”，同样也是写出了江水的清澈。

师：嗯，好，请坐。

生：我觉得“鹰击长空”的“击”写得好，既有搏击的意思，又用了拟人的手法，表达了斗争的精神。

师：不一定只有人可以击，写出了动感，表现了鹰的迅猛的姿态。

生：“独立寒秋”的“立”字好。

师：好在哪里呢？

生：交代了写作时间。

师：要说“立”字的话，表现不出时间，“寒”字还差不多。“立”字其实表现的是诗人的一个状态，那么，咱们换一下，“独在寒秋”和“独立寒秋”有什么不同？

生：诗人的精神面貌感觉不一样。

师：欸，“立”给人感觉迎风站立，写出了一种傲然的形态。

生：“万山红遍”的“万”，用的是夸张的手法，写出了山的连绵不断。

师：写出了处处都是山的雄伟之感。你说这首词是豪放词还是婉约词，有什么区别，最主要的就是豪放词用的字都大，“万山”一读起来就有股豪劲。

生：“独立寒秋”的“寒”字，写出了秋天萧瑟清冷的感觉，与下文描绘的壮阔的景象形成鲜明的对比。欲扬先抑。

师：嗯，形成了前后的对比，“独立金秋”那就感觉不一样，都是秋，得看用什么词形容。

生：“万类霜天竞自由”写出了各种各样的生物，体现出蓬勃的生机。

师：“万”是虚指，写出了所有的生物都充满了生机。我非常感叹，同学经过讨论相互启发，把这炼字的技巧都已经欣赏到极致了，好多好多字我都是感觉很平常的，但大家都能挖掘出它的深意来，很不错。这是我们用赏的方式欣赏了上阕。

师：我们知道这首诗最主要的写景的内容就在上阕，下阕是抒情。一个“忆”字、“记”字引起了抒情。那么“忆”字引起了哪些内容呢？首先，写出了他所处的那个时代，“峥嵘岁月”；他所处的那个年龄，“同学少年”；那个时候的同学的才华，“风华正茂”；豪情壮志呢，“书生意气，挥斥方遒”。另外，还回忆了什么呢？还回忆了一些作为，“指点江山”。什么叫“指点”啊，评论，也有的人说批评，“江山”代指国家，评论国家大事。我们知道1919年毛泽东就主办了《湘江评论》，发表了一系列重要的文章。“激扬文字”什么意思？“激”是激浊，批评，“扬”是表扬，批评不好的，表扬好的。“粪土当年万户侯”，谁不知道钱好，谁不知道地位高是很重要的，但是毛泽东和他的同学们在那个时候心里最重要的是国家，是社会，是百姓。他们胸怀天下，以天下为己任。“到中流击水，浪遏飞舟”，这里也有用得非常出色的字。“遏”，阻止，可以看出浪之大、之高，为什么能够遏飞舟呢，“击”字，突出了青年改造社会、翻天覆地的能力。上阕写景，景中慢慢有了豪情，下阕接着抒情。请一位同学背诵全诗。

师：请你来评论一下他背得怎么样？

生：很有感情，停顿、轻重音也很恰当。

师：评价的时候如果有可以提高的地方，可以提两点优点，再提一点希望。下一位。（学生有感情地背诵全诗）

生：前面情感把握都挺好的，就是有的地方应该再激昂一些。

师：你能不能找个地方给他示范一下。

（学生示范诵读：“鹰击长空，鱼翔浅底，万类霜天竞自由。”）

师：大家一定要能够在熟读、背诵的情况下加入感情。希望大家课后好好诵读。

第二节　独抒性灵的写作课教学

“生·动”课堂的写作教学，应该是以学生乐于写，学生能够写，学生也能写出深度为目标的写作教学。

作文是表情达意的交际工具，具有多种交际功能，具备较强的文字运用能力是全面提高学生素质能力的重要方面。作文教学在语文教学中占有极其重要的地位。但有许多学生害怕写作文，甚至逃避作文，也就是“无话可说，有话不会说，想说说不好”。其实这三点正是作文教学中迫切需要解决的问题。

一、广开腹地，让学生有话可说

刘国正说：“打个比方，课内和课外，是语文教学的双翼，只张开一翼，自然飞行无力，只有双翼并举，才能自由飞翔。”①写作教学要求我们打通课堂内外，调动人生阅历，去思考人生，去抒写感悟。“文学贵为有感而发，缘事而发。”许多学生写作时感到无话可说，无事可写。他们总认为要写有意义的事，要写轰轰烈烈、惊天动地、影响颇大的大事，而对于鸡毛蒜皮、琐碎小事则感到没有必要写，没有内容写。这从一个方面说明了学生对生活缺乏体验，心中缺少对生活真切的感受。生活是个取之不尽、用之不竭的作文材料的宝库，我们身边每天都发生着不可计数的新鲜事。可惜，有些学生对此视而不见，听而不闻。我们在写作过程中要激发学生的生活联想，形成生活积淀。要帮助学生引入平时观光经历，游名山大川，行万里长路，写所见所感；调用生活经历，品点滴生活，察人间万象，透视生活点滴；思考学习经历，忆升降进退，尝成长滋味；品味情感经历，念师友亲朋，感世态人情。这些都可以成为我们写作的源泉。关注眼前，思考生活，是最

① 马洲，屈风. 为了展开语文教学的双翼——课内外衔接语文教学实验专题研究[J]. 中学语文教学参考（教师版），1999(Z2)：4.

好的写作素材，是最丰富的写作源泉，是最广阔的写作腹地。

中国是一个泱泱大国，物产丰富，有着五千年灿烂的历史文化，历史的长河里激起过多少朵晶莹浪花，取之不尽、用之不竭的文学宝库里有多少脍炙人口的杰作，有的语言华丽多彩、生动活泼，有的内容深邃、意义深远，教师要引导学生多看适合他们年龄、社会阅历阅读的各种书籍。无论是诗歌、寓言、童话，还是小说，无论是古代的，还是现代的，无论是文学读物，还是科普读物，也无论是中国作品，还是外国作品，阅读的内容和范围不做限制，越广泛越好，随时积累写作素材，这样，学生才能不但会学习、能分析，而且见多识广，具有一定的文学素养。

二、激发兴趣，让学生乐于写作

我们总是要求学生板起面孔写作，因而从作文纸上看到的也是呆板无趣的文章，学生写起来无趣，老师批起来无味。其实这原因主要归于教师。我们能不能让学生写得轻松、写得有趣、写得快乐呢？关键就在于我们的命题方式与要求。每一次学生的周记都写得趣味横生、妙语连珠，那是因为他们在写自己想写的内容，说自己想说的话。可见，要激发学生的写作兴趣，我们就要弄懂学生的生活与语言，从学生的角度去看问题，去提要求。让他们乐于从生活中寻素材，乐于认识生活，体验生活，思考生活。这样生活中发生的每一件事都变得有趣起来，就让写作变成了愉快的学习之旅，学生也不再为无事可写发愁了。

当然，各种激励学生的手段也不可少。我们可以采用班内展示、年级展示、校报推荐、公开刊物推荐发表等方式来激励学生写作。采用有差别评分法，对那些作文基础较差的学生，要善于抓住进步点、闪光点，稍有进步便予以表扬，使学生树立自信心，培养持久的写作兴趣。改变评价方式也是很好的激励手段。改变过去只有教师一言堂的讲评方式，而是让学生参与评价，找出他人作文的闪光点与不足处，相互启发，相互激励。让学生不但乐写还乐评，学生们思维活跃了，文章所存在的毛病都被他们发现了，每一次写都有收获，每一次评都有感触，如此兴趣来了，也享受到了成功的滋味。

三、洞察现象，提升思维品质

生活处处有学问，学会观察与思考是作文的灵魂，也是提升思维品质的关键。培养学生善于观察思考的能力，教师就要通过自己身边的真人真事，教育学生明白生活细节中蕴藏的人生哲理；通过让学生观察身边的现象，思考感悟，悟出社会规律，再联系人生，学会生活、学会合作、学会做人。首先，我们要带着一颗敏感的心去观察生活现象，感悟人生道理。对生活细致入微的观察和体验，是积累素材的重要途径。要指导学生留意自己周围的人物、事物、景物，透过现象看本质，由此及彼，多分析，细心观察生活，感悟人生真谛。不要视而不见，充耳不闻，让生活中的无限奇趣在不知不觉中从自己的身边悄悄溜走了。学生要养成注意观察的习惯和随时记录的习惯，无论是观察到的、听到的还是亲身做过的实践活动，都应及时记录下来，并进行思考联系。这样，生活中的细节、能让人产生感动的事，就会给你留下深刻难忘的印象，平凡现象中所寓含的哲理就能慢慢品味出来。

案例呈现：

作文立意思路拓展训练教学实录

背景：校园后面本是一片农田，一眼望去碧绿一片；2006 年校园后的空地大开发，兴建市行政办公中心，工地离学校仅百米之遥，连续几周的阵阵打桩声对学校的教学造成了一定的影响。

师：这几天校园后面的建筑工地开始打桩了，可能有些同学感觉学习环境受到影响，不能安下心来，其实主要还在于我们心不静，古人说，“心远地自偏”嘛。我们不要怨恨这打桩声，事物都有两面性，也许这打桩声还能对我们的学习起到积极的作用呢。今天的作文课比较轻松，我们就来听听打桩声，看看打桩过程，请南面的同学把所有的窗帘都拉开。

（学生感到惊疑，小声议论，靠窗的同学拉窗帘）

师：打桩我们司空见惯，为什么还要看，那是因为你们过去从未用心去看，熟视无睹。今天我们要用心观察，看看你能有什么发现，受到什么启发。相信我们 50 多位同学会有许多精彩的答案。

（学生观察、小声议论）

生 1：我看到离我们较远的那台打桩机，声音与锤子的动作不一致，总是锤子先打，然后声音才传过来。

师：对，我也发现了这个现象，你受到什么启发？

生 1：我不知道对不对。我看光传得快，声音传得慢，声音永远也赶不上光，这就好比人与人，人家天生就比我强，我永远都追不上他们。

师：这里没有不对的观点。不过你太悲观，像你观察这么仔细、思考这么深入，我们班你是第一个，说明你思维很活跃、很突出。但我要说的是，你只看到了声音与光相比的短处，你没看到声音的长处，声音虽然传得慢，但可以翻过隔墙传过来，光能吗？这是两种截然不同的东西，不能这样比，你这样比不相当于拿鸡蛋与石头比硬度吗？不要无端自卑。

生 2：我也发现了她刚才说的现象，不过我得到的启发是我们要像它那样先做再说。

生 3：假如我们离得更远，可能就听不到打桩的声音了，但我们依然能看到打桩机在工作，这说明只要你去做了，你不用说，人们也能看到。

师：这两位同学说得都很好，而且都是从光与声、视与听的角度来考虑的，我们还可以开阔眼界，找寻更多的角度来看。

生 4:我看到打一根桩子要很长时间,没有哪一个桩子一下就能打下去的,这启示我做事要有耐心,只要一点一点地去努力,不怕地面硬,总能把桩子打下去,坚持就是胜利。

师:这位同学一下子就说出这么多的启示:有耐心、要坚持、要积累、不怕困难。

生 5:打桩时总是保持一定的节奏。你看东边那台桩机都启动了三回了,可是节奏把握不好就不能连续打,还要重启动,这启示我们做事要保持好自己的节奏,不受外界干扰,才能高效地把事情干好。

生 6:桩子在锤子的压力下,一点一点地前进,可见只有外界给予压力,我们才有前进的动力。

生 7:锤子每一次都以相同的方向打在同一个点上,这样才让桩子不断地前进,我们只有目标专一,才能集中力量去做,最终达到这个目标。

生 8:锤子每次发力击打桩子时都有一根钢管约束着它的运动轨迹,使它不至于走偏,我们也需要有强有力的纪律来约束我们的行为,才不至于走弯路。

生 9:我发现靠在一起的几个打桩机,有的频率高,有的频率低,我们要向频率高的桩机学习,要在同样的时间里尽可能地多做事。

生 10:老师,我仔细观察了两个频率不同的桩机,我发现快的其实并不快,反而看上去打得慢的桩机最终先把桩子打下去,因为它的锤子抬得高,每打一下都很有力。给我的启示是要脚踏实地地干,而不要花架子。

(老师学生一齐鼓掌)

师:上面 10 位同学思维很活跃,思考很深入,我也深受启发。你看,本来我们嫌烦的打桩,竟能给我们这么多的启示。我们已经打开思路了,但是可能受前面发言的同学的影响,还是有局限性的,仔细想想,你发现这些同学思维的同一性了吗?

生 10:都围绕打桩来思考的。

师:(笑)对,但还不够具体,打桩是一个整体过程,我们想想,这个过程包含哪些内容?

生 11:包括桩子、桩机和地基三个部分。

师:就这些了?只要有这三项,桩子就自动下去?

生 12:还有“打”这个动作。

师:正确。“打”这个动作很重要,以上 10 位同学的启示其实都围绕着一个方面,即打桩机的“打”来展开思维的。(板书:打)既然这样,我们是不是还可以从另外几方面来思考呢?

生 13:桩子是否能不偏不歪地打进去,取决于桩机是否站得直,这让我想到,要想让别人正,自身首先正。

师:这是在教育我们老师啊,要想把你们教育成正直的人,老师首先要做得直,我也很受启发,说得好。你是从哪个方面来说的?

生 13:我是从桩机自身的角度来想的。

师:对,思维打开了。(板书:桩机)

生14:我看到打桩的地方都有石灰线画好了点,打桩工人对照着事先画好的点来打,这启示我们做事要事先规划,才不至于做无用功。我是从地基这个角度来说的。

(教师板书:地基)

生15:我看到工地上堆了那么多桩子,每幢建筑下都要打很多很多桩子,只打一根是起不了什么作用的,给我的启示是个体只有融于集体之中才能发挥作用。

师:说得多好啊,这是从——

生15:我这是从桩子本身的角度来想的。(教师板书:桩子)

生16:我们看到堆在地表上的桩子没有起作用,桩子要真正起作用,就要深埋在地下。这给我的启示是,我们不能忘记那些默默奉献的英雄,我们也要甘愿去被埋没、去奉献。

师:(鼓掌)太让我感动了,说得真好,这还是从桩子本身的角度来说的。

生17:我看到打桩机每打一下就冒一下烟,说明桩机需要源源不断的油料能量才能维持工作,我们也需要不断地吸收营养才能生存。

(学生笑)

师:大家笑了,是不是这位同学说得太实在?

生18:我觉得这个启示一方面很通俗,另一方面也不算什么启示,不吃饭就活不下去地球人都知道,不需要看打桩才明白。

(学生笑)

师:你说得有道理,但这位同学的观察是很仔细的,你能帮他修改一下吗?

生18:我想,是不是可以改成“只有不断地吸取知识的营养,我们才能更好地服务社会”。

师:大家说怎么样?

全班学生:好。

师:有点石成金的味道,这是从桩机的角度来思考的。好像从地基的角度来思考的只得出一条启示吧,还有没有同学能从地基的角度来获得启示呢?

(学生思考)

生19:我看到我们家乡那边盖楼房不打桩,为什么这里打桩呢?是不是地质不一样?如果这样,我想我得到的启示就是在打桩之前要进行地质勘探,看需要不需要打桩,我们在做事之前要调研,看你做的事有没有价值。

师:非常好,你通过回忆、比较得出这样的启示不容易!大家可能心里还有很多独到的想法,但由于时间关系,我们不能再在课堂上为大家提供更多的时间来交流了。我们看到,同学们的这些想法都是围绕着“桩机”“桩子”“地基”和“打”这几个方面来思考的,通过这次训练,我们能不能总结一下,如果我们写作文,拿到一个题目或材料,怎样才能打开思路呢?哪位同学说说看。

生 20:今天的这节课我很有收获,我想拿到题目或材料,应该先进行分析,看看决定因素有哪几个部分,然后试着从这几个部分来思考,就能打开思路了。

师:很好,你真的很有收获。这样思路就打开了,这是写作文重要的一步。那么是不是只要有了思路就能写好呢?你怎么想?

生 21:还要筛选。

师:对,不要“挖到篮子里就是菜”,要选,你觉得选的标准是什么呢?

生 22:我想一方面应立意高远,另一方面应尽可能有新意。

师:你说的两个方面都很好,还有没有?

生 23:我觉得还应贴近生活,最好贴近我们自己的生活,让我们有能力写好。

师:你其实也说了两个方面:一是贴近现实生活,让作文有现实意义;二是选我们擅长的能写的角度来写。我们打开了思路,并注意这四条筛选原则,写好作文就不愁了。下面我们就用上面学得的方法来分析思考这样一道作文题,然后写一篇作文。

出示作文题:等待

师:运用刚才的思维方式,我们来看一看这个作文题,如何拓展思路呢?

生 24:我们可以从谁等待和等待谁这两个角度来考虑。

师:这位同学一下子就说出了两个角度,很好。

生 25:我们还可以从为何等待与如何等待这两个方面来考虑。

师:嗯,这如何等待是什么意思呢?

生 25:就是等待是以什么样的方式进行的,比如被动消极的,还是积极准备应对的,等等。

师:刚才两位同学已经给我们做了一个示范,课后就请同学们先考虑出两个角度,然后再选其中一个角度进行作文,下课。

第三节　传承文化的文言文教学

在加强优秀传统作品传承教育的今天,文言文因其承载更多的文学、文化、文史内涵而日益显其重要。作为文言文经典的《史记》教学,可以窥见文言教学的理念追求。《史记》选读的教学,如何走出以知识积累为单纯指向的必修文言篇目的教学模式,引导学生充分利用文本、利用史料,读出文学味,读出史学味,充分挖掘《史记》作为优秀传统文化读本的功用,教出选修教材的特色,应是我们深思探索的内容。《史记》之所以被鲁迅称为“史家之绝唱,无韵之离骚”,就在于其超绝的史学价值与杰出的文学价值。培根说“读史使人明智,读诗使人灵秀”[①],我们在引导学生研读《史记》篇目过程中,不仅要

① 周思远. 腹有诗书气自华[J]. 宁夏教育,2009(5):1.

重视文言知识的积累、文学素养的提升,还要让学生在研读中生成史学见识。

一、寻找切入点,挖掘文本,生成形象认知

我在教读《高祖本纪》(苏教版《〈史记〉选读》选修教材)的课文时,为了让学生在品读中生成出客观的史学认知,在教学前一直在努力寻找切入点,希望透过一个特别的切入点,引导学生挖掘文本,生成出对传主人物的客观认知。最终,我选取课文中各个不同身份的人物对刘邦的评说作为切入点,引导学生进行研究分析、辩证比较,从而逐渐廓清人物的面貌。首先梳理选文,评说刘邦的内容有以下几处:

(1) 太公:无赖,不能治产业,不如仲力。

(2) 萧何:刘季固多大言,少成事。

(3) 吕公:臣少好相人,相人多矣,无如季相,愿季自爱。

(4) 郦食其:诸将过此者多,吾视沛公大人长者。

(5) 高起、王陵:陛下慢而侮人,项羽仁而爱人。然陛下使人攻城略地,所降下者因以予之,与天下同利。

这些人物对刘邦的评价与我们看到的课文开头司马迁对高祖的官方总体评价"仁而爱人,喜施,意豁如也。常有大度,不事家人生产作业"有诸多不同处,到底应如何理解呢?我采用先自读再讨论的方式让学生深入分析探究对刘邦的这几条评价。

对太公对刘季的评价,文中没有直接引语的记载,我们可以从未央宫建成后,高祖大朝诸侯群臣,起为太上皇寿时,转述取笑太公的话中找出来。"知子莫若父",太公在平时生活中比较出了三个儿子的性格特点,是有生活事实基础的。这与司马迁在传记开始的评说是一致的。这样就可坐实刘邦年少时"不能治产业"的性格特征。在一位本分的老农民眼中,农民是不可能有其他的指望的,看一个人是否有出息,显然是只要看其在耕种上是否愿意努力就行了。二儿子踏实努力,显然就是最符合优秀的劳动人民标准的代表。因此,这个评价既客观地反映了刘邦起势前的真实状况,又透露着家长对孩子未来的担心。

萧何对刘邦的评价,也是基于二者的交往上。萧何作为县里的主簿,对于县管的一些官吏们应该是比较熟悉的。当时刘邦不安心做农民,于是试着去做亭长,他们的交往应该是有很多交集的。我们知道萧何为人谨慎,做事踏实,因而才能做县主簿。而刘邦显然跟他是两类人,因此,必然会给萧何留下不踏实的印象。这两个人的差别,既是性格的差别,也是世界观的不同。一个眼光高远,有着远大的理想抱负;一个勤恳务实,注重当下。正是这种互补的性格,才使他们一路走来互相补充、互相帮助,最终成就大业。的确,此时刘邦的大言只能是大言,还不能成为大业,所以可以看出,萧何的评价也是贴近实际的,贬中有褒,反映了少时刘邦不被人理解的状况。

吕公从相人的角度来评价刘邦。吕公能与县令成为好友,且能投奔县令,并靠县令而安家,可以看出吕公与县令的关系不一般。这也说明吕公并非一般的百姓,而应该是

知识层次较高,平时多能与高层次人物有来往交游,有超出一般人的见识的人。俗话说“相由心生”,一个人的气质往往是可以反映在外表上的,吕公又生性爱相人,他通过观察他接触到的官吏的相貌来总结相人的规律,可以得出一些共性。有了这样的阅历,他观察品评人物的角度肯定与众不同,在大家(包括萧何)都只看到刘邦表面的缺点的时候,吕公能看出刘邦高人一等的气质,显然也是可能的,毕竟敢诈贺万钱的人唯有刘邦一个。这可以看出吕公的独到眼光,也可以看出少时刘邦的确有与众不同的气质。

郦食其评说沛公是大人长者,这话我们是要深入分析的。郦食其本是高阳一位书生,家贫落魄,无以为业,于是做了高阳里的监门吏,但是他有一点与众不同,那就是性格倔强狂傲。他一直在寻找能让他出人头地的机会,但是打高阳经过的几十位将领们,不是刚愎自用就是器量狭小,根本看不起他这个破落书生,因此他到六十多岁还没有找到机会。正巧村里有一个后生跟沛公做骑士,于是他抓住这个机会,让后生在刘邦面前推荐他,因而才得以见到刘邦。我们了解了这样的相关内容,就可以理解郦食其所说的“诸将过此者多,吾视沛公大人长者”这句话到底有几分诚意了。郦食其其实是在拼命抓住最后一根能让他出人头地的稻草而已,是不是大人长者并不重要,对他来说,重要的是能不能得到重用。其实,单看此时沛公的表现是绝对看不出他是一个大人长者的。因为郦食其的老乡、那位骑士介绍说,刘邦最不喜欢读书人,遇到有来见他的读书人,他就会用拿下人家的帽子并在帽子里尿尿的方式来羞辱人家。只是因人引见,他答应见郦食其一面,见面后郦食其问完一个问题后,刘邦就直接破口大骂他为“竖儒”。这正是刘邦作为地痞流氓的本色表现,绝不是一个大人长者所为。可见郦食其对刘邦的评价并没有从客观角度出发。

高起、王陵的评价是在刘邦的引导下,当着刘邦的面说的,本意是在回答“所以有天下者何”这一问题。这个评价是值得我们深思的。王陵本是沛县里的豪强,地位在刘邦之上,当初刘邦也是“以兄事”的,当然凭刘邦那谁也看不上的脾性,肯定不会放过狎侮王陵的机会。而王陵本来也是无意屈于刘邦手下的,他说话做事率意,不计后果。比如他跟刘邦的仇人雍齿交好,导致自己很晚才被封为安国侯。即使高祖去世后,吕后专政,他的倔强本性也没有改变。在吕后想要王诸吕时,他断然否定曰“不可”,因而被吕后削夺右相之职。可见王陵确实是“少文任气好直言”的人。王陵对刘邦可谓是知根知底,因而在刘邦让大家回答“有天下者何”的时候,他没有直接回答原因,却先数落了刘邦一通,说他“慢而侮人”。这个评价应该既是大家的共同看法,也是王陵与他交往的切身感受,当是非常中肯的。

通过分析这几位不同身份的人物从不同角度对刘邦的定性评说,避免了偏听偏信,学生大致就可以自己在头脑中生成出刘邦的形象特征了。

二、抓住关键点,品味语言,生成史学认知

《高祖本纪》课文在编排时删减了很多内容,也影响了学生全面把握人物的形象。

我在教学过程中让学生去通读《高祖本纪》,找到各自认为最需要补选入课文中的内容,并说明理由,以此还原本记,对课文进行补充,从而全面解读《高祖本纪》中的刘邦形象。事实上,学生在通读后思考深入,见解独到,让人欣慰。比如,学生继续沿承上文的研究方法,找到删节内容中的三处人物的评价。

(6) 老父:乡者夫人婴儿皆似君,君相贵不可言。

(7) 妪曰:吾,白帝子也,化为蛇,当道,今为赤帝子斩之。

(8) 怀王诸老将皆曰:项羽为人僄悍猾贼……不可遣。独沛公素宽大长者,可遣。

这是写田间讨水喝的老父相人的经过,这则评价迷信成分占大部分,其目的在于为"君权神授"寻找依据。耕种本应是男子的事,吕后及儿女们要下田耕种,这印证了太公对刘季"不能治产业,不如仲力"的评价。春种正是农家耕种的关键时刻,这位老父不在家耕种却在外游走,可见十有八九是专门以相人为生的江湖人。江湖高人能相出刘季全家都贵不可言,足可见刘季命非常人。等刘邦从旁舍来,听说这一情况后,特地去追问老父,这就印证了刘邦性格特点中的"常有大度""固多大言"的特点。因为按常理而言,一般安于耕种之人不会把缥缈不实的空话当作一回事,而刘邦却是深以为真的。

至于文中哭白帝之子的老妪,则纯粹是为刘邦做天子找依据而编的神话了。演绎出这一传说的喻义,历来说法很多。首先是呼应了高祖是刘媪与龙所生的传说,以证明刘邦为龙之子的传言不虚,为以后刘邦在众人中树立人主的威信奠定基础。他自己"心独喜,自负民""诸从者日益畏之"就是很好的明证。

怀王与诸老将的评价是在商量谁更合适向西破秦入关的时候说的。的确,项羽与刘邦相比是残忍得多,一篇《项羽本纪》就记载有四次用"屠"字,七次用"阬"。而在《高祖本纪》中"阬"只出现了两次,且全是写项羽的。虽也用"屠"字,却没有一处写明是刘邦所为。由此可以看出项羽的屠城与坑埋手段使用得多么频繁,甚至一次就坑埋章邯军二十万,残忍程度让人发指。而沛公相比而言要温和宽厚得多。两相比较,可以看出怀王与诸老将认为"项羽僄悍"的看法是很符合事实的。当然怀王与诸老将愿遣沛公西略地入关也还另有原因。当时刘项联手攻秦接连失利,诸将没有一个认为先西进入关是有利可图的事情,怀王与诸老将也觉得在此时难以通过硬拼获胜,如任用一个能安抚人心的人前往,收服苦秦已久的百姓,如此则秦关可破,关中可王。刘邦也记住了这一点,他入关不杀子婴,约法三章,深得秦人民心;而项羽西进,则屠烧宫室,所过无不残破,深失秦人所望。

通过这样的补充阅读,学生更全面地研究了刘邦的事迹,关照了多方评价,对于"据事实录,使善恶自现"这个史学概念就有了进一步的认识。

三、研读互现点,对照分析,生成辩证认知

在学生对"实录"的史学观有了较为明确的认识后,要加强对"互现法"手法的认知,

是需要对照阅读才能生成的。明代茅坤说：“读《高祖本纪》，须参《项羽纪》，两相得失处，一一入手。”[①]可见，要想更全面地了解刘邦，形成一个更为完整的印象，我们还要参照其他人物的传记来进一步解读。我让学生着重从《项羽本纪》入手，继续梳理与刘邦有关的内容，着重研读针对刘邦的评价性文字。

(9) 曹无伤：沛公欲王关中，使子婴为相，珍宝尽有之。

(10) 范增：沛公居山东时，贪于财货，好美姬。今入关，财物无所取，妇女无所幸，此其志不在小。吾令人望其气，皆为龙虎，成五采，此天子气也。急击勿失。

(11) 滕公：虽急不可以驱，奈何弃之？

(12) 项伯：天下事未可知，且为天下者不顾家，虽杀之无益，只益祸耳。

(13) 项王：天下匈匈数岁者，徒以吾两人耳，原与汉王挑战决雌雄，毋徒苦天下之民父子为也。

曹无伤是沛公的左司马，当时的左司马是负责军政军赋的副官，是负责作战方案与保障供给的核心成员。可见曹无伤应该是最清楚汉军的意图的，因此可以说，曹无伤所说的话应该最为可信。事实上，他向项王告密的这句话，也是可以在《高祖本纪》中找到印证材料的。“欲止宫休舍，樊哙、张良谏，乃封秦重宝财物府库，还军霸上。”而在《留侯世家》中的记载是这样：“沛公入秦宫，宫室帷帐狗马重宝妇女以千数，意欲留居之。樊哙谏沛公出舍，沛公不听……”通过这样的对照补充阅读，学生就可以还原出当时事情的真相，刘邦当时贪财好色的形象也就突显出来了。

范增对刘邦的评价，看上去是对曹无伤所言的否定，其实是对曹无伤观点的进一步拓展延伸。这两个人对刘邦的评说都没有错，曹无伤的说法真实地反映了刘邦的内心世界，是刘邦本来就打算做的，而范增的说法则是汇报了刘邦的事实表现。曹无伤是用财色戳中项羽的怒点，而范增则力图从成败权势的角度激发项羽的血性。范增先是肯定了刘邦在山东时贪财好色的表现，这其实也是在一定程度上肯定了曹无伤所说是言之有据的；但刘邦最终无所取幸，说明在刘邦看来还有更重要的事。为了让项羽能相信他的推断，他又提出了“天子气”的说法来提醒激励项羽。

综合以上两个人有关沛公入关的说法，显然曹无伤的说法是由刘邦为人的脾性推断出来的，也不排除是为了夸大事实，以告密邀功的心理；范增的评价则更为客观，兼顾到了过往与当时，在对比分析中得出了刘邦心有大志的结论。这让我们看到刘邦有放有收，能察纳雅言、心有大志的形象特征。

滕公的这句是说在灵璧之战中刘邦败逃之事。当时刘邦家人离散，路上遇到了孝惠、鲁元，于是收载一起逃跑，在追兵越来越急的时候，沛公在情急之下就多次把两个孩子推到车下，希望车子能跑得更快一些。滕公用这句话来批评沛公，一是表明了客观事实，车子不可能跑得更快了；二是批评他连孩子都不顾的残酷无情行为。

---

① 余晓萍．蝉联对比，因果不爽——《项羽本纪》《高祖本纪》对读[J]．现代语文(学术综合版)，2009(6)：13－15．

项伯的这句评价是在项羽以太公为人质逼沛公就范时，沛公却根本不放在心上，并说出“必欲烹乃翁，则幸分我一杯羹”的经典名言。这让项伯看到了沛公乃非常人，而是一个为天下不顾家的人。这与滕公的事例相照应。可以看出沛公为成大事，上可弃老，下能抛小，是很可畏的事。

项羽的这句话是在楚汉双方相持不下，战争持续时间很长，人们都极度厌战的情况下说的。项羽一向是一个自负的人，谁都不放在眼里。自秦末以来，豪杰蜂起，共争天下，但大都昙花一现，能战到最后的就是楚汉两家了。可见项羽的这句话是对当时形势的客观评价，也肯定了刘邦在他眼中的对等的地位。当然项羽毕竟是项羽，骨子里是从不认输的，他是武将世家出身，是力拔山兮气盖世的英雄，所以他要通过角斗的方式来决胜负，不想再让百姓们受兵火之苦了，这也表现了项羽有仁心恤民苦的一面。沛公明白自己的优劣所在，当然拒绝了斗力的提议，他“宁斗智，不能斗力”。彼时正是楚汉相争的转折点，项羽一勇再勇而不能胜，相持不下，于是战争的天平很快就转到了沛公这一边，沛公深谙此理，拒不应斗，正是其远见卓识、坚毅持恒的心志所决定的。

通过对《项羽本纪》的对照阅读，我们眼界更开阔了，占有的史料更全面了，把那些没有放在《高祖本纪》中的内容重又推到了眼前，让学生看到《史记》写作的互现法的操作样态，明白了辩证解读的重要性。

我们通过对《高祖本纪》中刘邦形象的研究，重点研读了多人对刘邦的评价。在文本研读中我们发现，作者几乎不站出来说话，而只是呈现史料，记录史实，结论只留给读者去思考获得。这样学生就逐渐生成了对司马迁写作《史记》时秉承的客观记载的“实录”笔法的史学认知，对“信史”的意义领会更趋深入。

本人在教学中深挖文本，打通教材，而又不拘泥于教材，这个尝试的价值指向就是我们《史记》选修教学的文史认识。教师带动学生注重眼下又旁逸斜出，深挖广积，突破篇目的局限，全面搜罗史料，使人物形象全面而清晰地呈现出来。在研读搜罗材料的过程中，学生逐渐生成了对“互现法”的认知，通过对互现法的认识使用，学生在研读传记过程中有了挖掘考据的兴趣与欲望，在对照阅读中体会到了透过字面挖掘文本言外之意的乐趣。学生乐读又会读了，那么优秀的传统作品就能在新时代里发挥其应有的作用，优秀传统文化继承与发扬也就不再是难题了。“生·动”课堂的文言文教学，就应当如此调动学生的能动性，积极探究，深入挖掘，发挥文言文本的文化价值。

案例呈现：

《高祖本纪》教学设计①

一、出示学习内容

1. 文言学习检查

① 张长松. 众说纷纭，细辨知情——《高祖本纪》的形象刻画之妙[J]. 语文教学通讯，2020(5)：3.

2. 高祖形象分析
3. 写作手法领会
4. 秉笔直书之难

二、文言学习检查

1. 指出下列句中的通假字。

高祖常繇咸阳……此两家常折券弃责。

诸所过毋得掠卤,秦人憙,秦军解,因大破之。

诸吏人皆案堵如故。乃详尊怀王为义帝。

不如决策东乡,争权天下无内诸侯军。

2. 指出下列句中的词类活用现象。

见其上常有龙,怪之。

单父人吕公善沛令。

避仇从之客,因家沛焉。

进不满千钱,坐之堂下。

吕公者,好相人。

吕公因目固留高祖。

公始常欲奇此女。

秦王子婴素车白马。

吾与诸侯约,先入关者王之。

守函谷关,无内诸侯军。

会项伯欲活张良。

吾虽都关中。

3. 指出下列的特殊句式。

高祖,沛丰邑中阳里人。

怀王者,吾家项梁所立。

此三者,皆人杰也。

此其所以为我擒也。

遇彭越昌邑。

又与秦军战于蓝田南。

系颈以组。

项羽王诸将之有功者。

三、刘邦形象分析

学生逐层分析人物形象的层次:

(1) 课文中的刘邦 (2)本纪中的刘邦 (3)史记中的刘邦 (3)你心中的刘邦

板块一:引导学生研讨分析课文中的刘邦形象。

1. 细读课文，找出对刘邦有过评价的人物，并列出其评价内容。

(1) 神话传说的刘邦：龙之子、隆准龙颜、左股七十二黑子、醉卧上有龙

(2) 市井乡里的刘邦：好酒及色

(3) 太公眼中的刘邦：不事家人生产作业、不如仲力

(4) 萧何眼中的刘邦：固多大言，少成事

(5) 吕公眼中的刘邦：相人多，无如季相

(6) 郦食其眼中的刘邦：大人长者

(7) 怀王眼中的刘邦：宽容

(8) 高起、王陵眼中的刘邦：慢而侮人、与天下同利

2. 讨论：高祖可是司马迁写作时当朝皇帝汉武帝爷爷的爸爸、爸爸的爷爷，他为啥敢写出这样的一些缺点呢？

明确：这就是司马迁作为一个史官的史学品格的表现：不虚美、不隐恶。据事实录，使善恶自现。有些小缺点的人才是真正的人。

3. 提问：你觉得，有这么多缺点的刘邦又为何能成就大事呢？

明确：有远大志向，礼贤下士，有宽容的胸怀，会用人，能听谏。

板块二：走出课文内容，阅读所选材料，综观《高祖本纪》中的刘邦形象。

4. 出示材料：

(1) 汉王项羽相与临广武之间而语。项羽欲与汉王独身挑战。汉王数项羽……罪十也。……项羽大怒，伏弩射中汉王。汉王伤匈，乃扪足曰："虏中吾指！"汉王病创卧，张良彊请汉王起行劳军，以安士卒，毋令楚乘胜于汉。汉王出行军，病甚，因驰入成皋。

(2) 老父：乡者夫人婴儿皆似君，君相贵不可言。

(3) 妪曰：吾，白帝子也，化为蛇，当道，今为赤帝子斩之。

(4) 怀王诸老将皆曰：项羽为人僄悍猾贼……不可遣。独沛公素宽大长者，可遣。

5. 引导学生讨论以上文字，可以看出汉王的什么特点？

可能的答案：坚强、有智谋、能吃苦……

综合这些之后，《高祖本纪》中的高祖形象就较为全面了，然而还不够。

板块三：走出《高祖本纪》，对照他传，看《史记》中的刘邦形象。

6. 出示材料：《项羽本纪》相关内容

(1) 为高俎，置太公其上，告汉王曰："今不急下，吾烹太公。"汉王曰："吾与项羽俱北面受命怀王，曰'约为兄弟'，吾翁即若翁，必欲烹乃翁，则幸分我一杯羹。"项王怒，欲杀之。项伯曰："天下事未可知，且为天下者不顾家，虽杀之无益，只益祸耳。"

(2) 汉王道逢得孝惠、鲁元，乃载行。楚骑追汉王，汉王急，推堕孝惠、鲁元车下，滕公常下收载之。如是者三。曰："虽急不可以驱，奈何弃之？"于是遂得脱。

(3) 于是项王乃悲歌慷慨，自为诗曰：“力拔山兮气盖世，时不利兮骓不逝。骓不逝兮可奈何，虞兮虞兮奈若何！”歌数阕，美人和之。

(4) 曹无伤：沛公欲王关中，使子婴为相，珍宝尽有之。

(5) 范增：沛公居山东时，贪于财货，好美姬。今入关，财物无所取，妇女无所幸，此其志不在小。吾令人望其气，皆为龙虎，成五采，此天子气也。急击勿失。

(6) 滕公：虽急不可以驱，奈何弃之？

(7) 项伯曰：天下事未可知，且为天下者不顾家，虽杀之无益，只益祸耳。

(8) 项王：天下匈匈数岁者，徒以吾两人耳，原与汉王挑战决雌雄，毋徒苦天下之民父子为也。

这些材料及旁人的评价鲜明地展现在我们的面前，你对刘邦又有怎样的看法了呢？

板块四：走出《史记》，结合个人的思考与认识，说说每个人心中的刘邦。

他是残忍、凶狠、铁石心肠，还是心怀天下、不顾家人、英雄气长、儿女情短？总之，对着这些材料看，我们就能获得一个更全面的认识。这就形成了我们心目中的刘邦形象。

四、写作手法领会

1. 出示材料：

明代茅坤说：“读《高祖本纪》，须参《项羽纪》，两相得失处，一一入手。”[①]

其实，除了必须参看《项羽本纪》外，还得注意《留侯世家》《淮阴侯列传》《彭越列传》《万石张叔列传》等，这样才能看到刘邦之全貌。

这种手法就是“互现法。”

出示：所谓“互现法”，就是关于某一历史人物的部分材料不放在本传中去写，而是移植到其他相关的人物传记中，其主要目的是从对某一历史人物的基本认识出发，将材料有意识地加以安排和剪裁，以使它们服从于对某一人物形象的塑造。

2. 提问：思考，为什么不能把所有的史料都放在他的传记里呢？作者可能会把什么样的史料放在其他的传记里互现呢？

学生讨论，教师补充。

《高祖本纪》凡属灭项兴刘的大事，凡属表现其成功及其性格特征的文献资料，事无巨细，悉入纪中。凡涉及“叙汉非”的地方，则用“互现法”。

五、秉笔直书之难

但是即使这样，史官的这种做法还是很危险的。作为一个史官，想秉笔直书是很困难的。

1. 出示：“秉笔直书之难”，这里既可以读作阳平，也可以读作去声。

① 余晓萍．蝉联对比，因果不爽——《项羽本纪》《高祖本纪》对读[J]．现代语文(学术综合版)，2009(6)：13－15．

出示：帝王和史官，一个要“自称我长”“掩恶扬善”，一个要“直书其事，不掩其瑕”；一个要文过饰非，一个要“君举必书”；一个要为自己树碑立传，一个要对后人“申以劝诫”。两种目的，两个标准，形成两种力量的尖锐矛盾和较量。较量的结果，常常是权力压倒亢直者，屠刀强过笔杆子。

歪曲历史的暴虐者，他们生前的万般风光是以死后接受历史的审判为代价的。秉笔直书的史官，他们生时遭受厄难却常常获得历史赐予的花环。

第四节　洞察世相的小说教学

我认为，小说教学就是要在语言文字中品味生命的情怀。这正是语文“生·动”课堂的生命之本。

小说的阅读教学，最通常的方法是文本研习法。而文本研习是一个“读出自我”“丰富自我”和“提高自我”的过程。我们首先要再现文本，从文本中读出我们熟悉的场景、经历、思想、情感，在此基础上，形成独特理解，丰富情绪体验。这样，文本研习的价值才能得到比较完善的体现。要达到这样的研习目标，第一是让学生参与，成为研习的主体。在研习课中，教师和学生都是研习的主体。只不过教师的研习不仅要能心知其意，还要能言说其“知”的过程、“知”的方法和“知”的诀窍，以及能启发、引导、帮助学生自觉地学会使用这种知识、方法和诀窍，使学生逐步提高理解文本的能力。不能以教师的研习代替学生的研习。其次要扣紧文本，明确研习方向。文本研习的内容是选定的文本，整个课堂活动必须紧扣文本展开，离开文本则失去了研习的意义。一篇课文可以研习的内容与角度是多方面的，如何在短短的课堂教学中聚焦学生的研习力度与时间，也是我们要着力思考的问题。第三是思维的打开与创新。研习以探究方法和内化修养为目的，借鉴前人，学习已有成果，倡导创新的见解。从文本世界到精神世界，是一个上进的过程。文本研习课要有意识地迸发创新的火星、引发创新的欲望、点拨创新的方法、指点创新的思路。否则，我们的文本研习课就达不到有效提升学生语文素养的目的。

《最后的常春藤叶》这篇课文，是在高中苏教版必修二的第一个专题“精神的支柱”中的一篇。教材编写者的教法建议是用文本研习法，在使用研习法教学时，我注意做到以下几点。

一、注重营造“生·动”课堂的“对话场”

语文“生·动”课堂理论认为，语文课堂有自然生命和文化生命双重属性的交融体现，师生共同活动构成了语文课堂生命主体，同时与课堂生命环境互动，以促进生命的成长。我在教学中注意设置文本研习的对话场，让学生的思维在这个场中互相启发、相互激荡，从而促进学生个体生命的张扬与课堂文化生命的升华。

对话场的营造，我主要是从几个方面来展开的。

一是利用微课在课前介绍了欧·亨利的相关知识，为课堂上的文本研习提供了基础准备。微课主要介绍了欧·亨利的生平情况、文学地位及作品的显著特点：曼哈顿桂冠诗人，善于描写底层人物的生活并表现他们的光辉，作品具有“含泪的微笑”的特点，是美国生活的幽默百科全书，小说具有结局陡转、出乎意料却又在情理之中的典型的欧·亨利式结尾。学生通过微课学到了相关知识并在课前进行自主阅读研究，落实相关作品的特点在课文中的体现。

二是为学生课堂展示提供了宽泛的选择。万物之所以能尽情展示各自生命的美丽，是因为大自然为他们提供了一个自由发展、自在选择的生命场所。因此我在上课过程中，尽可能提供给学生最大的选择空间，让学生能在宽泛的选择范围内，通过研习文本来展示各自的生命张力，体悟课堂文化的生命魅力。比如在欣赏分析人物时，学生可以以任意选择一个人物的任意一个细节来展示自己的研读成果。

二、引导体悟语言文字中的生命交感

每一部文学作品，都是作者从自己的视角来观察体验生活的结果，所以文本的文字深深地打上了作者视野的烙印；而一部作品呈现于世之后，作为一种客观的存在，必然会接受来自无数种视角的目光的观照与打量，因而又会获得无数种基于不同视野下的体验结果。

因此，我在本节课中努力引导学生把文本的视野、作者的视野纳入自己的视域中，丰富和提高自己的精神世界和经验视野，形成视野融合，从而深情体悟“生命交感”。比如在人物分析过程中，贝尔曼是重点，我着重引导学生透过文字去体悟贝尔曼的粗暴而不粗心的特点，体悟作者透过文学人物而流露出的悲悯情怀。这种体悟，主要通过文字的玩味与细节的品读来达到，比如琼珊的步伐、口哨与语调都会使学生的体悟达到更深层的高度。

三、着意达成“生·动”课堂的目标整合

语文教学目标包括知识与技能、过程与方法、情感态度与价值观的三维目标。有些教师为了彰显新课程的理念，刻意在教学中分别一一去落实这三维目标，从而肢解了课堂。而生命化课堂的理念强调的是：课堂本身就是一个有机的生命场，首先要整合目标，着眼生命关怀。

为了达成这一目的，我着意引领学生在相互交流、相互讨论中形成文本研习成果，并立体传导，重建文本意义；以文本理解的争鸣，碰撞思维火花，拓展主题联系，体现课堂张力。比如，研读文本时，一个学生认为第 36 节中贝尔曼去琼珊房间的时候，叶子已掉光了，因而贝尔曼就决定画叶子了。这引起了同学们的开放争鸣，学生依据文本，认

真研习。这个过程，既辨明了学生观点的是非，又认真分析了人物心理，深刻体悟了人物情感，达到了目标整合的效果。又比如对于“最后这片叶子是否是杰作”的问题的探讨，既研读出了人物形象的特点，又研习出了课文表达的主题。此外我的板书设计，也意在整合学习的目标，将之统一到一片叶子之中。首先是“人”字支撑结构，以人物为叶脉，以“爱”为筋骨，圈成一片常春藤叶。

四、努力提高“生·动”课堂的文字敏感度

生命化课堂的生命是双重的：自然生命与文化生命。文化生命的延伸靠的是课堂上学生对文字的亲近。亲近文字，培养对文字的敏感度，从而感悟文本的文化魅力，使“生·动”课堂的文化生命血脉涌动。

这一堂课，学生几乎所有的时间，都用在研习文本、交流展示研习的成果上。

比如学生通过研究文本探讨作者铺垫的高招时，有学生通过第 37 到第 54 节的“第二天早晨”“那一天总算熬了过去”“天色刚亮”“第二天”这些交代发现，时间已过去了好几天，之前的叶子总是在不停地掉落，而这片叶子经过好几天却依然没有落下来，可以看出这是铺垫。一位同学通过琼珊说的那句“冥冥中似乎有什么使那片叶子不掉下来”也觉得这似乎不是一个很自然的现象，她也在想，叶子不掉下来是有点不太正常。又如一位同学读到第 33 节，“我没有心思替你当那无聊的隐士模特儿。”说明贝尔曼已经有了打算做些什么去拯救琼珊的心思。学生的这个发现也让我很惊讶，因为每次读到这个地方，我总认为是在表现贝尔曼的粗暴而已，而这位同学的解读就让我为之一震，我感觉说得很有道理。

五、做好点拨引导，保障研习顺利

“生·动”的理念，提倡尽可能地把课堂还给学生。在本节课上，为了课堂翻转，我也在努力使用微课手段来推进这项工作。例如，我引入了翻转课堂的元素，让学生先通过微视频自学欧·亨利的相关知识，然后再自学课文，落实相关知识在文本中的体现。但是语文这门课与其他的课程又有所不同，我也深感到语文课堂翻转的难度，因而目前尚未找到明确的路数。

在点拨的过程中，我们首先引导学生忽略语句的幽默风格，让学生在风趣的语句中品出不一样的东西来，落实欧·亨利作品“带泪的微笑”的特点，如有关贝尔曼的描写。其次品味看似平实记录、实则深含情感的语句，如“苏艾到工作室里哭了一场，把一张日本纸餐巾擦得一团糟”这句中包含的情感。再次品味意味深长的句子，让学生勾勒出文字背后的故事，如“照顾棺材店的生意”“杰作”等。

毕竟一堂课不能解决所有问题，因而我就选取了几点以突出重点，但依然深感文本研习尚不够深入，缺少重点的深挖与精彩的生成。此外，我总想着放手让学生自我展示，但也可能会因此失去一位教师在课堂上应有的指导地位。

案例呈现：

《最后的常春藤叶》教学实录

师：我们课前通过一个微视频学习了有关欧·亨利的知识，谁能给我们来复习一下微课中介绍了欧·亨利的哪一些知识？

生：欧·亨利是曼哈顿的桂冠诗人，他的作品被称作美国社会幽默的百科全书。

生：他的主要作品有《麦琪的礼物》《警察与赞美诗》。

师：好的，请坐，还有没有？

生：他出身贫苦，所以擅长描写底层人物，擅长描写人性的光辉，他的结局被誉为欧·亨利式结尾。

师：好的，大致有这么多，今天我们就和大家一起研读《最后的常春藤叶》，看看他的几个特点是如何在课文中表现的。

师：这里面总共写了几个人物呢，能不能按照出场的顺序给大家说一下？

生：首先是苏艾和琼珊，然后是医生，最后是老贝尔曼。

（教师板书：苏艾、琼珊、医生、贝尔曼）

师：总共就是四个人物，谁能用一句话概括一下这其中的一个人的故事？

生：苏艾和琼珊相识，然后被一个叫肺炎的疾病击倒。

师：大家听他说的对不对？

生：应该是琼珊染上了肺炎，然后苏艾在旁边照顾她。

师：她们两个人的职业是？

生：画家。

师：好的，请坐。

生：老贝尔曼是一个不得志的画家，但是他用他的善良和热情画出了他一生的杰作——最后一片常春藤叶。

生：医生出场不多，但是可以看出他是一个很有爱心又不失幽默的人。

师：我们把出场的这几个人物大致地概括一下：琼珊在被肺炎击倒的情况下，另外三个人给予她细心的照顾。故事是很动人的，你感觉到哪一个人物、哪一个细节描写打动了你？请你们自己研习课文，跟同桌先交流一下，然后我们来全班交流。

（学生交流）

师：研习文本让我们能充分领略作者文字的美丽，谁来说说？

生：在课文第 23 自然段最后一节，“现在喝一点汤吧。让苏艾继续画画，好卖给编辑先生，换了钱给她的病孩子买点红葡萄酒，也买些猪排填她的自己的馋嘴。”这句话是一个比较调皮的语气，是苏艾对琼珊说的，可以看出苏艾想做出一个非常积极乐观的态度，然后用积极乐观的语气来感染琼珊，唤起琼珊对生活的希望，这段话可以看出她们的感情十分的真挚。

师：琼珊其实这个时候病已经很重了，苏艾应该是非常担心了，文中有没有表示苏艾非常担心的文字?

生:"苏艾到工作室里哭了一场,把一张日本纸餐巾擦得一团糟。"

师:表现这样轻松的目的是什么?

生:安慰琼珊,给她以信心。

师:对。

生:刚才同学说的是语言,我想从动作这个角度来说一下。"医生走后,苏艾到工作室里哭了一场,把一张日本纸餐巾擦得一团糟。然后,她拿起画板,吹着拉格泰姆曲调,昂首阔步地走进琼珊的房间。"这个地方我们可以看出,虽然苏艾当时很伤心,但是为了让琼珊不失去对生活的希望或者说让琼珊振作起来,她需要装得非常轻松愉快,不被琼珊病重这种情况侵袭到。

师:你知不知道拉格泰姆曲调是什么样的曲调?

生:应该是比较激昂向上的,曲调非常高昂的,可以让人振奋的。

师:(板书"ragtime")对,拉格泰姆是这样的一种爵士乐,它幽默、欢快、活泼。苏艾哭得已经把一张日本的纸餐巾擦得一团糟的情况下,为了显示自己的轻松,吹着这样的调子,昂首阔步地走,她就是希望琼珊看到自己的积极乐观。

生:我想说一下贝尔曼和琼珊,第33到第35节,开始是"'什么话!'他嚷道,'难道世界上竟有这种傻子,'……'天哪!像琼珊小姐那样的好人实在不应该在这种地方害病。'"看着好像不是十分赞同,实际上贝尔曼很关心琼珊,希望有一天画一幅杰作带着他们离开这里。

师:这是一个前后语调截然不同的表现,前面说,"什么话""难道世界上竟有这种傻子"可以看出贝尔曼非常粗暴,但是粗暴而不粗心,下面写的"天哪!像琼珊小姐那样的好人实在不应该在这种地方害病。"可以看出他粗暴的外表下有一颗细腻的心灵。这个语言两相对照,非常生动地写出贝尔曼有着一颗爱心。

生:第36节里"他们在那儿担心地瞥着窗外的常春藤。接着他们默默无言地对瞅了一会儿"。作者仅仅是通过这样一个细节就写出了苏艾和贝尔曼对琼珊的关心,可见作者对细节的把握非常到位。

师:这是什么描写?

生:神态描写。

师:前面有语言描写,有行动描写,这里是神态描写,"担心地瞥着窗外""默默无言",为什么默默无言?心里太担心了,这叶子一下掉光可怎么办。再就是,一旦掉光了,琼珊就失去了精神的支柱,那她可能就失去了对生活的信心。神态描写非常动人。

生:第30节的第一句话:"老贝尔曼是住在楼下底层的一个画家,年纪六十开外,有一把像是米开朗琪罗的摩西雕像的胡子,从萨蒂尔似的脑袋上顺着小鬼般的身体卷垂下来。"刚刚同学们说的是神态描写和语言描写,这里是外貌描写。他的年纪、他的胡子还有他憔悴的身体，写出了他的粗犷；这不仅说明他比较贫困又不得志，又对人性的光辉作了反衬。

师：这个地方是一处肖像描写，用他的胡子突出了潦倒穷困的形象。为后面形成一个反衬作了铺垫。好的，继续说。

生：我想说的是苏艾和琼珊之间的关系，前面说的一些动作、神情、语言都很能表现。我认为她们之间相识的背景也非常特别，她们两人来自不同的城市，仅仅是在饭馆里吃饭相识；她们仅仅是室友就如此互相关爱，互相为对方着想，苏艾为琼珊的病担忧，竭尽所能地帮助她治疗，这里很能体现出底层小人物之间感情的真挚和人性的光辉。

师：很好，她们萍水相逢，但在琼珊染上传染性极强的肺炎时，苏艾却不离不弃地照顾她，这就表现了底层人民内心的那种人性的善。

生：我想说一下医生。虽然说作者笔墨用得不是很多，但还是能表现出他是很有爱心、很有医德的医生。他不是为了钱，他只是真的关心病人，他在琼珊的病只有一成希望的时候还是很希望她好，还说用一切可能的科学方法来挽救她，另外他的语言也很幽默。

师：医生对琼珊的关心非常真挚，其实医生的表现还不仅仅是对琼珊的关心。

生：还有对贝尔曼。

师：医生一共出场两三次，后面对于贝尔曼也是给予了深切的临终关怀。

师：欧·亨利的笔下没有坏人，都是充满了同情心的温情的人。

那么这三个共同救助琼珊的人引起了争论：有人说苏艾很重要，有人说医生很重要，有人说贝尔曼很重要，你觉得哪一个最重要？

生：我觉得贝尔曼比较重要。因为他给予琼珊的是一个精神上的支柱，他给她一个精神上的支持来抵御病魔的侵袭。因此我觉得贝尔曼是比较重要的。

生：我觉得是苏艾比较重要。因为陪伴在琼珊身边的是苏艾，发现了琼珊有这种比较极端想法的也是苏艾，请贝尔曼替琼珊画这片叶子的还是苏艾。

生：何必去讨论重要不重要呢？欧·亨利笔下的每一幕皆是底层人民之间相互关怀的群像；而在这部作品里，刻画每一个人都是为了表现人性的光辉。虽然我们从结局来看，最终是贝尔曼所画的叶子拯救了琼珊，但是我们不能说这其中没有苏艾和医生的功劳。与其说哪一个人才是主角，不如说这里的每一个人都是这部作品想要塑造的重要形象。

师：这位同学给我们做了很好的总结。琼珊她能活下来，这三个人都非常重要。苏艾给予的是生活上的护理，医生给予的是医学上的治疗，而贝尔曼给予的是精神上的支持。

他们通过三个方面共同努力使琼珊走出了低谷、走出了绝望，最终获得了新生。但无论如何，最后一片叶子终究是贝尔曼画的。我们刚刚分析了贝尔曼的一生是潦倒穷苦的一生，他在文中有多次出场，且他口头老是挂着一个词——杰作。有人说他已经画出了杰作，也有人说可惜的是他失去了画杰作的机会。那么他到底画出了杰作还是失去了机会？这个问题，我们需要讨论。首先请大家讨论一下，什么样的作品才算得上是杰作？然后我们再探讨贝尔曼到底画出了杰作没有。

（学生讨论交流）

师：你觉得，什么叫杰作？

生：我觉得，首先贝尔曼平时说的杰作就是要画一幅画，画一幅让他能获得更好生活的画。

师：他说画杰作要干什么？

生：他说：“我们都可以离开这里。”实质上贝尔曼画的这片叶子确实是非常棒的画，这点是成功的。同时，贝尔曼通过这幅画挽救了琼珊的生命，不仅是在物质上创造了一个杰作，而且在精神上也做到了极致。

师：嗯，在物质和精神层面都达到了极致，能不能再更细致地根据课文来说一下？

生：我认为一幅杰作更重要的是让人动容。这片叶子的技巧也是很高超的，在第40节“可是，看哪！……”一段，说明了这很好地“欺骗”了琼珊。

生：贝尔曼是一个画家，而对于一幅画，判断其是否为杰作的标准就应该是它是否给人带来美的享受，以及在精神上给人支持和指引。虽然课文说老贝尔曼“连艺术女神的长袍边缘都没有摸到”，但是他用生命中最后的一幅作品拯救了一个人的生命，而且他拯救这个人的方式不仅仅是通过视觉上的冲击或者震撼，更是对她心灵上的指导，给她活下去的动力，所以我觉得是真正的杰作。

师：如果一幅画能够震撼人的心灵，那么这幅画绝对应该是杰作。还有吗？

生：我觉得杰作一定要体现画家个人的追求，贝尔曼的杰作就体现了他个人的追求，体现了他是一个心地善良、乐于帮助他人且甘愿自我牺牲的人。

师：有道理。这三个人，爱，贯穿着他们。

（板书：“爱”，画出一条贯穿的线）

师：因为有爱，才让他们能够相互支撑，成为坚强的人。

（板书：写出一撇一捺，写出一个“人”字）

师：贝尔曼也用爱的画笔画就了不落的藤叶，使藤叶永远常春。

（围绕三个外沿画出一片叶子）

这个叶子，叫常春藤叶。它永远代表着底层人民相互救助的人道主义精神。

我们研读小说时，你会感觉到作者在塑造人物时用的语言是非常不一般的，我们说这叫“幽默的语言”，叫“含泪的微笑”。这是怎样的“含泪的微笑”？请大家研读课文，找一找哪一些语言体现了幽默的特点。

生：比如说第23节：“现在喝一点汤吧。让苏艾继续画画，好卖给编辑先生，换了钱给她的病孩子买点红葡萄酒，也买些猪排填她的自己的馋嘴。”我觉得这就属于比较俏皮的一种说法。

师:嗯,俏皮的,我们换成普通的说法就是:“你让我好好画画,我挣钱,我们俩好吃饭。”换成俏皮的话,感觉就不一样,活泼生动了许多,使氛围变得很轻松。

生:我想说的是课文开头的环境描写,从小说的刚开始第一节我们就能感觉到欧·亨利这种幽默的笔调:“有一次,一个画家发现这条街有它可贵之处:如果商人去收颜料、纸张和画布的账款,在这条街上转弯抹角,大兜圈子的时候,突然碰上一文钱也没收到、空手而回的他自己,那才有意思呢!”这明显是一个玩笑话,因为大家知道这是不可能的。但是欧·亨利用幽默的笔调写这种话,一是突显了小区错综复杂的地形,从一个侧面表现了这里的拥挤混乱。另一个方面,我们说“含泪的微笑”,这篇选用了这个笑话,他说商人去收账款,我们也可以看出来画家生活的艰难,他们连创作来为自己赚取生活费的这种成本性的东西都是去靠赊账拿来的。

师:而且最终收到没收到?一文也没收到,突出了居住在这里的这些画家贫困的生活。

生:还有第30节:“贝尔曼在艺术界是个失意的人,他耍了四十年画笔,仍同艺术女神隔有相当距离,连她的长袍的边缘都没有摸到。他老是说要画一幅杰作,可是始终没有动手。”这里语言也比较风趣,但是也是把他的失意,对于一个人非常痛苦的事付之一笑。

师:这一段,你给大家读一下。

生:(朗读——)

师:好,确实幽默俏皮。我们大家能不能读出这种幽默感?大家先准备一下,然后齐读,读出这种幽默感来。

(学生齐读)

师:好,我们再请一个同学读一下,看看重读哪一些字词能够读出这种味道来。

(一个学生读)

师:好的,我们再找一个同学来读一下试试,想想重读哪几个字,能够更具有艺术的表达效果。

(一个学生读)

师:很好,这样读就能读出味道来了。这样的文字其实还有。

生:在课文的第5节,“一个弱小的女人,已经被加利福尼亚的风吹得没有血色了,当然经不起那个有着红拳头、气吁吁的老家伙的赏识”。这句话描写的是琼珊受到肺炎的侵扰,她十分痛苦,但欧·亨利把肺炎比作一个有着红拳头、气吁吁的老家伙。我觉得欧·亨利的描写技巧特别高超,因为红拳头、气吁吁正是肺炎的症状,他没有直接写琼珊气喘吁吁,咳嗽会咳出血,而写肺炎是一个红拳头、气吁吁的老家伙。

师:把很痛苦的事情用幽默的语言表达出来,这就叫做“含泪的微笑”,也叫“黑色的幽默”。文中的这些人物就是在这种“黑色的幽默”中痛苦挣扎着。

这种黑色的幽默让我们既看到了作者的心酸，也看到了主人公们不屈的灵魂。贝尔曼同样是在这不屈中挣扎地活着的，但是贝尔曼最终的挣扎我们一直到最后才发现，这样的结尾被称为“欧·亨利式结尾”。

对这个欧·亨利式结尾历来总是有不同的看法，有人说这是作者在卖弄自己的结构技巧。欧·亨利自己说：“请你仔细阅读我的每一篇文章，其实，我在你们感到意外的结尾之前，故事发展的每一步我都有伏笔和铺垫。你说我卖弄，那是因为你没有看到我做的铺垫罢了。”我们能看出来吗？下面我们四个人一组讨论一下，看看我们能找出多少铺垫。

（学生讨论）

生：第 40 节，“经过漫漫长夜的风吹雨打，仍旧有一片常春藤的叶子贴在墙上”。按照常识这个叶子应该掉了，毕竟前面是“漫漫长夜的风吹雨打”，但这个叶子还贴在墙上，并且这个“贴”也是铺垫。

生：在第 44 到第 46 节，在环境描写时写出天气比较恶劣，很多北风雨点，第 46 节说它仍在墙上，给人暗示是被画在墙上的。

师：第 44 节“北风的怒号，雨点不住地打在窗户上”，这就意味着肯定也打在墙上、打在叶子上，可叶子却仍在墙上。

生：第 35 节，“总有一天，我要画一幅杰作，那么我们都可以离开这里啦”。我觉得当时贝尔曼已经想到要画那片叶子了，所以我觉得也为下文作了铺垫。

师：哦，他认为这个时候贝尔曼已经开始想了。

生：第 36 节，“他们，在那儿担心地瞥着窗外的常春藤”。这个时候贝尔曼正坐在那里观察地形，观察怎样画才能让琼珊看到。

师：如果老贝尔曼不答应到楼上去，他可能就找不到在哪个地方画。

生：第 33 节，“我没有心思替你当那无聊的隐士模特儿”。说明他已经打算做些什么去拯救琼珊了。

师：他想做什么？

生：他可能想画这片叶子。

师：他这个时候就有打算了——哦，这个我还没想到。

生：第 48 节，琼珊说：“冥冥中似乎有什么使那片叶子不掉下来。”她也觉得这好像不是一个很自然的现象，她也在想，叶子不掉下来有点不太正常。

师：那么你猜这个时候，琼珊觉得是什么使这个叶子不掉下来？她觉得应该是什么？

生：她可能当时也没有多想。

师：她想可能是神灵保佑。

生：先从第 29 节开始，然后到第 36 节琼珊已经睡着了，这个时候他们还在屋里，苏艾把窗帘拉下来就把贝尔曼带到另外一间屋里，这时候他们在这个屋里才担心地看常春藤叶，我想他们在进琼珊屋的时候琼珊睡着了，他们从琼珊屋里的窗户可能看到常春藤叶已经掉光了，这个时候他们默默无言地对瞅了一会儿。

师：他提出了一条，可能在看的时候这片叶子已经掉光了，有没有这种可能？掉光没掉光，我觉得我们要思考一下。

生：如果说已经掉光了，他就不用"担心"这个词了。

师：很好，她担心很可能会掉光，所以她担心地看着。

生：第 36 节，这里面还有个地方我觉得挺关键的：苏艾把窗帘拉到窗槛上，这就为贝尔曼画最后那一片叶子创造了时间和机会。

师：嗯，有画的条件了。

生：还有一个挺隐蔽的地方，从第 37 节到第 54 节，从首句看出来这些段落都是以时间开头，表明时间长。

师：这位同学很善于从行文角度研究，"第二天早晨"，后面是"那一天总算是熬过去了"。可以看出过了好几天了，至少过了两天时间，这片叶子也没有掉下来。

经过大家的讨论发言我们就可以看出，这个结尾虽然感觉很突兀，但是实实在在地让我们感到是很合理的事情。欧·亨利的小说不仅仅是结尾取胜，他的语言、他的人物、他的故事以及他所表达的情感都很能够打动人。今天我们研习了这样一篇文章，我们觉得很有收获。你收获了什么？

生：我认为我们平时在谈及一些非常深沉或沉重的话题的时候，不妨多学学欧·亨利那种自嘲式的幽默，这能让行文更加轻松，更利于表达自己的感情。

生：经过今天这节课，我想到我们有时写作文也会刻意地用一种"欧·亨利式"的结尾，但是我们也要想到，在此之前要做足够的铺垫和伏笔，这样才不会使结尾显得过于突兀。

师：以上同学都是从写作角度来谈我们的收获的，有没有同学从别的角度谈一下？

生：我是从琼珊的角度来谈的。对于琼珊来说，当时她身患肺炎，是非常痛苦的，然而最后她还是生出了对于生活和生命的希望。我觉得在生活中，不管面对什么样的困难，都要相信奇迹的存在，而且要努力去等待或者去创造那个奇迹，对生活抱有希望。

师：好，这是从主题的角度说的。富兰克林说："希望是生命的源泉，失去它的生命就会枯萎。"歌德也说："希望是生命的灵魂，是心灵灯塔，是成功的向导。"无论在怎样艰苦的环境下，我们始终要坚信：困厄终将被战胜，希望永远存在！

第五节　笔含情理的散文教学

我总是用三句话概括散文的文本特点：情为主线，理在其中，生活载体。阅读散文，我们就是在观照别人的生活，在别人的生活中我们总能看到自己的影子，这就是入情入理的阅读过程。

李广田说“散文的特点就是散”，他形象地描画了散文的行文：“它很像一条河流，它顺了壑谷，避了丘陵，凡是可以流处它都流到，而流来流去却还是归入大海，就像一个人随意地散步一样，散步完了，于是回到家里去。”（《谈散文》）[①]这非常形象地说出了“散”的特点。我在散文教学过程中，总是重点让学生品味文本内涵，体悟悲悯情怀，从而领会生活的哲理。在“生·动”课堂理念下，散文教学应注意以下几方面。

一、追寻线索，把握内容

在散文教学过程中，要善于通过“形”准确地抓住“神”。总的来说，追寻散文的线索可以探知作者的思路，明晓作者的写作意图。文章如何开头结尾，突出哪些重点，运用哪些艺术手法等，都与线索有关。线索在这里成为推进行文发展的一条主线，实际上线索就是把一堆杂乱的东西分类整理，并把其中属于一类的东西串联起来的一根线。如果没有这根线，就是珍珠也不能成为好的项链。线索未必就是文章的中心和重点，它在文章中只是起到统摄和连缀的作用，是作者组织材料的思路在文章中的体现。

散文的线索设置比较复杂。在散文创作中，不同的体裁、题材，不同的写作风格，都可以有不同的线索。有的文章线索清楚，甚至有明显的标志，有的文章线索就比较模糊，还有的文章线索与记叙顺序、叙述方式结合而隐含文中，难以分辨。文章线索大致可以分为以下几类：一是以人物为线索，二是以事情为线索，三是以物品为线索，四是以地点为线索，五是以时间为线索，六是以感情为线索。但不管是哪种情况，场面的转换、情节的推进、事物的发展，在文中总会有某种轨迹，则是确定无疑的。

一篇成功的散文，作者在写作时都是把握住线索，在着墨时有条不紊，挥洒自如。同样，要想读透一篇散文，也应紧扣住线索，这样才能在赏析时不断深入，入山而不手空，入海而不网空，每读必有收获。所以教会学生把握散文线索，是理解作者命题立意和运用写作技巧的基础，对提高阅读鉴赏散文的能力很有必要。比如《怀念红狐》这一篇散文就是围绕红狐来选材组材，写作者的生活感悟，给人以启迪的。我在教学过程中就引导学生抓住这个线索，去概括散文的内容：恨狐、抓狐、还狐、念狐，这样通篇就纲举目张了。

二、品味字句，体悟情感

我们知道所有的文学作品都离不开“情”，但似乎散文的“情”显得更为真挚、执着和自然，可以说情是散文的命脉和魂魄。教学中，教师需引导学生体会文章的意境，使他们设身处地地通过自己的感受、联想、想象去领会文中的感情，特别是那些言外之意、意

---

① 吴开有.生花妙笔得于心神思滚滚性灵来——论李广田散文的艺术风格[J].昭通学院学报，2002(6)：17.

外之情。做好这一点，将会丰富学生的感情，开拓学生的眼界，提高学生的思想境界，增强其文学鉴赏能力。情感是散文写作所追求的指向，在许多作家的笔下，平常的生活点滴、司空见惯的生活场景经过剪辑组合，都能蕴含着浓浓的情感，带给读者一种愉悦的享受，一种清纯自然的美感，一次心灵的洗涤。作家的品格追求，往往决定了他的散文风格。有的信笔漫谈，别有趣味；有的安详闲适，静雅脱俗；有的山风野趣，朴实自然；有的书林迈步，高贵典雅。从这些大家的文章中，我们或可以领略到乡间的气息和野趣，或能勾出一缕乡思，或触发一份对于生活的激情；有时通过作者，透过文本，我们可以听水声、橹声、鸡犬声，悟出一种逍遥自在的境界，领略一种缠绕山水之间的恬适的自然美和情感美。总之，散文的情感之美蕴含其中，我们要在品味字句中品味散文的情感。

比如，我在教《怀念红狐》的时候，首先让学生用“怀念”造句，品味“怀念”这个词的意义及用法。通过幽默的“谁会怀念一个偷鸡贼呢”一句，让学生品味出在文题中作者蕴含的情感。再如通过文中几次对红狐眼睛描写的品味，我们体会到作者的情感。

三、由情入理，感悟生活

有人说，散文的重要特点之一就是情与理的融合，“情动于中而形于言”，散文中作者的情思可通过“直抒胸臆”“借景抒情”或者“寓情于物、景、事”的方式表达出来。除此之外，还有理性思想的支撑，每一篇散文在以情动人之后都能引人深思，让理性在情感的共鸣中得到升华。但散文不同于理论文章的说理，散文的理是通过形象的事件叙述或事物的描写来寓含的。这就是散文的小与大，“以小见大”是散文的常见表现形式，散文的选材“小”，但蕴涵了博大、深远的意义；散文经常使用的写作视角是小处着墨，大处着眼，这充分体现了散文“大中取小、因小显大”的特点；“以小喻大”，在平常的事物中寄寓着深刻的哲理。这其中也体现了散文虚与实的特点，作者用象征、暗示、比喻等手法，把自己内心的抽象思绪借助有形的景物显现出来，使得抽象的思想情绪形象化。基于这些特点，我们在教学过程中就要抓住融理于情的事物进行分析，从点滴之处透视大千世界，从而获得人生的感悟与生活的启迪。《怀念红狐》这篇散文，围绕自己与红狐的故事展开情节，表现了作者对人文性的深深思索。

案例呈现：

《怀念红狐》教学实录

师：请用“怀念”造个句子。

生：我怀念小时候无忧无虑的时光。

师：说得很好，请坐，下一个。

生：我怀念没有再做过的化学实验。

师：我们看，这两位同学怀念的都是在记忆中非常美好的事物，它们或许是一段时光，或许是某一件事物，或者是某一个人。但是你会怀念一个小偷吗？你怀念偷走你家里钱物或你心爱之物的小偷吗？（生齐答）肯定不会。但是，我们的作者却怀念他家的偷鸡贼，这样来看，这个题目是不是很与众不同？

今天我们学习的《怀念红狐》，从文题上看，很不一般。这个红狐有什么值得怀念的呢？下面请同学们快速浏览课文，用简洁的语言复述整个故事。

（板书：怀念红狐）

生："我"早上醒来，发现红狐把家里的鸡叼走了，后来收工路上遇到红狐，"我"和父亲掏了它的窝，拿回了四只崽，后来红狐在家门口叫，"我"们一家人于心不忍，把孩子还给了它。

师：好的，请坐。概括得很精准。先是红狐偷了"我"们家的鸡，然后"我"们掏了它的窝，抱了它的崽，后来红狐上门来讨要它的孩子，最后"我"们归还了它的孩子。按照这样的方式，课文应该怎么划分？谁能给我们画一下层次结构图？

（学生在书上标记，教师巡视学生的分段情况）

师：画好的同学可以到黑板上画一下，并写出划分的依据。

（教师在黑板上从上至下标出1—7个自然段，学生在黑板上划分层次并写出依据）

生1：1—2 逮狐缘由
3—5 寻窝扒崽
6 红狐求崽
7 怀念红狐

生2：1—5 遇到红狐，抓其幼崽
6 红狐哀嚎，归还幼崽
7 怀念红狐，抒发感慨

生3：1 遇到红狐
2 插叙我愤怒的原因
3—5 发现狐崽
6 红狐要崽，归还狐崽
7 感慨

师：同学们有把课文分成三个、四个或五个部分的。如果用框式图标法可以很好地看出它们的层次。最初我们可以把课文分成两大部分，1—6段是叙事，7段是怀念。下面我们来看一下同学们的理由，概括得都不错。但是我们以前讲过在概括时应当——

（学生小声回答：从一个角度概括）

师：尽可能从一个角度概括。我们可以从狐的角度，还可以从人的角度概括。红狐求崽是从狐的角度，逮狐缘由是从人的角度，寻窝扒崽是从人的角度，怀念红狐也是从人的角度。那么可以把红狐求崽从人的角度来说吗？

生：归还狐崽。

师:归还狐崽这样说比较好。光说归还狐崽还不是这部分的所有内容,归还只是这一段落的后半部分,我们再来看看第六段,还有什么内容?

(学生阅读第六自然段)

生:养崽。

师:好的,归还只是这一段落的后半部分,前面写的是养崽,所以我们可以概括成养崽还崽,这样就都是从人的角度来写了。我们再看下一个,红狐叼鸡,这是从狐的角度,遇到红狐,抓其幼崽,这个“遇”和“抓”是从人的角度,红狐哀嚎是从狐的角度,归还狐崽、怀念红狐,这是从人的角度。咱们难度大一点,从狐的角度概括,请大家想一想。

生:红狐叼鸡,痛失幼崽,红狐哀嚎,讨回幼崽;红狐被怀念。

师:内容都概括出来了,但我觉得“红狐被怀念”这个说法虽然最省事,但缺少技术含量,看看这几个短语,我们可以省略主语,使概括内容更丰富一些。大家再讨论商量一下。

(学生小声讨论)

生:叼鸡养崽、斗智护崽、无奈失崽、冒死讨崽、影响深远。

(鼓掌)

师:这位同学概括得非常好了,但我们看最后一条,还是不太理想。这就告诉我们,有时候,虽然道路很多,但并不是每一条路都好走,我们还是要选最佳的、最容易走的路去走。这样,如果我来概括第一节,我不说缘由,也不说逮狐,用“恨狐”。那么后面可以怎么说?

生:抓狐。

师:下面呢?

生:还狐。

生:念狐。

(板书:恨狐——抓狐——还狐——念狐)

师:通过这样的概括,文章的内容就比较清楚了。文中红狐给你留下最深的印象是什么?

生:它对幼崽的关爱。

师:它在关爱幼崽方面有哪些行为?

生:第二段偷鸡喂崽,第三段里引开敌人护崽,后面的哀嚎求崽。

师:好,我们总结一下,第一是偷鸡喂崽,第二是惑敌护崽,第三是哀嚎求崽。

师:你觉得它的这三个行为危险不危险?

生:危险。

师:你说说危险在哪里,在文中找出最危险的句子。

生:“邻居家那只高大威猛的狼狗已出现在院子里,喘着粗气要向狐发起进攻。”

师:这位同学从最后一部分找起了,邻居的大狗都来了,红狐不走,仍然在那不动,说明红狐此时很危险。因为狼狗很可能会咬它，它却在那屹立不动，坚持要狐崽。还有其他的表现吗？

生：“它本可以跑得很远，但为了引开人，而不跑。”

师：它可以跑得远远的，可是却不跑，冒着被捉到的危险，企图引开敌人，目的是保护幼崽。

师：红狐关爱它的幼崽，这些行为中透露出红狐的哪些性格特征？

生：勇敢、机智。

师：它跟人纠缠，狗来了也不跑，可以看出它勇敢，除了勇敢之外还有什么？

生：坚定。

生：执着，无畏。

师：无畏的意思是什么？宁愿为幼崽舍生忘死。由此我们可以看出，作者怀念偷鸡贼的原因了吧。请大家说说他为什么怀念偷鸡贼？

生：怀念红狐对它孩子的那种爱。

生：怀念红狐给他灵魂的震撼和情感的感动。

师：这个概括越来越有文学涵养了。如果这个地方以红狐作主语，第七节应该怎么概括？

生：红狐爱崽，感动作者。

师：我们还可以再换一下，说得更有文采一些，谁来说说？

生：红狐之爱，触动灵魂。

师：我觉得可以把“之”改成“至”，更能突出红狐大爱。

生：红狐震心。

师：很好！

生：红狐远去，真情永存。

（学生鼓掌）

师：这几位同学概括得都非常好。作者怀念红狐是怀念红狐勇敢、为了孩子奋不顾身等优秀的品质，这些品质震撼了我。接下来，我们看看，作者是如何写红狐这一形象的？为了突出红狐的形象，作者多次写了红狐的眼睛和红狐的叫声，请同学们在文中圈画出来。

（学生在书上标记，教师巡视）

生：第一段，“眨着水漉漉的两只菱形眼默默地望着我们”。

师：这是写它的眼睛。请问为什么写它的眼睛？

生：写出了红狐很机灵，为下文写红狐来“我”家偷鸡作铺垫。

师：这个地方是插叙，暗示了它偷鸡。嗯，这个地方不好说，可以存疑。还可以找哪些段落？

生：第三段，“水灵灵的眼睛一眨一眨地望着爹”，说明狐狸很美丽。

师:你找的地方很好,请坐。眼睛是狐狸心灵的窗口,写出了狐狸的美丽。但是作者需要写狐狸美丽吗?

师:我们可以从容易的地方找起,哪个地方最好说?第四段,“长嗥着蹲在十多步外,双眼流下泪来,乞求地望着我们”。同学们,这里为什么说“双眼流下泪”呢?因为红狐看到了“我”们扒了它的窝,抄了它的家,端了它的窝,它渴望“我”们能放了它的崽子,所以露出这种凄切的眼神。我把最难的给说了。

(学生笑)

师:为什么要写“水灵灵的眼睛一眨一眨地望着爹”,写得真美啊!还有前面“两只菱形眼默默地望着我们”。我觉得这个“默默”最好换成哪一个?“月”字旁,“脉脉”。如果有人用这样的眼睛看你的话,这个就不是狐狸了。

(学生笑)

生:“我发现红狐已比那日见时瘦了许多,双目黯然无神,表情呆滞,眼角隐隐有泪痕。”

师:为什么这么写?

生:与前面的眼神形成鲜明的对比,突出它的幼崽被捉之后受的伤害之深。

师:回答得很好,同时也启发了我们对前面内容的思考。

生:第三段,“冷冷地看着我”。

师:红狐为什么“冷冷地看着我”?

生:因为红狐在观察“我”。

师:第三段开头,冷冷的眼神,“冷冷地”突出了红狐的冷静,写出了它的足智多谋。这个地方,红狐是没有感情的,相比较后面有泪痕,充满哀情。这时它是在理智地观察着人。还有补充吗?

生:这里也体现了红狐冷静地思考,想着如何去引走敌人。

师:这里“冷冷地”跟前面“水灵灵”“一眨一眨”很不一样。这个“冷冷”是冷静,同时“冷冷”还给人什么感觉?高冷的感觉。因为它明白“我”要抓它,它冷冷地看着,一方面冷眼观察,一方面冷眼思考,同时也用这种表情看着它的敌人,看着“我”,告诉“我”,像你这样抓我,是不可能的。

师:还有两处没有分析,谁来分析一下,为什么“两只菱形眼默默地望着我们”,你感觉“默默地”有什么样的意味?“水灵灵的眼睛一眨一眨地”,是什么感觉?同桌之间讨论一下。

(学生小组交流,讨论热烈)

生:第三段,“水灵灵的眼睛一眨一眨地望着爹”与前面“冷冷地看着我”很不一样,前面是因为觉得“我”抓不到它,所以“冷冷地看着我”,后面“一眨一眨地望着爹”表现出红狐面对更强大的对手时,心里更加机敏。

师:目前红狐有两个对手,一个是老的,一个是小的。小的一看,感觉浅薄,想追它,所以红狐冷冷的。但是爹是老手,有经验,“水灵灵”“一眨一眨”体现出红狐的另一种心理，很机敏。这一条说明红狐面对两个对手时的两种不同的心理。还有呢？

生：一方面是为了吸引"爹"，把他引走；另一方面是看透了他爹的内心，渴望用这种眼神乞求放过它。

师：这里还是用计谋。这样对于第三段的这两处眼神描写分析得已经差不多了。咱们看后面，"待我快到跟前，才甩甩长长的尾巴倏地一蹿，不紧不慢地逃，不时还悠闲地回头瞅瞅爹那边"。这里也是眼神吧，为什么要"回头瞅瞅"？

生：因为担心。

师：担心老窝被端，担心另一个人在干什么。"水灵灵的眼睛"与后面"双目黯然无神，表情呆滞，眼角隐隐有泪痕"形成对比。我们可以看出有崽和失去崽两种不同的情形。那么"默默"呢？

生："默默"可以看出红狐谨慎的态度，以及在半夜偷走鸡的得意和感激。

师：好的，你们是否同意这三种情感？第一是谨慎，第二是得意，第三是感激。

生：不同意。我认为感激有一点点，但我个人认为红狐是为了喂养自己的孩子不得已去偷鸡。

师：你觉得这个红狐是为生活所迫，所以不应该叫感激，而应该是愧疚。既然有愧疚，还会不会有得意？

（学生齐声回答：不会）

师：那我们就理解为两条意思，第一是谨慎，第二是一种愧疚。

生：我不觉得它有愧疚之情，就是得意。红狐从他家偷了一只鸡，但是觉得他们也逮不到自己，所以是得意。

师：你们同意他的看法吗？我们在说得意的时候，首先必须有一个立场，是把红狐当成我们的对立面，当做敌人来看待。而事实上，我们读一读文章，我们看看作者对红狐的态度，一开始是恨，然后慢慢地有变化了。得意还是愧疚，我们允许有这样的争论。但我们要肯定一点，红狐是被生活所迫才偷鸡的，因为它要养活它的四个崽。这一点大家能不能达成共识？

（学生点头）

师：有人会问，为什么说它是为生活所迫？你能不能从文中找出它是被生活所迫而不得不偷鸡的？如果能找出这一点，对于理解红狐此刻的心理来说是很有帮助的。你觉得狐狸是一个惯偷吗？能不能从文中找出答案？

生：第二段说"我"不认识红狐，说明"我"以前没有见过，也没听说过红狐。

师：可以看出在"我"长这么大的年龄里，"我"知道红狐偷鸡这是第一次。由此可以看出红狐不是偷鸡的惯贼。但是我还可以说，说不定红狐是流窜犯，它可能是刚到这里来的，所以偷了第一次，还有第二次，有没有理由来反驳我？再找课文来研究这个问题。

（学生仔细研读课文）

生：它的窝。

师:看第四段,第二行,“洞前堆起一堆土,不是新痕迹”,说明它以前就住在这儿,已经住了很久了。由此我们判断它不是惯犯,是被生活所迫。那么,难道这周围不能吃别的吗?

生:这个地方是荒地,是沙漠。

师:这个地方荒凉,“我”和“我”爹种地得走二十里,说明这附近除了他家,很少有别的东西了,狐狸想吃其他小动物是非常困难的。所以我们可以看出它是为生活所迫,在不得已的情况下才偷鸡的。

师:下面再找找“我”的心理变化,在文中画出“我”的心理变化。

(学生在书上标记)

生:一开始有疑惑。

师:哪个段落?

生:第二段,第五行,“我疑惑地走到鸡窝边”,发现鸡被偷的心理活动,疑惑。

师:这里可以看出红狐是第一次来偷的,它没有经验。

生:暗恨红狐。

师:恨狐,“为什么我当时手脚不伶俐点逮住你”,“我”为什么恨?

生:鸡是用来攒学费的。

师:对,养鸡是为了攒学费,它竟然给偷走了。

生:“我今天非逮住你不可。”

师:这里用心理独白来写他的心理活动。

生:第三段“沮丧”。

师:“沮丧”是表明什么意思?

生:对自己没抓到红狐而失望。

师:对自己失望,对抓不到红狐的失落。还有什么?

生:他“心一软”,第五段。

师:“心一软”,表明什么?

生:表明他被红狐那种执着触动了。

师:执着可以换成什么?老狐对小狐的那种关爱、爱护,一直嚎着的那种执着,对“我”有触动,所以他心一软。还有什么?

生:“心一横”。

师:为什么“心一横”?

生:因为他想起了他家的老母鸡。

师:又想起了老母鸡,被偷是我家经济的巨大损失,继续分析,还有哪个地方?

生:第六段,“红狐偷鸡是为了这四个小狐崽子吧?”

师:可以看出,红狐偷鸡是养活四个小崽的最低的生活需要,不是为了满足它的口腹之欲。这个思想感情是理智地分析,还有吗?

生:“我越来越喜欢这四只狐崽”,第六段,“我正用手臂抹眼角上的泪水,爹喊狗声猛然在院子里响起，我不由得心头一紧”。

师：为什么“心头一紧”？

生：因为红狐已有生命危险，我非常担心。

师：担心红狐的安全吗？

生：对。

师：我们看，前面有恨，一直在恨，心一横，到后来慢慢地和狐崽玩，喜欢这狐崽。人和狐和谐交流的场面出现了，接着后面，看到了“双目黯然无神，眼角隐隐有泪痕”的老狐狸的表现，“一股悲哀突然袭击了我”，开始同情红狐了，怜悯它了，到“心头一紧”，就是担忧了。还有吗？

生：第五段“我不耐烦的”。

师：“不耐烦”与“心一软”有什么区别？

生：一开始没有触动，后来被触动了。

师：此时作者“我”对狐狸的感情还处于什么位置？

生：恨。

师：还处在恨里面。所以“不耐烦”。而“心一软”，就有了同情的意味，“心一横”，就做出了决断。由此我们可以看出，“我”和“我”爹为什么要捣红狐的窝，为什么要破坏红狐幸福的家庭，原因是什么？

生：为生活所迫。

师：所以，狐是为了生活所迫，偷鸡是不得已的，而人抱崽也是不得已的。无论是人还是狐，都是为生活所迫，按理说都是为生活所迫的弱者，应该有着同样的相互怜悯之心，这个怜悯之心一直到什么时候才有？到狐狸冒着生命危险去表达它的情感，去要它的崽的时候。“我”“我们”全家终于明白了狐狸的用心。所以，我们可以看出，不仅是人有悲悯之心，狐狸也是有感情的动物，也是有灵性的，他们之所以做错了事情，完全都为生活所迫。我们还记得前面一篇课文有一句话，“富人常常温柔，穷人容易残忍”。是哪篇文章？

生：《画人记》。

师：这个事情也考验了人性。“我们”全家在妈妈还狐崽的时候，是什么样的情形？怎么还的？

生：轻轻地。

师：把狐崽轻轻地放在地上，爸爸紧紧抱着狼狗，而“我”在流眼泪。这就是情感。但是，多少年过去了，当他把震撼他的这一幕讲给别人听的时候，别人是什么样的？

生：默然。

师：所以，这个怀念是怀念什么？我觉得不仅仅是怀念红狐勇敢、奋不顾身的精神，更是怀念在那个为生活所迫的年代里，人们所具有的那种悲悯之心。人的心里要有一点点悲悯，你的笔下要写出一点点悲悯。我们看看最近发生的一件事情，一个小孩在进饭店的时候，撩开这个帘子，打了一个孕妇一下，后面这个小孩往外跑的时候，这个孕妇伸起脚把小孩绊倒了，结果这个小孩在医院住院了。在一个不再为生活所迫的年代里，为什么我们连一点点悲悯之心都没有，这也是作者深深怀念红狐的一个最主要的原因。学了这一篇，我们是不是有更深的感触了？

附板书：

怀念红狐

恨狐	1		
|	2	生活所迫	偷鸡养崽
抓狐	3		抱崽上学
|	4		
还狐	5	怀念	亲情
|	6		悲悯
念狐	7		

第六节　披文入情的诗歌教学

一、抓住诗歌特点，层层深入地品读

诗歌课堂教学中只有有层次地去品字句，才能实现课堂教学的高效。下面以本人执教苏教版必修四的《声声慢》为例，谈谈在构建"生・动"课堂过程中的做法与感悟。

我在备课前定下的教学方法就是朗读法、讨论法。在初学这首词的时候，我运用了单读、齐读、散读、和声读和听教师范读等几种形式，在课堂上反复朗读品味体会词的意境。在教学过程中这样变换方法地读，提高了学生的朗读兴趣，避免了枯燥乏味。到再上这首词的时候，我干脆把教学思路定为"五读"，听课同行们肯定了我的教学思路，也指出了朗读层次不明的缺点。经过与老师们的反复切磋与讨论，在一次次的修改过程中，我明白了课堂朗读层次的重要性，使课堂上的朗读层层推进，高效展开。

诗歌是抒情的文体，诗歌的特点在于以意象为附着物来抒情，解读诗歌，抓住意象就抓住了诗歌的情感核心。大家都知道，诗歌教学是以诵读为主要手段，但并不是"书读百遍，其义自现"地读。读有层次、理解渐进才是教学的务实行动。对于诗歌的分层渐进解读，我们可以采用"剥苞米"的方式，层层深入地引读，达到理解核心情感的目的。

一是剥开文字，从意象使用角度进行情感基调的辨析。中国的传统诗歌的情感靠意象来传达，因而意象的解读是把握诗歌情感的第一站。灞桥折柳，梦中黄莺，落日大旗，雪落轩辕，鲈鱼莼菜，这在传统诗歌中都有规律可循。不同意象对应的情感基调自是不同的，我们可以从意象的辨析中确定诗歌情感的表达方向。比如，读辛弃疾的《水

龙吟·登建康赏心亭》，透过拍遍栏杆之手，我们看到的是倔强的他以自己坚韧的笔杆写下的不甘与不屈。细细品味，可以品出那令人动容、豪气冲天的情怀。辛弃病一生以恢复中原为志向，胸中有沟壑，却命运多舛、壮志难酬。但他的信念始终没有动摇，他的夙愿便是恢复中原，但是天不遂人愿，那个时代没有给他这样的机会。他只能一支笔杆抒发胸中的愤懑，在他的诗词里是满腔激情和对国家兴亡、民族命运的关切忧虑。

二是剥开意象的表象，深层理解情感的真谛。意象是表面的东西，透过意象我们可以总体把握情感的基调：是欢喜还是忧愁，是忧国忧民还是顾影自怜，是超然物外还是苦闷彷徨。在此基础上，再进一层深入解读，我们就可以从意象所表达的情感中挖掘出深层次的内涵。比如，读《定风波·莫听穿林打叶声》我们透过“竹杖芒鞋轻胜马，一蓑烟雨任平生”的意象表达，感受到苏轼的豁达与豪放。然而我们再进一层分析词人的遭际与时世，就会理解豁达之后的深层次的性情。这首词写于 1082 年的春天，农历三月七日，是清明节前后，当是春寒料峭，冷雨吹打，不可谓不冷。“沙湖道”，既称为“湖道”，可见并非山路，地势低洼必是泥泞难行的。苏轼没有写实，却写成“竹杖芒鞋轻胜马”，可见这种超然豁达之情是超出事实的主观臆造之情。再看当时的苏东坡，正值被贬黄州第二年，以《卜算子·黄州定慧院寓居作》为代表的多首诗词中表达的依然是苦闷之情。因此，我们在解读诗歌时分层解读，层层深入，就不会被文字的表面蒙蔽，而能透过文字的表面领略诗歌的深层情感。

二、明确课堂活动的操作要领

课堂上充分调动学生开展自主、合作学习是新课程理念的重要内容。但如何让学生在有限课堂内开展高效的自主学习活动，是需要我们好好思考的。在很多公开课的课堂上，学生的活动往往都是以作秀的形式展现，“动而不活”的现象随处可见。比如学生分组讨论的环节，表面上热热闹闹，其实学生收获很少。这一方面在于话题的选择上，讨论的话题不是没有讨论价值，就是没有讨论的可能；另一方面在于讨论的过程中教师过于放手，缺少对学生应有的指导。讨论前我们应首先提出明确的要求，要求越明确，操作性就越强。其次，讨论的过程中要加以辅助和引导，让学生懂得如何开展讨论。比如我在试教过程中就曾发现过学生不知跟谁讨论的现象，发现学生各说各话、缺少交流，各看各书、默不作声的现象。经过反思，我在赛教时首先明确提出分组要求，请单数排转身向后，四个人一组，最后两人分别加入前两组，这样学生分组情况就很清楚了。在讨论内容上我是这样表述的：“找出你认为最富有表现力的词语、意象或句子，在小组中交流讨论其妙在何处。”这样可能还不够具体，于是我在学生讨论时深入学生之中倾听，对讨论不够投入的小组分别进行了点拨，使小组内的交流内容更为丰富。比如我在听其中一个小组讨论的时候，四个女生只讨论了一个“憔悴”，我就提醒她们：“‘憔悴’一词的确用得很好，但这词是写人还是写花？独木不成林，与之相应的还有其他的词，你们再找找看。”她们的讨论马上就深入下去了。而另外一组男生则热烈讨论了“淡”字，有个同学认为“淡”可以看出金兵入侵之后李清照家境的贫寒，表达了对战争的厌倦，另一个同学则认为这是国家政局动荡对造酒业造成的影响，我听后为他们的开阔思维叫好，又指出：“赏析词语的表现力，还要紧扣诗词的情感主旨来思考，你们能不能从词的感情基调着手再来思考呢？”一经这引导，学生的思维就又进一层了。

三、师生对话的追问点拨

追问是指揪住对方话题的某一点不断发问、寻根究底的对话过程。在课堂上教师如果能敏锐捕捉学生发言的可塑点，连连追问，就能引导学生思考步步深入。一种情形是太极推掌式，反向归谬，暴露学生的思考缺陷，最终使学生自然地认识到错误的根源，这种方式的引导显然比简单地指出对错不知要好多少倍。另一种情形是挖井式，层层深入，使思考更深入、更理性。比如学生针对“雁过也、正伤心，却是旧时相识”赏析说“这个‘雁’用得好，联系当时的背景，北宋灭亡，丈夫赵明诚又刚刚离去，雁从北方向南飞，让词人想起了她的故国。”我肯定了他的说法，又追问：“那‘却是旧时相识’中为什么要用一个‘却’字？是不是改成‘因’字好呢？”学生回答说：“我觉得还是‘却’比‘因’好，词人本来就已很伤心，看到大雁又想起与丈夫的往事，丈夫已去世了，这使愁更深。”我继续追问：“这位同学说‘却’字使感情有了两个层次。本来已伤心，后面愁苦更深。但‘却’是个转折啊，那应把‘却’改为‘更’。”通过这样的层层追问，学生思考一步一步深入，就能挖掘出此时词人“愁——惊——喜——更愁”的感情历程。

我觉得追问是教学能力的积淀，是教学机智的一种表现，是一种典型的课堂随机生成的产物。没有学生的发言，就不会有精彩的追问，如果抓不住追问的时机，就不可能促成精彩的追问。要抓住追问的时机，首先要深入地研究教材，对学生可产生智慧火花的文本精彩处仔细揣摩，教师对文本的解读了然于胸，课堂上对学生的追问引导就会顺势而行了。比如课堂上有学生对开头叠字的运用进行赏析，说得很周全：“‘寻寻觅觅’是词人的动作，‘冷冷清清’讲的是词人周边的环境，‘凄凄惨惨戚戚’讲的是词人内心的感受，运用叠词让我们一步步慢慢感受到词人内心的愁苦。”但我并没有因为她讲得较周全而就此停止，在备课时我翻阅了大量的资料，因此我先肯定了她的精彩赏析，接着再进行追问：“这位同学非常有层次地分析了这十四个叠字。这位同学慧眼识珠，这首词最突出的就是叠字的运用，许多古代的词家都对这句赞誉有加，在百度上一查就可以找到36条评论，这位同学的评点可以是第37条了。不过，我还要问，刚刚这位同学说了，这叠词写出了动作、写出了结果、写出了感受，我就搞不清，词人她为什么寻？她在寻什么？她寻到了吗？”经过这样的一追问，课堂讨论的内容又大大向前推进了一步。

案例呈现：

《声声慢》教学实录

师：在中国历史上有这样一位奇女子，她凭一份清高、一份脱俗独步词坛，光耀千秋。她半世孤苦却心系故国，她一生坎坷却坚毅执着。她用七十余的生命抒写了万世流传的妩媚和凄婉，她就是李清照。（出示投影：李清照像）

今天这堂课我们就共同来"读"她的千古名篇——《声声慢》。（板书：读）

我们先请一位同学把这首词读一遍，初步感知本词的情感。

（出示投影：一、初读：初味词情）

生：（朗读）

师：好，我们请一位同学来点评一下。

生：读出了词人的凄凉的"愁"情。

师：哦，读得有感情，读出了愁情。

（出示投影：愁）

师：还有没有不足的地方？

生："凄凄惨惨戚戚"不是"切切"。

师：这位同学听得很仔细，我们首先要把字读准。还有吗？大家一起把"怎生得黑"这一句齐读一下试试。

（学生齐读）

师：这个"得"到底应怎么读？是轻读还是重读？有的认为应轻读，有的认为应重读，请大家看注释。

（学生看注释）

师：由注释看"怎生"是"如何"的意思，那"得黑"呢？

生：挨到天黑。

师：对，可见这里的"得"不是轻读的助词"得"，而是动词。刚刚这位点评的同学指出了本词的感情基调——"愁"字。下面请大家齐读这首词，看看能不能进一步读出愁味。

（学生齐读）

师：（指一位同学）你觉得我们齐读得怎么样？

生：比刚才要好。

师：好一些，还有提升的空间，那你觉得要想把一首诗词的情感读透、读准，还应该怎么样？

生：还应理解词的内容。

师：不错，我们还要品味词语、理解词句、感悟意象。

（出示投影：二、研读：品味词语）

师：请大家画出你认为最富有表现力的词语、意象或句子，然后在小组中交流讨论。

（学生分小组讨论交流，约 5 分钟）

师：下面请同学交流展示。

生：我觉得"梧桐更兼细雨，到黄昏点点滴滴"这一句写得好。词人选取了三个景物"梧桐""细雨""黄昏"，用借景抒情、融情于景的手法，更贴切地表达了词人当时愁苦的心情，让我们仿佛进入了那种情境之中。

师：说得不错，你能不能分析一下，为什么"细雨"就能表现词人的愁情呢？

生：细雨就像词人细细密密的愁思。

师：很好，这样分析就具体了。还有吗？

生：我认为"三杯两盏淡酒"的这个"淡"字用得好，其实不是酒"淡"，而是词人的浓愁情深，酒压不住愁情。

师：借酒浇愁，但酒力压不住愁情，说得真好。还有没有？

生：还有"雁过也，正伤心"这个"雁"用得好。联系当时的背景，北宋灭亡，丈夫赵明诚又刚刚离去，雁从北方向南飞，让词人想起了她的故国。

师：有道理。诗人说"雁过也，正伤心，却是旧时相识"，我还想问，"却是旧时相识"中为什么要用一个"却"字？我告诉你，在明代有一个多事之人，他非常欣赏李清照，认为她是"古今第一名媛"，但是他觉得这首词中有两个词用得不合理，其中就觉得"却"字不顺，应换成"因"字。我觉得雁从北方故国而来，因而伤心，这样改的效果的确还是比较好的，你们觉得怎么样？

生：我觉得还是"却"比"因"好，词人本来就已很伤心，看到大雁又想起与丈夫的往事，丈夫已去世了，这使愁更深。

师：嗯，这位同学说"却"字使感情有了两个层次。本来已伤心，后面愁苦更深。但"却"是个转折啊，那应把"却"改为"更"，读读看怎么样。

（学生思考）

师："却"后面是"旧时相识"，古人说人生有四大喜事：久旱——逢甘霖，他乡——遇故知。

师：李清照漂泊在南方，在异地他乡突然遇到了旧相识的大雁，会有什么情感？

生：很高兴。

师：很惊讶，很高兴，真的很高兴吗？

（学生反思）

生：陷入了更深的愁苦。

师：为什么？

生：大雁南飞，还可以回去，而词人回不去了。

师：是啊，老朋友来了，老朋友还可以回去，而她却有家难回了。还有吗？

生：这只雁曾给她与丈夫鸿雁传书，而现在丈夫去世了。

师：雁来了，也传不了书信了，所以带给我们的是更深的愁苦。诗人的愁苦在后面说了吗？没有，戛然而止，后面的情感让我们自己品味思考。刚刚大家说得很好，还有吗？

生：第一句用叠词，让我们直观感受到了词人内心的愁苦。"寻寻觅觅"是词人的动作，"冷冷清清"讲的是词人周边的环境，"凄凄惨惨戚戚"讲的是词人内心的感受，运用叠词让我们一步步慢慢感受到词人内心的愁苦。

师:这位同学非常有层次地分析了这十四个叠字。这位同学慧眼识珠,这首词最突出的就是叠字的运用,许多古代的词家都对这句赞誉有加,在百度上一查就可以找到36条评论,这位同学的评点可以是第37条了。

不过,我还要问,刚刚这位同学说了,这叠词写出了动作、写出了结果、写出了感受,我就搞不清,词人她为什么寻?她在寻什么?她寻到了吗?

生:这个时候词人心里非常不安,她希望能让自己平静下来,她希望找到一个使自己平静下来的感情寄托,她没有找到。

师:嗯,她是在寻找感情的寄托。她没找到,找到的只是屋外刮着的冷冷的风和屋内清冷的自己,因而有了下面心情的描写。

著名作家梁衡曾说,她可能在找她的丈夫,在找她的幸福生活,也可能在找挽回大宋的策略,但一切都没有找到。同学分析出叠词的妙用很不错,这就是李清照的专利。

(板书:易安的词)

李清照在词创作上的专利很多,有人说这个专利无人能比得上。而且后面是一片神行,愈唱愈妙。还有吗?请接着说。

生:"守着窗儿独自怎生得黑",这句中"独自"写出了词人独自一人的情景,"怎生得黑"写出长夜的漫长,衬托出词人的孤独。

师:这位同学说写出了长夜的漫长,有没有不同意见?

生:我觉得没有到黑夜,是"怎么才能挨到天黑",可见是白天。

师:对,还没有到天黑,但这样的日子对于李清照来说,可能就是漫漫的长夜。那么她为什么感到难熬?

生:黄昏的时候看到了一些凄凉的景物,触动了她的愁绪。

师:她还看到了什么呢?

生:满地的黄花。

师:为什么黄花就能触动她的思绪呢?

生:黄花是秋天开的,让人有悲秋之感,而且这里的黄花是憔悴残损的。

师:憔悴的黄花让词人感伤,还有吗?

生:"有谁堪摘",这是词人在回忆,过去这个时候词人是与丈夫一起赏菊的,而现在丈夫去世了,只能一个人看着残败的黄花伤心。

师:这位同学分析很到位,今昔的对比写出了李清照此时孤寂的心境。

这首词选择内涵深厚的意象和富有表现力的词语传情达意,含蓄蕴藉,细腻柔婉,对后世影响甚大,在词坛中可谓一枝独秀,人们誉之为"婉约"之首。

(板书:婉约的词)

这首词既讲究音乐美,又讲究绘画美,词中的一个意象、一个动作都对应着一个生动的画面。下面,请大家听我读,想象其中最能打动你的某一个画面,然后用动情的语言把它描述出来。

（出示：三、听读：体味词境）

（教师范读，学生听读）

师：哪位同学来描述一下你想象到的画面？

生：日已西，接近黄昏，她只是默默坐着望着窗外，眼中的迷茫和愁苦让人不忍再看，她的眼中没有泪水，此时泪已流干。

师：这位同学描述的是词人欲哭无泪的形象，很生动，还有哪位同学来说。

生：寒风之中一个衣着单薄的女子在小雨中踯躅，旧时相识的大雁飞过，留下小小的身影，雁过尚且留声，而她只有清冷的一个人，只是在回忆中独自度过。

师：这位同学想象的是雁过时的情景。

生：词人拿着酒杯倚在柱子上，晚来的风把门帘一角吹起，她透过吹开的门帘来看外面被风吹乱了的景物。

生：词人打开窗子，入目的是满地枯萎了的黄花，谁能想象到它盛开时的艳丽，词人不禁想起了与丈夫一起赏花时的情景。

师：说得都很好，刚刚我们同学都能发挥丰富的想象力沉入词的意境之中，描写了一幅幅动人的画面。我也很受感动，我在听大家描述的时候，以及我自己在朗读的时候，隐隐感到李清照好像在向我提意见，她很不同意我们刚刚用一个“愁”字来概括全词的基调，因为在词的最后，她面对着凄厉的急风、飘零的梧叶、淅沥的秋雨和惨淡的黄昏，发出由衷的浩叹：怎一个愁字了得？

显然一个愁字是不能了得的，那么此时激励着李清照写作这首词的心境是什么样子的？她还有怎样的复杂情感呢？我们要好好地玩味玩味此时李清照的心境。

（出示：四、悟读：玩味词心）

要想更真切地了解李清照此时的情感，还需要我们了解一下她的生平经历。请大家再浏览一下我印给大家的李清照事略，然后再默读玩味。

生：还有怨。怨她丈夫过早地离她而去，怨国家破碎。

师：是还有怨，怨美满婚姻难全，怨天上人间各半，怨大宋江山沦陷。

生：还有茫然不知所措，她不知道她的未来在哪里，她不知道她的幸福在哪里。

师：是，她迷茫，她不知余生如何慢慢熬煎。

生：还有对国家和自己未来的担忧。

师：对，她忧南宋朝廷偏安，忧自己一生漂泊无边。

经过这样深入地玩味李清照的心境，我们对这首词的情感把握就更进一层了。我们再来读这首词。为了让大家尽可能地读出情感，我们不齐读，大家散读，力求读出情感。

（学生散读）

师：哪位同学给我们读一下。

（生朗读）

师：很流利，但要想读出愁味，语速还要慢一点。

（生再次朗读）

师：不错，尤其是开头的叠字，让我们感到有哽咽的感觉，我们再把这十四个叠字齐读一下。

（学生齐读）

师：这首词感动了千千万万的中国人，也深深打动了许多外国人。法国就有一位诗人被这首诗深深打动，他觉得味道还不够，于是又做了改写，你们想不想看看他改写过的诗呢？

（出示：《绝望》）

请大家齐读一下。

学生齐读《绝望》这首诗。

师：请大家比较一下这首《绝望》与《声声慢》在表达情感的手法上有何不同。

生：这首诗没有用任何意象，很直白地表达出情感，而《声声慢》运用意象，表达情感含蓄。

师：不错，《声声慢》用了许多中国传统的意象，表情细腻柔婉，而《绝望》是非常直白地表达情感。相比较，我们能深深感受到中国传统诗词与西方诗歌的不同。

（板书：中国的词）

生：《绝望》也用了重复，不知是不是学习《声声慢》。

师：应该是反复手法，跟叠词还不一样。

我们比较过后，再回来看《声声慢》，去回味“中国的词”的韵味。

（出示：五、赏读：回味词韵）

这次我们换一种方式来读。女同学先用细腻柔婉的声音读，男同学用雄厚低沉的声音和。

（出示和声读编排）

（学生和声朗读）

（出示五读总结）

师：今天我们用读的方式领略了易安词的特色，品味了婉约词的风采，感悟了中国传统诗词的魅力。课堂虽然短暂，我衷心地希望我们能记住虽然弱小却伟大的女词人。愿我们能沐浴在中国传统诗词之中，去咀嚼品味，含英咀华，快乐地成长。

第七节　如临现场的实用文本教学

新课标强调了中学语文实用文的教学，因而实用文教学内容选定和教学策略就成为了教学研究的一个重要问题。当前高考，已经把实用文阅读列为一项重要的考查内容。

实用类文本作为中学语文教学当中的重要内容，它们的使命是作为“样本”，为学生提供相关实用文本知识，提高学生相关文体的阅读与写作能力，从而促进学生语言意志品质的养成。实用类文本具有实用性特点，贴近生活实际。从实用的特点上来看，其目的当然是传达内容，因此，其内容是重于形式的，比如新闻通讯，其目的是最早向人们传达相关的消息，但随着其新闻价值的消失，当内容成为旧闻，我们再来回看这些文本，就更多地从欣赏与学习其写作技法的角度来看待其价值性。所以当它们被选入课本，它就成为语文教材的内容，语文教材就必须有语文味，就不能上成阅读新闻课。要体现语文味，教师在进行教学内容选定和教学设计时，就要立足于学生语文素养的提升，要体现语文学科的性质特点，要使文章的内涵实质得到体现，要把实用文中的语感传染给学生，让学生体会到语言表达出的意义并学会运用。

一、依据文体，确定教学方向

比如演讲是就某一问题表明自己的意见或者阐说某一事理的活动，演讲是口才与艺术的结合。演讲词具有鲜明的特点，通过演讲明确表明自己赞成表扬什么，反对批判什么，要立场鲜明、态度坚定。演讲不在于简单地叙述客观事实，更重要的是表明自己的态度；在演讲时必须做到条理清晰、层次分明、主体突出、观点鲜明、内容深刻，同时具有严密的逻辑性。在演讲词类实用文的教学选定时要注意演讲词的观点、逻辑、表现手法。

比如科普文是说明文的一种，这类文章不但传播科学知识，还能激发学生探求未知世界的兴趣。科普文章能够启迪心智、激发想象，带领学生进入全新的科学天地。这些作品的阅读教学内容选定时，要从形式规范、客观内容、作者情感几方面着力，围绕实用、科学与人文三个方面进行内容选定。在选定策略上重视科学精神的培养，关注科学探索的过程，同时也要注意审美鉴赏，感受科学思维及其语言表达的特殊美感。

而新闻则具有及时性和真实性的特点，它以消息、通讯、特写等样式，向我们提供各方面最新的资讯。对于新闻类文本的教学，应引导学生注意材料的来源与真实性、事实与观点的关系、基本事件与典型细节、文本的价值取向与实用效果。在新闻类问题教学内容的选定时应注意新闻基本常识、事件以及新闻语言的特点，从标题、导语、主体、背景、结语等方面把握新闻类实用文体的基本要素。

二、依据内容，确定教学重点

同样的实用文体，因所写的内容不同，可能带给学生的阅读理解难度也不尽相同，因而我们开展教学的策略也应不同。比如科普说明文，我们在学习《南州六月荔丹》《斑纹》等几篇文章时就要因文而异，采用不同的方式来学习。比如《景泰蓝的制作》质朴明白，只阅读文字我们就可以较好地掌握相关的内容，因而在内容上可以少花些时间，而是在引导学生学习说明方法上多下功夫。而《南州六月荔丹》语言典雅，引用了大量的古代诗文材料，我们就要在解读材料上多下功夫。《斑纹》则是截然不同的文风，既有说明性，又有突出的文学性，品味其与众不同的语言风格与个性化感受，则是非常重要的。

对于新闻类文本教学，我们一是根据课标关于新闻教学的要求提炼核心教学内容，如获取新闻事实，然后把学生提升为理性而具有批判意识的阅读者，即要让学生学会从报道的事实信息中分析鉴别其背后所隐藏的信息，区分出新闻事实与新闻背景，辨析客观叙述和主观评价。第二依据学生特点选择合宜的教学内容进行重点锤打。《落日》是一篇经典的通讯报道，被称作当时的状元之作，是带着中国人的情感去写的一篇报道。因此，在阅读这一篇文章时，如果没有考虑到写作的背景，没有考虑到签字仪式对于中国人来说有着多么重要的意义，而只是从写作技法上来分析研究其语言的意义，则不可能理解当时这篇报道给人们带来的那份震撼。我在教读这篇文章时适逢公祭日前后，于是就以南京大屠杀为导入，出示相关材料，进行情感上的铺垫。然后让学生通读全篇概括内容，经过简要概括后，我让学生对比消息与通讯两种新闻体的区别。然后再从欣赏细节入手，去学习文章综合运用叙述、描写、议论、抒情等多种手法，具体、形象地报道事件的写法。总之，情感应是这篇报道的主线，如果不把情感作为教学的重点，则这篇通讯报道的教学无法落实。

案例呈现：

《落日》教学设计

教学要求和目标：

1. 了解掌握新闻通讯的写作特点：除新闻性外，还具有生动性、完整性、评论性。通讯是较为详细地报道客观事物的新闻体裁，用叙述、描写、议论、抒情等多种手法，具体、形象地报道人物、事件或问题。

2. 以一个中国人的感情去阅读1945年日本签字投降仪式的记录文字。

教学方法：

教师点拨，学生讨论。

教学步骤：

1. 导入：

12月13日是什么日子？南京大屠杀死难者国家公祭日。

2. 出示：

中国军民在十四年抗战中，承受了最大的民族牺牲，付出了无比高昂的代价。据不完全统计，抗战中中国人民伤亡1800余万人，中国军队伤亡380余万人，财产损失1000多亿美元，我们的经济倒退了几十年……

经过十四年的艰苦抗战，中国人民与世界反法西斯同盟一道，终于打败了嚣张一时的日本侵略者，赢来了这篇课文所报道的重大事件。

3. 请用简短的话概括课文所报道的内容：

1945年9月2日在日本东京湾内，美国超级战舰“密苏里”号上，日本正式签字向同盟国投降。

4. 板书提醒：时地人事

这就是消息，消息在于第一时间告诉你在何时何地发生了何事——具有时效性、简洁性、客观性。

5. 板书：消息——时效、简洁、客观

6. 提问：这样的重大事件有什么样的特点？请在文中画出。

简单、庄严、肃穆

7. 提问：如此重要的事件，为什么作者说简单庄严呢？讨论一下找找依据。

明确：

简单：签字桌是用士官室的一张吃饭桌，上面铺上绿呢台布做的，很简单；仪式中除了签字，没有另外其他内容，只用了18分钟，很简单。

庄严：排列着乐队、仪仗队；记者那么多；一块小地方聚集了那么多高级军官；9个国家的代表共同与日本签订这份投降书，麦克阿瑟发言语气极为庄严，签字气氛肃穆，意义极为重大。

8. 提问：这一幕庄严肃穆，但文中却好几次写到热闹笑声，为什么？

明确：渲染人们胜利后的喜悦心情。

9. 提问：那么这件事对中国人民来说又有着什么样的意义呢？你能不能找出表达对中国人民意义的内容来品味。如：“这签字，洗净了中华民族70年来的奇耻大辱。”（看补充投影）为什么说“洗净了中华民族70年来的奇耻大辱”？

明确：早在二战前的70年前，日本就对中国进行了野蛮的侵略，让我们回顾一下，并记住这段历史吧。

出示投影：

1874年入侵台湾

1894年7月甲午战争，11月制造大连、旅顺惨案

1895年3月占领辽东半岛，4月逼迫中国签订《马关条约》

1900年参与八国联军侵华

1901年逼迫中国签订《辛丑条约》

1914年占领山东

1915年逼迫中国签订“二十一条”

1925年制造了五卅惨案

1928年制造了济南惨案、皇姑屯事件

1931年发动了“九·一八”事变

1932年1月发动"一·二八事变",3月在东北建立伪满洲国

1935年发动"华北事变"

1937年7月发动"卢沟桥事变",8月发动"八·一三事变",12月制造了震惊中外的"南京大屠杀"惨案

像这样带有鲜明感情的内容在消息中不可能出现,而本文是通讯!除了具有消息的特点外,不仅告诉你什么时事,在某地发生了什么,还告诉你这事件有什么意义,这就是通讯的又一个特点——评论性。

10. 板书:通讯——评论性

11. 提问:回想起这样的一段令人痛心的历史,面对这个来之不易的结局,我们怎能轻易遗忘!正因如此,课文不止一次地表达了"永志不忘"的意思,请在文中找出来:

"这一幕,简单、庄严、肃穆,永志不忘。"

"最后,我听见邻近甲板上一个不到20岁满脸孩子气的水手,郑重其事地对他的同伴说:'今天这一幕,我将来可以讲给孙子孙女听。'"

这两处一处从自我的角度,一处从第三者的角度共同表达了永志不忘的心声,突出了事件的重大意义。

12. 出示材料:

当时参加采访这个签字仪式的记者有三位;除了朱启平之外还有两位:一位是曾安波,一位是黎秀石。他们三个人共同见证了这一重大的时刻,这三个人也各有特点,曾安波是最幸运的一位,他在众多的各国记者中最幸运地抽到了1号签,成为全世界第一个报道这一消息的记者;黎秀石的位置最好,拍摄角度绝佳,为中国代表徐永昌将军拍的签字照,得到的评价是:"中外记者拍摄我签字的照片中,黎某那张最好。"而朱启平则以本篇文章胜出,赢得了状元之作的美誉,后被列为大学新闻系典范教材。

13. 提问:为什么会赢得状元之作的美誉呢?请大家讨论探讨:这篇通讯报道与你曾读过的其他报道相比,有什么特别之处。

14. 学生讨论,自由回答。明确可能找到的答案。

(1) 题目比较特别,用了象征的手法。

(2) 描写细致,内容翔实,让不在现场的人有现场感。

(3) 联系广泛,不局限于签字的内容,还联想到"九·一八"事变、伪满洲的事件等等,使内容更为深厚。

(4) 满含着感情,具有强烈的感染力。

15. 板书:题目、细节、联想、感情

16. 通讯不仅告诉你发生了什么,还告诉你详细的过程和前因后果,这就是通讯的特点——生动性、完整性。

17. 总结:这几条又体现了通讯的生动性、完整性的特点。

板书:生动性、完整性

18. 刚刚同学们提到了本文具有浓厚的思想感情，确实是这样的。

19. 出示材料：

朱启平晚年患肺癌病重时，曾向老友陆铿倾吐：“参加密苏里舰受降仪式时，想到世界各国有那么多记者在场，这篇文章一定要写好，而且要写出中国人民的风格来。受降仪式结束时，我一看9点18分，我的心几乎要跳出来，这一灵感让我捕捉住中华民族的感情，写了《落日》。”正是这种“中华民族的感情”，使朱启平见人所未见，感人所未感，因此成就了《落日》的经典。

20. 提问：请同学们再读课文，找出具有中华民族感情倾向、外国记者可能写不出的这些文字来。

明确：学生自由回答，老师评点。

(1) 他们都是中国人民的熟人，当年在我们的国土上不可一世，曾几何时，现在在这里以这样的方式重逢了。

(2) 现在14年过去了，没有想到日本侵略者竟然又在这个时刻，在东京湾签字投降了，天网恢恢，天理昭彰，其此之谓欤！

(3) 这水兵的话是对的……旧耻已湔雪，中国应新生。

21. 总结：表明立场和情感，所用的表达方式一般是抒情和议论。细节描写也能透露出作者的情感，请你找出这样的细节描写。

22. 提问：细节从哪里来？

出示材料：

南京师范大学新闻与传播学院教授许敏说：“在平面媒体的报道中，深入细致的观察作用之一就是能够获得细节，增强报道的现场感，弥补媒介本身特性带来的缺陷。新闻史上，朱启平先生的《落日》就是主要运用观察的方法写就的名篇，现场观察到的种种场景让读者身临其境地感受到日本签字投降那永载史册的一幕。”

学生寻找细节自由回答，教师点评。

23. 这里有个细节很珍贵，课文没有写：

重光葵上前签字时想把拐杖靠在椅子旁，但是拐杖哗啦一下倒了下去，他不得不去拾起来。

可能是朱启平没有看到，如果他看到这个细节，我想他是绝对不会放过的，如果他看到了，他会怎样写呢？请大家模仿朱启平的口气，从中国人的立场上来重新描写这个细节。

学生表述，相互交流，老师点评。

24. 美国记者是这样描写这个细节的，出示材料：

“他在签字桌前坐下后，想把手杖靠在椅子扶手上，但没有靠住，手杖哗啦一声倒在甲板上，当他弯腰捡起手杖抬起头时，他的眼里露出了一种凶狠的、完全不服输的目光。”

25. 虽然当时朱启平先生没有看到这个细节，没有看到这个凶狠的目光，但是朱启平在别的地方看到了。

26. 出示材料：

日本签订投降书后，当世人还沉醉在胜利的狂喜之中时，朱启平则匆匆到横滨、东京等地采访，边走边看，边问边想，朱启平感受到日本百姓对记者的阴冷和仇恨，感受到战败国里充满不服的空气，观察到这种种异相后，他写出了《日本投降是临时休战》这篇不同寻常的报道。一方面呼吁日本人民认清时局，另一方面也提醒国人要“自我警惕”，要“民主团结以求国内和平，全民奋发，建设工业国家！惟有这样我们才能不怕日本复仇，而且可真正负起看管日本的责任”。

总结：朱启平不愧为新闻战线上的大家，眼光独到，思考深入，早在六七十年前就看到了这一点，让人敬佩。

27. 学生联系现实中日本的表现：

篡改教科书，把“侵略”改为“进入”；

要修改宪法，把自卫队改为自卫军；

购买钓鱼岛；

……

28. 讨论：我们应如何对待呢？早在六七十年前朱启平已经提醒我们该怎样做了，请在文中画出来并一起读一下。“我们的国势犹弱……”

29. 总结：

今天我们学习了这篇通讯，了解了通讯的评论性、生动性、完整性的几个特点。还研究了本文被称为状元之作的原因，更受到了一番历史的洗礼与教育。

30. 结束语：

1933 年，朱启平在北平燕京大学读书，不久就出现《何梅协定》，华北五省实际上受到日军的控制，王府井大街上到处是腰挎长刀横冲直撞的日本军人。华北虽大，已放不下一张平静的书桌。1935 年 12 月 9 日，北平发生了轰轰烈烈的“一二·九”学生抗日爱国运动。朱启平不仅参加了学生游行，还是燕京大学游行队伍的领队之一。

朱启平就这样以民族的兴亡为己任，在中国的新闻战线上作出了卓越的贡献，本周日是“一二·九”运动的 72 周年纪念日，下一个星期四 12 月 13 日是南京大屠杀死难者 70 周年的祭日，今天我们学习这篇文章应有更深的思考，对于中华民族来说：

落日已成过去，龙腾才是追求；

永志不忘的不仅仅是历史，崛起强大才是永恒的真理！

第八节　分层切入的整本书阅读教学

自从有语文教材开始，其选文都是短篇的或是节选的，目的是教给学生“例子”。教学限于例子，试图尺水兴波，窥斑知豹，教给学生一些阅读技巧。因而我们的学生在微观阅读分析上获得的训练和经验较多。但微观的阅读与解剖分析，是建立在他人鉴别甄选的基础上的，没有他人的鉴别与甄选，学生掌握的分析方法就成了屠龙之技。所以学生需要去整体阅读，在整片的沙滩上练出识珠的慧眼。片段的阅读虽也能起到窥斑知豹的功用，但毕竟不是全豹，想要知全豹，还需整体阅读。在整体阅读中，我们既见泰山之雄，也睹神龙之尾；明白事理的来龙去脉，知道事件的前因后果，让学生在阅读中参与其中辨理明义，知情沉思。

一、关注整体性

“整本书”阅读既包括对全书脉络的通盘把握，也包括对全书内容的整体认知，突出了整体性与完整性。这里的整本，并不是单指绝对数量上的一本，既可以是独立的一本，也可以是一套，还可以是相互关联的一个系列。这样的整体阅读，可以让学生神智贯注其中，体验贯通的思想感情，获得精神的洗礼与意识的成长。整本书阅读需要长时间的坚持与努力，是心智的成长，是意志的坚持，也是道德的考验。通过整本书的阅读，学生在不知不觉中获得了整本书的阅读经验，积累了阅读的方法，获得知识的营养、文化的浸润与高尚的情操，从而加速形成正确的三观。正是因为整本书阅读具有如此重要的作用，所以这个任务群贯穿高中学习的整个阶段，在必修、选择性必修与选修的教学之中都有所体现。

阅读关涉到语文学科核心素养的综合提升，是学生在语文学习中获得的语言知识与语言能力，思维方法与思维品质，情感、态度与价值观的综合体现。“语言建构与运用”“思维发展与提升”“审美鉴赏与创造”“文化传承与理解”四个方面在阅读中均能得到体现。在整木书阅读教学过程中，我们可以针对篇目的不同，有侧重地选择要点，有倾向性地进行核心素养的提升。

对于书籍的阅读目的，我们可以有不同的定位，一是领会其中承载的知识内容，进行文化学习传承，目的是增加我们的知识储备与文化素养；二是领略其中的写作技巧，目的是学习借鉴写作的知识，以期达到语言建构与运用的目标；三是感悟书中的哲理沉思，目的是提升我们的思维能力；四是品察书中的世态人情，目的是丰富审美体验；五是娱乐生活消遣放松，目的是休息调整，愉悦心境。对于前三种目的，我们宜采用精读；对于第四种目的，我们宜使用略读与精读相结合的阅读方式；对于第五种，我们宜使用浏览与略读的方式。精读是要学生能品味遣字造句之妙；略读能提高我们捕捉筛选辨别信息的能力；浏览能锻炼快读的能力，提高阅读速度。我们宜分课时渗透阅读方法的辅导与交流，边阅读边指导，让学生在阅读中边总结边提升；不宜抛开阅读文本，单独开设纯阅读指导的课堂教学，这样既背离了整本书阅读的初衷，也浪费了时间。

二、突出指导性

整本书阅读教学，目标是为学生总结阅读方法，形成阅读经验，积累阅读知识。整体阅读教学不是让学生在课堂上自由地读，而是老师在课堂上引导学生进行阅读的交流、思考、总结、归纳，同时学习前人的阅读经验，形成自己的阅读体验与阅读认知，从而提升"审美鉴赏与创造"的能力。审美鉴赏与创造是指学生在语文学习中，通过审美体验、评价等活动形成正确的审美意识、健康向上的审美情趣与鉴赏品位，并在此过程中逐步掌握表现美、创造美的方法。比如，长篇小说大都以其恢宏的架构、鲜明的人物形象、复杂的人物关系、贴近生活的曲折情节来反映一个时代的社会现实，表现主题。优秀的长篇小说往往是一部反映时代风情的画卷，用壮观的社会场景去震撼人，用强烈的感情去感染人，引人思考，催人上进。阅读长篇小说，我们要整体把握其思想内容和艺术特点，从最使自己感动的故事、人物、场景、语言等方面入手，反复阅读品味，深入探究，欣赏语言表达的精彩之处，梳理小说的感人场景乃至整体的艺术架构，理清人物关系，感受、欣赏人物形象，探究人物的精神世界，体会小说的主旨，研究小说的艺术价值。

在教学过程中，我们应照顾到学生的阅读兴趣与生活知识储备，以方便学生在阅读中更好地理解文本、把握内容。在阅读指导课上，我们可以从几个方面进行指导。比如，指点学生如何分配时间和精力，制订阅读计划；引导学生分章复述情节，并指出哪些情节是关系人物命运的转折点，须重点关注；总体把握，画出小说情节发展的结构图，分析小说这样架构的好处，辨析整部小说采用的表现手法；找出小说中的人物，并设计人物关系图，能够完整清楚地反映小说的角色设置；归纳概括小说主旨，分析主人公命运遭际的意义，以及对我们的启发；精读大家一致认为比较难懂或是最为欣赏的章节，品味语言之妙；指导学生写好读书笔记和读后感。

整本书阅读，首先体现在整体指导上。我们在进行阅读指导的时候，显然要落实整体阅读的引导，这样就不至于使学生断章取义，一叶障目，错误领会小说的主题。比如，教师其实不必担心长篇小说中个别地方的情爱描写会对学生有如何不好的影响，一旦学生在阅读的过程中对整部作品有了整体的把握，个别细节问题便如沙砾一般融入大江大海，一切也都迎刃而解了。其次，整本书阅读体现在人际关系把握上。在整体阅读中可以高屋建瓴地把握人物间的关系，更好地透过人物的命运来领会小说的主旨。第三是体现在整体把握艺术特点上，比如小说宏观的叙事方式，如人称选用方面是第一人称还是第三人称，作品风格上是浪漫主义还是写实主义，表现手法上是运用象征手法还是直陈其事等，主要是从整篇的表现手法来把握的。小说的整体架构是指情节的构思排布、人物的出场顺序及方式、人物命运遭际的安排、社会背景设置与跨度等，这些宏观的架构都决定了小说的内容。最后，在通读全篇整体把握的基础上，我们还要引导学生有选择地精读，精读的目的是强化语言的建构与运用，引导学生品味字句，欣赏细节，学会以审美的眼光进行鉴赏品味，领会作者创造美、表现美的手法。

三、强调愉悦性

深入阅读，理解作品，享受读书的愉悦，从作品中汲取营养，丰富自己的精神世界，逐步形成正确的世界观、人生观和价值观。这是让学生养成阅读习惯的必由之路。

悦读，首先就要读进去，用真心体察作品风物的价值，用真情感怀人物的悲喜。学生在阅读中情感获得共鸣，心灵受到震撼，能随主人公命运的起伏动荡而悲喜交互，这个过程就是入得其中。不入在其中，就读而无感，不能引起情感共鸣，只能是字字入眼不入心，读而无用。在这样巨大的情绪波动之后，再慢慢回归理性，回味情节故事，思考社会人生，这就叫走出来。没有走出来的理性思考，就没有精神的提高。所以从作品中汲取营养的过程就是先“入戏”再“出戏”的过程。阅读对一个孩子一生的影响是不可估量的。日常的教学中，我深切地感受到学生语文素养差给老师带来的痛苦，也深知语文学习舍本逐末的危害。学生背词语，做习题，枯燥乏味，而在享受阅读的过程中，学生渐渐养成了语感，能根据语境理解它的意思，既收获了快乐，也收获了知识，这是单纯的机械记忆所达不到的。而且，通过阅读，学生提高了阅读能力与理解力，其思维能力也随着提升，写作能力自然随之提高。这是一石而多鸟的好事。

当然，要想达到悦读的效果，首先我们在整本书阅读书目的选择上就要考虑到学生的兴趣与爱好，考虑到学生的思想方向与思维水平。有网站公布学生最不喜爱的名著排行榜，上面出现了许多我国文学史上最具代表性的作品，这虽然有其片面性，但也警示我们在引导学生悦读时，选择恰当的书目也是我们所需要注意的重要问题。“腹有诗书气自华”，阅读可以增强内涵，陶冶情操，改变气质，阅读可以充实人生。让孩子一起阅读、交流、探讨吧，这才是学习语文的真谛，远比帮着他完成语文作业有意思得多。

四、用好展示性

阅读是输入的过程，而阅读效果则需要学生输出，展示阅读成果就是输出的表现。让学生用自己的语言撰写全书梗概或提要、读书笔记与作品评介，通过口头、书面形式或其他媒介与他人分享。这个过程看上去是简单的输出，其实是一个思维综合的过程，在输出之前需要对输入的内容进行整理归纳、分析内化，这个过程是回顾内容，是加深印象，是抽象概括，因此，经过这个过程，学生阅读记忆的内容就变得更牢固、更清晰、更有条理。在此基础上再输出展示，阅读的效果就获得了加倍的提升。

展示的方式有多种多样。我们可以采用故事复述的方式，锻炼学生把握作品主要内容的能力，提高学生的话语转述能力。在复述过程中，我们可以借鉴评书艺术，让学生学习如何把故事讲得生动有趣味；还可以采用读书心得交流讨论的方式，在老师给予的一个大专题下，大家自由发表自己的看法，互相启发，讨论辨析，百家争鸣，百花齐放。这个过程中，教师的身份不是裁判员，而是引导员，激起学生的争论与判别。真理越辩越明，真相越论越清。通过这个过程，学生获得的体会才会最真切、最深刻。当然，我们还可以采用书面交流的方式，在教室里张贴读书笔记，在网络平台上上传心得体会，共同欣赏，共同提高。

在阅读过程中，入戏极为容易，几乎每一个人都会。但是能不能有理性的思考，进而丰富自我、提高自我，这就需要教师利用课堂教学的时间有意为之，逐步引导了。思考就是由感性上升到理性的过程，而理性的思维正是通过语言的组织过程来实现的。我们可以在课后布置书面的作业，让学生有系统的思考；也可以在课堂上用口头表达的形式，相互启发，相互评价，展示理性思考的片段，引起学生思考的欲望，给学生留下思考的方向或线索，为后面进一步的深思提高打下基础。比如我们阅读《平凡的世界》这本书，为了让学生在感知情节的基础上进行理性思考，以加深学生对作品的印象，丰富个体的情感体验，我们选择孙家兄妹的爱情视角研究全篇。看上去只是洋洋洒洒的巨著中的一颗沙粒，实际上，这个选题的内容如毛细血管一样，浸润到作品的每一处，切入口小，涉及面广。因此研究讨论这个选题，可以很好地复现文本的整体内容，让学生有总体感，加深了对文本的印象，为深入理解文本打下了基础。爱情是学生感兴趣的内容，也是最能透视出人情冷暖、人性美丑的话题。学生对孙少平的爱情故事说得多、说得全、说得透，感悟深收获大。尤其是学生在讨论少平对那些不算爱情的对方的态度时，比如对侯玉英、惠英的态度上，学生看到了少平的人性之善，这为促进学生形成良好的人生观、世界观起到了很好的作用。

思维发展与提升是指学生在语文学习过程中，通过语言运用，获得直觉思维、形象思维、逻辑思维、辩证思维和创造思维的发展，以及深刻性、敏捷性、灵活性、批判性和独创性等思维品质的提升。

案例呈现：

《平凡的世界》教学实录

——自尊自爱的人性之歌

师：在《平凡的世界》这部小说中，孙家兄弟姐妹在贫困艰苦的生活中长大，面对生活他们不气馁不退缩，在平凡的生活中活出了不平凡，他们正直忠厚不屈的精神赢得了周围人的尊重和爱。今天我们就来谈谈孙家四兄弟姐妹的爱情婚恋的故事，希望我们能透过对他们爱情故事的总结分析，领会到故事中体现出来的作者的价值观和爱情观。

哪位先给我们总说一下，有哪些爱情故事？你们说我来板书。

生：孙少安——田润叶；孙少平——田晓霞；孙兰花——王满银。

师：好的。这位同学说了孙家三兄弟姐妹的爱情故事，还有个——

生：孙兰香——吴仲平。

生：孙卫红——金强。

师：(笑)很好，我没有想到还有一个孙卫红也是孙家的，我只是想到了孙家四兄弟姐妹，这样看来就有了孙家五兄弟姐妹了，补充得很好。就这些关系了？还有没有其他的爱情故事了？

生：有。孙少安——贺秀莲。

师：很好，他们不但有爱情，还结婚了，这肯定要算的。还有吗？

生:孙少平——郝红梅,他们两个算不算?

师:算的。只要沾边就算,不管是一方的意思,还是双方的意思,或者是父母的意思。

生:孙少平——侯玉英,孙少平——曹书记的大女儿,孙少平——金秀。

生:我觉得孙少平——惠英是不是也可以算?

师:好,都算数。大家看书看得很仔细,记得很清楚。(板书结束)

孙少安——田润叶、贺秀莲

孙少平——田晓霞、郝红梅、侯玉英、曹书记的大女儿、金秀、惠英

孙兰花——王满银

孙兰香——吴仲平

孙卫红——金强

同学们可以任选其中的一组来谈谈爱情中的主人公所体现出来的人性魅力。

生:我先谈谈孙少平。少平后面跟了一串名字(大家笑),其实那都是八卦(大笑)。真正的感情经历,我觉得就两段:一段是和郝红梅的,另一段是和田晓霞的。我认为他和郝红梅的那段时光并不能算是真正意义上的爱情,是因为他们二人都还不懂爱情,他们所产生的感情更多的是同病相怜、同处低层的惺惺相惜。

师:这位同学说得很有道理。那对于少平与郝红梅的关系,还有可说的吗?

生:我觉得郝红梅比较贱,相比而言,孙少平还是比较有包容心的。

师:大家同意他的观点吗?

生:我不同意,郝红梅其实没有与孙少平有什么情感上的交流与表达,我认为她与顾养民好,其实是对孙少平的一种保护,这也是生活所迫。当然少平比郝红梅做得更好,他能体谅她、保护她,更显出少平的人格魅力。

师:我为这个同学点赞!

生:我认为少平和田晓霞的感情才是完全的、真正的爱情。当初田家大姐润叶爱上少安,也是与田晓霞爱上少平一样火热。但少安不敢接招,远走他乡去娶了贺秀莲。不对,我应该只说少平。少平面对地位悬殊的田晓霞也一度逃避,一度自卑。但,少平心中又有着那种不服输的抗争精神,他有理想、有抱负也有知识,最终他能超越地位的等级观念,敢于接纳田晓霞的爱。他们的爱情是一种与前几辈人相比从未有过的,全新维度的爱情,是在精神上高度契合的爱情,超过了利益、超越了世俗、超越了现实的精神之恋,绝不是搭伙过日子的爱。我觉得这种爱才是最真正意义上的爱。这种爱没有现实利益的纠葛,没有肉体爱欲的诱惑,完全是精神之恋,我觉得正是这种爱情过于超离现实,才预示着田晓霞的不幸去世。

师:这位同学把孙少平的爱情故事解读得高大上,精深透,我也叹服了。他为我们开了个好头。还有谁愿意继续分享你的研究结果?

生:我觉得虽然孙少平对其他女子没有什么感情,但既然老师能承认是爱情,我们

就不能轻蔑地对待，我觉得孙少平对这些人的情感也体现出孙少平的美好人格。

比如，如果说郝红梅跟孙少平只是因为大家都只能吃黑面馍，连三等菜都几乎吃不上而相互走近，那么他们的确是同病相怜，但是这表现了孙少平的善解人意和对人的尊重。跛女子侯玉英在班里本没有什么人缘，但是关键时候是孙少平出手救了她的命，可以说，孙少平平时对她不但没有好感，反而有厌恶心，但是从他的出手相救，我们看到的是孙少平的“大写的人”的崇高品质。

生：我认为，黄原城阳沟大队曹书记两口子看中了孙少平的吃苦耐劳，更看重的是他的骨气与一心为善的秉性，才愿意将自己的大女儿嫁给他。这个情节如果缺失了，就不利于对孙少平这个人物的成长历程的描写了。

生：我想说说金秀。金秀也许因为冲动且对顾养民产生了审美疲劳，同时错误地把她和孙少平之间的近似兄妹的情感当成了爱才会爱上他，这其实不是少平的错。田家与金家是世交，而且，在最困难的时候，金家是田家的恩人，少平回村务农，没有地方睡觉，要到金家借宿，所以从某种意义上说，金家与田家的关系比少平与他的叔叔家要亲近得多。正是金秀从小看到少平的骨气和与众不同的气质，她才动心的。少平对她报以兄妹的爱，是对她的负责，也是对她爱的表现。

师：那孙少平后面的这一串人名，还有谁没被说到的，来，干脆继续说完吧。

生：我说说孙少平与惠英的关系。他们的感情是从少平体检借醋开始的。这一点体现出惠英的贤惠、善良。后来煤矿队长王世才成为孙少平最开始的师父，才正式与惠英嫂交往的，他们的交往是纯洁的、真诚的友谊，是兄弟姐妹般的情感。孙少平所做的一切都源于感恩，源于对失去了丈夫无依无靠的惠英的关爱，其实他们的感情到底能不能上升到爱情，这还很难说，但照理发展，应该会的。但这种情感，其实与真爱无关，是无法与同田晓霞之间的爱情相比的。我们从中看到的是人性。

师：交流到这里，我们基本上看清了与孙少平相关的所有情感纠葛，透过这些情感故事，也看到了孙少平这个人物形象的清晰特征。可以看出，作者路遥在沉重的生活包袱背后，没有放弃传统向上的价值观，让处于艰难困苦的人物依然能借正直善良厚道的秉性而活跃于文学之中，给人以凝重的充实与饱满的热望。

生：我来说孙兰花。孙兰花是孙家最大的孩子，所以她所面临的命运就是在这个极为贫穷的家中每日辛苦劳动。到了谈婚论嫁的年龄，她也有对爱情的憧憬与期望，但在艰难困苦的、毫无期盼的日子里，她在与生活的厮磨中渐渐淡去了这种感觉。但在王满银大胆地出现在她的生活中时，兰花心中沉睡的少女情感被唤醒了，就像一堆干柴被火点燃，爱情的火焰在兰花心中熊熊地燃烧了起来。“但恋爱中的女人智商为 0”，兰花的悲剧源于她太无知。

师：哦，说得有道理，你们同意吗？

生：我觉得不能说孙兰花无知，她的婚恋就是当时典型的农家妇女的奉献式、牺牲式婚恋。只不过有点不同的是，这是她自己的选择，不是受父母之命、媒妁之言而结的婚,她是忠于自己的心、忠于爱情而结的婚。她的爱情是被王满银点燃,因此内心绝不会再被其他任何人点燃。这也就导致了在日后,无论王满银做出多么“混蛋”的事情,兰花都会一心一意地为他好,甚至在王满银偷情时,她都会为了保护自己的丈夫而选择结束自己的生命。对孙兰花来说,她的丈夫王满银就是她的天,她的一切,她活下来的意义。所以,最后王满银浪子回头了,所以说孙兰花历尽艰苦与折磨守护的婚恋总体还是圆满的,我看到的是她的责任、自尊、隐忍与坚持。

师:好,这两位同学也解决了我之前的疑惑,我一直为孙兰花感到不值,我认为她就应该马上与王满银离婚才好。这两位同学对孙兰花的爱情解读,让我们看到了孙兰花这位弱女子的伟大。孙家还有哪几位没有说的,我们接着来……

附　　录

一、《作文立意思路拓展训练》案例点评

发乎自然，导之理性①

江苏省新海高级中学　杨绍崇

张长松老师的“作文多角度立意训练”课，是一堂典型的开放式的思维训练课。

1. 立足生活，敞开写作的大门

印象中作文课总是让学生充满抵触情绪的。学生盯着远离生活的命题，眉头紧锁，挤牙膏一样的一个字一个字地写。而这一堂作文课，则不然，教师打开窗户，把本来扰人的教室旁的工地引入了课堂，让声声打桩的巨响成为写作的对象，这是十分新颖而贴近生活的，体现了写作课的生活质感。教学过程紧紧围绕教室外的打桩机展开，取材浅近，直观，生动，令人叹服。可以想见这次作文之后，学生再听到打桩声，心里不是升腾起烦躁之情，而是理念的思考与对这次作文课的回忆。

2. 轻松引导，学生生成自然

张老师的这节课，采用漫谈对话的形式推进，课型轻松，表达自由，课堂氛围活跃。教师与学生的课堂互动既民主又有效果，师生地位平等，交流诚恳，态度亲切。他营造民主氛围的做法，给我们课堂教学提供了范本。民主宽松的氛围是学生自由生成优质生成的基础。

在教学过程中，我们看到教学内容的生成有层次，很明确，有节奏，有顺序，很合乎学生的思维逻辑；交流者思想有差异，能彼此启发，能相互补充，能相辅相成。在这节课的起始，张老师先引导学生观察现象，以“看看打桩过程”“能有什么发现，受到什么启发”切入展开，三句话，有三个指向，一是观察对象，二是对观察结果的要求，三是思考。看上去是随意的开篇，其实是有明确约束力的，给学生以明确的指示，那就是思考和发言都紧扣“启发”，而启发的内容和表达的方式则是自由的。

我也高兴地看到在学生积极发言的过程中，老师似乎是个“自由人”，约束很少，但恰当的穿插调节了交流的节奏，引领了思维的方向，推动思考的深度，变换着研讨的角

① 李震，刘立峰．行走在理论与实践断层之间[M]．北京：语文出版社，2011：70．

度。比如，张老师在学生思维出现定势的时候，引导学生回顾总结学生的发言的同一性、共同点都在一个“打”字上，又引导学生思考，打桩这件事由哪几部分组成，就可以从哪几个角度来思考。于是学生思维顿时开阔起来，这看似不经意的点拨，正是启迪思维的重要转折处。看似无心，实则匠心独运，训练目标直指“思维”这一本质，用生动活泼的话题训练学生多角度、多层次的思维方式。事实也就正是如此，立意的新异正是源于思维的创新，立意的深刻正是源于思考的透彻，立意的高远正是源于思维角度的阔大。张长松老师没有将这原则抽象成概念，枯燥成条条杠杠，而是让学生在实践中去体会多角度思维的玄妙，去掌握多角度思维的方式，去形成多角度思维的习惯。

3. 适时点拨，融入价值观教育

张老师在思维角度和深度的引领中，显得非常自如，是因源而导流，是课堂流程的自然演绎，多角度的思维目标的达成当然呈现水到渠成之势了，不仅如此，还在引导学生思考的过程中，引导学生树立积极向上的价值观。比如，在学生看到声音落后于动作之后，产生永远赶不上别人的悲观情绪，给以及时的引导，让学生知道不同类别的事物的不可同比之性。在说到桩的默默无闻的奉献精神时，张老师给以诚挚的鼓励。在说到桩机需要源源不断的油料时，学生得出需要不断吸收营养才能生存的结论。按理说，这个结论并没有不妥，但是张老师进一步引导，希望能得出更有意义的启示。于是学生“点石成金”得出“只有不断地吸取知识的营养，我们才能更好地服务社会”的结论。张老师就这样，融价值观教育于课堂，育人于无形之中，让人叹服。

二、《最后的常春藤叶》案例点评

理解和品味语言的形式

江苏省新海高级中学　李震

语文的本体就是语言文字的理解和运用，因此，一堂好的语文课或者说一堂优质高效的语文课，应当是在读写听说的过程中，师生共同着眼于理解特定的言语形式如何表达特定的言语内容。

张长松老师执教的这节《最后的常春藤叶》之所以上得比较成功，很重要的一点就是从言语表达的形式入手来讨论课文。

从言语形式入手理解人物性格。歌颂人性美，是欧·亨利小说创作的主流，在他的小说中塑造了许多感人至深的基督式的人物，作者通过艺术手段歌颂这些小人物的伟大人格和高尚道德，展示他们向往人性世界的美好愿望。老画家贝尔曼就是这样一个基督形象，一生郁郁不得志，穷困潦倒，却能够关心和爱护青年画家，用“最后的常春藤叶”救活了危在旦夕的女画家的年轻生命。贝尔曼是作者寄托主题的主要人物，为了理解这个主要人物，师生讨论时是这样来从言语形式入手的：

一是抓住人物的个性化语言理解人物性格。有的学生看到了第33到第35节中贝尔曼的语言：“‘什么话！’他嚷道，‘难道世界上竟有这种傻子，因为可恶的藤叶落掉而想死?'"从这"讽刺地咆哮"里可以看出贝尔曼的态度是非常粗暴的,这是他性格的一方面;可是当他听了苏艾的解释之后,他理解了,于是又说:"天哪!像琼珊小姐那样的好人实在不应该在这种地方害病。"教师点评说:这又看出贝尔曼"粗暴而不粗心","在粗暴的外表下有一颗细腻的心灵"。这个言语两相对照,非常生动地写出贝尔曼有着一颗爱心。实际上,贝尔曼的"咆哮"也是爱的爆发。师生在讨论中抓住贝尔曼前后语言的对比进行讨论,理解人物的性格。

二是抓住描写人物神态的语言理解人物性格。师生在讨论时提到第 36 节中的神态描写句子:"他们在那儿担心地瞥着窗外的常春藤。接着,他们默默无言地对瞅了一会儿。"教师追问,为什么默默无言?心里太担心了,这叶子一下掉光怎么办?再就是一旦掉光了,琼珊就失去了精神支柱,那她可能就会失去对生活的信心。神态描写非常动人。教师的点拨非常到位,从故事情节的发展和对琼珊的影响两个维度来分析神态描写的作用。

三是抓住人物外貌描写的语言来理解人物性格。师生讨论了第 30 节中外貌描写的句子:"老贝尔曼是住在楼下底层的一个画家,年纪六十开外,有一把像米开朗琪罗的摩西雕像的胡子,像萨蒂尔似的脑袋上顺着小鬼般的身体卷垂下来。"学生认为:"他的年纪、他的胡子还有他憔悴的身体,写出了他的粗犷;这不仅说明他比较贫困又不得志,还对人性的光辉作了反衬。"教师除了肯定学生的分析之外,还从情节发展方面进行了引导,认为"为后面形成一个反衬作了铺垫"。

从言语形式入手理解故事情节。这篇小说讲了三个画家一个医生与一片常春藤叶的故事,是作家的经验世界与情感世界的形象化载体,其情节并不复杂。教师在和学生先是梳理课文、明确人物之后,从人物切入,从语言入手,理解故事情节。"杰作"这个词是很有趣的,第一次出现是叙述的语言:"他老是说要画一幅杰作,可是始终没有动手。"第二次写贝尔曼喝酒后"老是唠唠叨叨地谈着他未来的杰作",第三次写贝尔曼"画架上绷着一幅空白的画布,它在那儿静候杰作的落笔,已经二十五年了"。第四次是从贝尔曼嘴里说出来的:"总有一天,我要画一幅杰作,那么我们就可以离开这里啦。"这四次写到"杰作"都略带有讽刺的笔调,从故事情节来看,却能引起人们的悬念,贝尔曼到底会有什么"杰作"呢?这就起到了促进情节发展的作用。直到故事的结尾:"啊,亲爱的,那是贝尔曼的杰作——那晚最后的一片叶子掉落时,他画在墙上的。"这是通过苏艾告诉"脱离危险"的琼珊的。这是情节的结尾。苏艾的任务就是通过她的眼睛和嘴巴,让读者体验情节和人物的发展、变动。在这堂课上,老师引导学生讨论贝尔曼"到底是画出了杰作没有"?经过学生的讨论,大家认识到"贝尔曼通过这幅画挽救了琼珊的性命,不仅是在物质上创造了一个杰作,而且在精神上也是做到了极致"。贝尔曼"用生命中最后的一幅作品拯救了一个人的生命,而且他拯救这个人的方式不仅仅是通过视觉上的冲击或者震撼,更是对她心灵上的指导,给她活下去的动力"。所以大家觉得是"真正的杰作"。"贝尔曼的杰作就体现了他个人的追求,体现了他是一个善良、帮助别人、乐于牺牲的人。”在这次课堂讨论中，学生对“杰作”的理解，基本上体现了三个层面：物质的叶子、给琼珊精神上的影响和体现贝尔曼的艺术生命追求的意义。

从言语形式入手理解表现手法。这篇小说运用了细节描写、肖像描写、环境描写、动作描写等表现手法来塑造人物，教师和学生在理解人物时，是通过表现手法来理解人物形象的塑造的，在对表现手法的把握上，又是从语言品味的角度来揣摩表现手法的好处和妙处。

“苏艾到工作室里哭了一场，把一张日本纸餐巾擦得一团糟。”这是当琼珊的好友苏艾得知琼珊存活的概率只是十分之一的时候的表现，写出了苏艾的担心，老师和学生抓住了这个细节描写来理解人物的内心世界。但苏艾进到琼珊的房间之后，又表现得若无其事的样子：“她拿起画板，吹着拉格泰姆音乐调子，昂首阔步地走进琼珊的房间。”这忽喜忽悲的表情形成了前后对比，深刻地表现了苏艾内心的痛苦和难解的矛盾。这正是“含泪的微笑”。

我们注意到这是值得品味的一个细节描写，一位发言的学生的理解是准确的，他说：“这个地方我们可以看出虽然苏艾当时很伤心，但是为了让琼珊不失去对生活的希望或者说让琼珊振作起来，她需要装得非常轻松愉快，不被琼珊病重这种情况侵袭到。”学生使用了“伤心”与“轻松”这些看似矛盾的词语，是对苏艾这个人物形象此时处境的准确描述，也是对自己内心体验的准确表达。教师这时候再追问一句：“你知不知道拉格泰姆曲调是什么样的曲调？”然后补充拉格泰姆曲调幽默、欢快和活泼的特点，再和苏艾这个人物形象联系起来，写苏艾吹着这样的曲调走进琼珊的房间，决心用自己的良好精神状态重新点燃琼珊的生命之火，这样补充增加了理解人物的厚度。

在课堂上，师生还就“担心地瞥着”“默默无言地对瞅”进行了讨论，认为通过这样一个细节就写出了苏艾和贝尔曼对琼珊的关心。

从言语形式入手理解环境描写。环境是人物生活的土壤，是人物性格形成发展的依据，好的环境描写有着渲染故事氛围、烘托人物形象和推动情节发展的作用。欧·亨利在这篇小说中的环境描写非常幽默，但在幽默的语言里饱含着心酸：

“有一次，一个画家发现这条街有它可贵之处：如果商人去收颜料、纸张和画布的账款，在这条街转弯抹角、大兜圈子的时候，突然碰上一文钱也没收到，空手而回的他自己，那才有意思呢！”

读了这样的环境描写，人们自然会判断出这是穷困画家的聚集地，特殊的环境提供了可供贫穷画家们躲避债务的便利，同时也为贝尔曼的身份作了铺垫。对这样的环境描写，教师没有轻易放过，而是指名让一个发言的学生“给大家读一下”，然后再让学生“齐读”，通过朗读，读出幽默感，理解小说的语言风格。在集体朗读之后，再请一个学生朗读，从“重读”的把握方面来读出“幽默的味道”。

小说的第三处环境描写是这样的：

经过了漫漫长夜的风吹雨打，仍旧有一片常春藤的叶子贴在墙上。它是藤上最后的一片叶子。靠近叶柄的颜色还是深绿的，但是锯齿形的边缘已染上了枯败的黄色，它傲然挂在离地面二十来英尺的一根藤枝上面。

“漫漫长夜”“风吹雨打”，自然环境是如此恶劣，按说那脆弱的叶子早就该零落了，但是那“一片”“常春藤的叶子”“仍旧”“贴在墙上”。发言的学生抓住了“贴”字，认为此处也有铺垫。实际上这里喻义着只有具备坚强的信念，才能在凄风苦雨般的社会生存的道理。

小说中的环境描写是为塑造人物形象服务的。第44节中描写了夜晚“北风的怒号”“雨点不住地打在窗上”，都是为了突出第46节“那片常春藤叶仍在墙上”。参加讨论的学生认为“给人暗示是被画在墙上的”，都是为了突出贝尔曼的智慧和美好的心灵。为什么作者一再强调？就是说：一个“死”的本无生命的东西“活”了，一个“活”的有生命的人却“死”了，这剧烈的反差强烈地刺激着读者，震撼着读者的心灵。

从这堂语文课，我们可以看出，教师引导学生“理解”语言文字的形式，同时也在“品味”语言文字的形式。理解了才能运用，品味了才能体验。对一个文本的言语理解是一个层次，对一个文本的言语体验又是一个层次。日本学者滨田正秀认为：“语言半是事物的代名词，半是精神和感情的代名词，它是介入事物与精神之间的一种媒介体。”[①]我们对文学文本的解读，只有在理解言语形式的基础上，让学生的心灵真正有所体验，才能把中华文化的根基深深植于学生的心田。

三、《声声慢》案例对话与点评

（一）对话

李　震（以下简称“李”）：你带着这堂课，参加江苏省高中语文优秀课评比获得一等奖，得到省语文专家的好的评价，说明这堂课展示出了“以生为本”的教学理念，体现出了江苏高中语文教学的方向。我应该向你祝贺。

张长松（以下简称“张”）：感谢您的鼓励。上好这堂课不仅仅是我个人的努力，也是代表了连云港市中学语文界。在参赛前，您和您的语文团队的语文老师听了我的试讲，反复讨论上课应体现的教学理念、设计思路和不同的情境下应该运用的教学方法，使我受益匪浅。

李：童庆炳先生曾经把语体分为规范语体与自由语体，其中规范语体又分为三种基本语体：抒情语体、叙述语体和对话语体。根据童先生的语体分类，这首词应该属于抒情语体。在教学抒情语体时，由于抒情语体声音层的特殊地位，就使得声音的节奏、韵律、语调和快慢等有着特定的教学意义。你很关注词中的这些“节奏”“韵律”“语调”和“快慢”等具有教学意义的要素，运用这些要素让学生形成一种体验，在体验中感受词中

---

① 王诗客，王尚文．语文教学与语言体验[J]．课程·教材·教法，2010(10)：5.

跃动的情感，这体现出抒情语体教学关照生命的价值追求。

张：的确，像您所说，体验很重要，而且应该是深度的。我之所以设计了“五读”教学思路，就是基于这样的考虑。

李：在平日里听课时，我也看到许多老师运用朗读教学法来教授古代诗文，教师讲授得很少，学生一遍遍地读，很机械。有的老师还美其名曰这是“语文本真的回归”，这种机械重复的朗读教学法，并不能让学生形成深度体验。读是一种教学形式，在指导学生读书时，一定要充分发挥文本中情感因子的作用。要读出体温，读出动感，读出生命的体验。

张：我赞同李老师这种看法。语文教学过程中体验的形式是多种多样的。“读”，是一种形式。默读也好，诵读也好，品读也好，赏读也好，都要引导学生用“心”来支撑。

李：是的，你做到了有层次的朗读。有层次的朗读，形成了有层次的体验，有利于完善学习主体的心理结构。你安排了初味词情、品味词语、体味词境、玩味词心、回味词韵的五个层进朗读步骤，通过层进朗读，读出了“易安的词”“婉约的词”“中国的词”的三层递进的韵味，使学生既有点的感悟，又有线的延展，使朗读起到了较好的作用。

张：我是这样设想的，但在实际推进过程中感到没有完全达到理想的教学境界。

李：是的。从总体来看这堂课，感到读得不够。如第二个教学板块：“研读：品味词语”，在“研”字上花功夫较多，而在“读”字上缺少安排。“研而未读”。如果在研习“却”字之后，指导学生通过齐读来体验“感情的递进关系”和“情感起伏的波澜”，就好了。这样，既可以营造学习氛围，也可以在教学结构上至此通过读起到总收的作用。

张：这个教学片段，我只是追求体验的深度，在“词语”上“盘马弯弓”，忽视了“读”的作用。

李：这首词具有丰富的人文内涵特点，这样设计，学生能够通过“体验”感受到诗人内心的情感，把学生的心灵和诗人的心灵沟通起来。杜威说过：“心灵是一个动词，一个积极的动词；一个积极的、寻求的动词；一个积极的、寻求的、自组织的动词。”[①]让学生的心灵在积极主动的寻求中和诗人的心灵碰撞，语文课就有了活力和光彩。这个“活力和光彩”，在学生心灵的自由飞翔中会经历一种生命的历程，通过阅读主体的感知、想象和移情，化为生命的具体感受，阅读主体用自己的语言表达出这种具体感受，就会生成更深刻的意义世界。你安排的层进朗读，应该说让学生很好地体验到了这些。

张：层进朗读的设计也是出于我对这首词的理解。唐圭璋先生在他的《唐宋词简释》里曾经对这首《声声慢》有过精到的评论，他说：“《声声慢》起下十四字叠字，总言心情之悲伤。心中无定，如有所失，故曰‘寻寻觅觅’。房栊寂静，空床无人，故曰‘冷冷清清’。‘凄凄惨惨戚戚’六字，更深一层，写孤独之苦况，愈难为怀。”[②]开篇层进的情感，

---

① 小威廉姆·E. 多尔. 后现代课程观[M]. 王红宇，译. 北京：教育科学出版社，2000：188.

② 唐圭璋. 读李清照词札记[J]. 南京师大学报：社会科学版，1984(2)：3.

都隐藏在叠词里。就全篇来说，也是层进的情感。所以五读的层进设计，也是基于像唐圭璋先生所评述的这首词由层层铺叙所造成的“愈难为怀”的艺术氛围来考虑的。

李：这也就是“因材(文本)施教”吧。

张：教学中我总是极力地引导学生在阅读中体验。如我设计了这样的问题：“找出你认为最富有表现力的词语、意象或句子，在小组中交流讨论其妙在何处。”

李：这个问题设计很好，学生会通过文本中“最富有表现力的词语、意象或句子”，形成个性化体验。我们看到，有些老师上课，会无根由地让学生联系生活，脱离文本去想象，这是歧途。你能够让学生从文本出发，很好。“富有表现力的词语、意象或句子”在这首词中表达了词人特定的情感，抓住它们，借助学生心灵的触角，让学生展开想象的翅膀，学生就会感其所感，悟其所悟，形成心理体验。

张：一组男生热烈讨论了“淡”字，有个同学认为“淡”可以看出金兵入侵之后李清照家境的贫寒，表达了对战争的厌倦，另一个同学则认为这是国家政局动荡对造酒业造成的影响，我听后为他们展示出的思维的开阔性而叫好；又指出：“赏析词语的表现力，还要紧扣诗词的情感主旨来思考，你们能不能从词的感情基调着手再来思考呢?”一经这引导，学生又会产生新的视角，融入新的情感体验。

李：我认为，这个教学片段存在着两个“对话”：“一组男生”和“文本”的对话，“我”和“一组男生”的对话。第一个对话之所以产生了“偏移”，是因为“体验”是阅读主体瞬间的活动，阅读主体没有准确地把握对文本的理解。伽达默尔认为，是“偏见”构成了我们的存在，偏见“在理解的现象中具有一种真正的弥漫性力量”。① 但是这种“偏见”并不可怕，教师可以将对话当作锻造学生新经验的基础。第二组对话“我”和“一组男生”就承担了这个任务。你通过这个师生对话破坏了“一组男生”在对话中所获得的未曾预感和未曾料到的对话结果，让他们“紧扣诗词的情感主旨”再创造，足见你上课时的智慧。虽然学生在课堂上有着获得阅读意义的权利，有着参与作品意义构成的权利，但“偏移”本位后，教师更应该诱导。你让学生“从词的感情基调着手再来思考”，“平等中的首席”和“主导作用”就体现出来了。这种在课堂“现场”发生的“教学事件”，对学生的情感来说，更富有激发力；对学生的想象来说，更富有促进力；对学生的思维来说，更富有创造力。

（二）点评

体验：抒情语体教学的价值追求②

江苏省新海高级中学　李　震

北京大学温儒敏先生最近撰文《语文教学中常见的五种偏向》，他认为教学美文，要

---

① 伽达默尔.哲学解释学[M].夏镇平，宋建平，译.上海：上海译文出版社，1994：5.

② 李震. 体验：抒情语体教学的价值追求[J]. 中学语文教学，2011(5)：6.

注意“涵泳”,“或者说浸润式习得”。“这是语文阅读教学最佳的境界。”“尤其是诗词课,还有文言文的课,更要求阅读主体的融入,没有反复的阅读,那情味就出不来,语感就出不来。”[①]把教学《声声慢》的主调定在“读”字上,可谓定位准确。

很多老师在教学这首词时也是定位在“读”上,但从过程来看,有“定位”而不“到位”。原因是在教学过程中阅读主体缺少应有的体验。

“体验”一词德文原作“Erlebenis”,最早出现在黑格尔的一封信中,他在对一次旅行的描述中写到了“我的整个体验”。体验不是一般的经历,而是生命的历程。在心理学范畴里,体验是一种心理活动,它与主体的情感、态度、想象、直觉、理解、感悟等心理功能密切结合在一起。体验性学习具有情境性、行动性、主动性和反思性特征,所以新课程各科教学都加以采纳。“体验”被引进语文新课程后,成为语文新课程改革中重要的理念,它强调的是必经自己的某种亲身实践,必经自己的感官,也包含认识(领悟),但侧重在立足于感性的“感受”。抒情语体主要是反映、表现人类情感活动的,而“体验”的前提和要素,就是这种以感性活动作基础的感受、感知。所以,“体验”特别适合抒情语体教学,因为体验的出发点是情感,最后归结点也是情感。政治课教学也讲体验,但它强调的是亲历性和实践性,目的是让学生形成正确的思想和价值观;物理、化学课教学也讲体验,但它强调的是形成求知的态度和搞清楚知识之间的联系,目的是让学生掌握科学知识;语文阅读教学讲体验,则必须要抓住语言,共鸣感情,对文字保持着敏感性。不对文字保持着敏感性,缺少情感共鸣,把语文课上成思想教育课、道德感悟课、多媒体课、小品戏剧表演课,都不可能提高学生的语文素养。我国传统语文教育中所经常使用的“涵泳”“吟诵”“品味”“体味”“妙悟”“入神”等等,就都包含了这个“情感体验”的过程。在语言学习中,体验既是一种言语活动的经历,也是一种言语活动的结果。因此,体验主体必须积极地参与,才能形成认同的心理机能。

在学习抒情语体时,每一个进行言语体验的个人,都会带着自己生命经历和遭遇过程中所获得的独特的经验参与对抒情语体的理解;而抒情语体中又存在着“召唤结构”和许多“空白”“未定点”,需要言语体验者去进行补充和重建。当言语体验者带着自己的生命经历和经验去阅读抒情语体时,必然会对抒情语体的“空白”“未定点”加以想象和补充,并在形象和补充中融注了自己的感知、理解和感悟,形成了解读主体的能力释放,这种“释放”是一种再整合和再创造,是解读主体解读能力的动态发展和提高,“是一种理智的交融,这种交融使人们自己置身于对象之内,以便与其中独特的、从而无法表达的东西相符合”[②]。

例如,教学徐志摩的《泰山日出》,文本以“泰山日出”来隐喻泰戈尔的文学创作和来华访问,表达中国诗人对泰戈尔的敬仰的感情。我们读着以下的句子,能不生发联想

① 温儒敏.语文教学中常见的五种偏向[J].课堂·教材·教法,2011(1):78.

② 柏格森.形而上学导言[M].刘放桐,译.北京:商务印书馆,1964:3.

吗？"巨人的手，指向着东方——/东方有的，在展露的，是什么？/东方有的是瑰丽荣华的色彩/东方有的是伟大普照的光明/出现了，到了，在这里了……"读这样的文字，我们会想到泰山的幻境，想到这篇散文浑融的境界，想到诗人和绚烂的光影，想到徐志摩的才情和才华，想到美丽的日出完成了演绎情感的历程。总之，美的语言和诗意的描绘，敞开的文本结构，让读者与之心灵互动，从而在更高层次上激发了生命活力与创造，丰富了主体精神。

又如鲁迅《记念刘和珍君》中："我没有亲见；听说，她，刘和珍君，那时是欣然前往的。"为什么加这么多逗号，为了表达感情的凝重，悲愤哽咽，欲吐还吞，欲吞不得，吞而复吐，其痛苦的情状从标点符号中溢出。指导学生细读，学生就会体验出鲁迅先生当时写作的感情状态。

现在我们再回归到《声声慢》的教学。《声声慢》这首词，从创作的角度来讲，是李清照为了要把自己的体验和感悟传达给别人，于是在自己的心里重新唤起这种情感，并用"词"的形式表达出来。《声声慢》正是体验形式化的产物。伽达默尔说："艺术来自体验，并且是体验的表现，……凡是以某种体验的表现作为其存在规定性的东西，它的意义只能通过某种体验才能把握。"①因此，引导学生阅读这首词，就是体验李清照的体验，也就是体验的体验。

因此，体验，最能体现抒情语体教学的价值追求。

通过言语形式体验。我们看到一些语文老师上公开课，热热闹闹，不善于抓住一些关键词语或者句子来引导学生产生深层体验，往往使学生迷失了真正的阅读意义。张长松老师在和学生一起讨论"梧桐更兼细雨，到黄昏点点滴滴"这一句写得好的时候，引导学生说说"为什么'细雨'就能表现词人的愁情呢"？当学生回答"细雨就像词人细细密密的愁思"后，张老师马上给予肯定。因为学生的回答已经把客观的"细雨"与词人的主观世界结合在一起了，在"细雨"里，学生看到了词人精神世界中生气勃勃的细胞，体验到了满满的生命的气息。

在讨论"雁过也，正伤心，却是旧时相识"这一句时，张老师问"却是旧时相识"中为什么要用一个"却"字？张老师还介绍了明代"一个多事之人"的评价，引导学生思辨和思考，也收到了理想的效果。学生觉得还是"却"比"因"好，词人本来就已很伤心，看到大雁又想起与丈夫的往事，丈夫已去世了，这使愁更深。一个普通的虚词，通过师生对话质疑，使"涵义"与"意义"形成了统一。

陈日亮先生在《〈声声慢〉的愁苦基调读准了吗》一文中认为，要读准这首词的基调，必须抓住几个关键词：最难、怎敌、却是、有谁、更兼、怎。② 这也是强调从言语形式入手把握词的主旨，的确体现了语文行家的卓识。正如美国学者富兰克林·福尔索姆所说：

① 伽达默尔.真理与方法[M].洪汉鼎，译.上海：上海译文出版社，1992：187.

② 陈日亮.《声声慢》的愁苦基调读准了吗[J].中学语文教学，2011(1)：2.

“每一个词都像一只包缠得很仔细的盒子，等着人们去打开它——出声或不出声地念它。这时所有的结解开了，包皮脱落了，无数的意义便显露出来。”①

通过理解情感体验。在讨论起篇十四个叠词时，师生有一段对话：

师：这叠词写出了动作、写出了结果、写出了感受，我就搞不清，词人她为什么寻？她在寻什么？她寻到了吗？

生：这个时候词人心里非常不安，她希望能让自己平静下来，她希望找到一个使自己平静下来的感情寄托，她没有找到。

师：嗯，她是在寻找感情的寄托。她没找到，找到的只是屋外刮着的冷冷的风和屋内清冷的自己，因而有了下面心情的描写。

这个细节对话明确的指向就是理解情感，体验情感。体验的出发点是情感，体验的最后归结点也是情感。

美国学者勒内·韦勒克和奥斯汀·沃伦认为：“在许多艺术品中，……声音的层面引起了人们的注意，构成了作品审美效果不可分割的一个部分。”“大声诵读一件文学作品就是一种声音的表演、一种对声音模式加上了某些个人色彩的理解。”②张老师很注意利用对词的深度理解来指导学生体验情感。如：

师：这个“得”到底应怎么读？是轻读还是重读？有的认为应轻读，有的认为应重读，请大家看注释。

（学生看注释）

师：由注释看“怎生”是“如何”的意思，那“得黑”呢？

生：挨到天黑。

师：对，可见这里的“得”不是轻读的助词“得”，而是动词。刚刚这位点评的同学指出了本词的感情基调——“愁”字。下面请大家齐读这首词，看看能不能进一步读出愁味。

通过“轻读”还是“重读”的讨论，结合注释对词意的理解，学生切近了与抒情主人公的感情；然后再正确地“重读”，“对声音模式加上了某些个人色彩的理解”，仿佛将自我融入对象之中，与对象融为一体。这样安排，单一的情感丰富了，蛰伏的情感透明了，无色的情感美丽了。

通过意义生成体验。我关注到，张老师在课堂上和学生平等对话，不断地从“理解”的层面引向“体验”的层面，在体验中不断生成新的意义。如讨论“雁”用得好时，学生联系当时的背景，北宋灭亡，丈夫赵明诚又刚刚离去，雁从北方向南飞，让词人想起了她的故国。这是“背景生成”，学生巧妙地把“背景知识”转化为理解词人情感的“跷跷板”；在讨论“满地黄花”时，教师提出一个问题：“为什么黄花就能触动她的思绪呢？”有的学生

---

① 鲁枢元．超越语言[M]．北京：中国社会科学出版社，1990：198．

② 勒内·韦勒克，等．文学理论[M]．刘象愚，等译．南京：江苏教育出版社，2005：175．

认为:“黄花是秋天开的,让人有悲秋之感。”有的认为:“憔悴的黄花让词人感伤。”有的认为:“这是词人在回忆,过去这个时候词人是与丈夫一起赏菊的,而现在丈夫去世了,只能一个人看着残败的黄花伤心。”这是“意义生成”,学生在思考问题时展开了合理的想象和联想,学生的视界和文本蕴含的视界不断融合,文本的意义就生成了,学生的精神世界也不断得到丰富和扩展。学生有了心灵的冲动,也就有了意义的建构。

四、张长松教育思想报告会点评

“生·动”课堂:语文教学的本真追求①

江苏省教育科学研究院　沈世红

很高兴,在春雨而非“寒雨连江夜入吴”的四月来到姑苏古城参加张长松老师的教育思想汇报会。苏州是一个精致而美好的城市,四月的姑苏青枫翠叶渡风而来,既可无语闲坐,又可吟赏行走,就如同融入了“春水碧于天,画船听雨眠”的意境,窗外的细雨为这场江苏人民教育家培养对象思想报告会营设了别样的美好和精致。来自江苏省苏州实验中学的张长松老师用了一个多小时的时间来阐释了他眼中的语文、他心中的课堂、他梦想中的教育。从听众会意的笑声和自发的掌声中我们已经很好地领略了张长松老师所主张的“‘生·动’课堂”的应有样态。

作为第三期江苏人民教育家培养对象的思想报告会,我觉得作为培养对象要能回答好三个问题:第一,因何而来?第二,作何思考?第三,有何可为?

首先,因何而来?

“江苏人民教育家培养工程”是江苏基础教育领域最高规格的人才工程。根据江苏省人民政府(苏政发〔2007〕125 号文)《省政府关于进一步加强师资队伍建设的意见》,江苏省教育厅从 2009 年起,已经在全省范围内分四批完成了 200 名特级教师的选拔和培养。毋庸讳言,这项工程从一开始就被一部分人质疑、争议和批评,这是好事。质疑也好、批评也罢,说明社会在高度关注江苏教育中发生的这件事,说明这件事在教育长久以来一潭死水的教师专业成长湖面上激起了涟漪,说明这项工程突破了思维的禁锢,成为许多人不敢想更不敢做的创举。

哪怕对此原先存疑的人也不得不承认,这项工程的实施,再次撩起了许多教育名师心头的那种不可名状的“小目标”和“小追求”:距离教育家,我还有多远?可以这样说,这项工程的实施,让原本早早拿到特级教师和正高级教师的那些知名教师冲破专业发展的天花板,专业成长之路因此而豁然洞开。教师的成长就如人生的四季,一季别有一季的味道,都是岁月的馈赠与恩赐,当发现教育还在路上时,且行且珍惜!

因为这项工程,一批教育理念新、科研能力强、发展潜力大的中小学名师有了更新教育理念、修炼师德修养、增强科研素养、创新教育实践、提升管理能力的平台与机遇。

---

① 沈世红.“生·动”课堂:语文教学的本真追求[J].教学与管理,2020(7):3.

张长松老师的理论素养和实践能力借助这项工程、这个平台得到了全面提升，凸显出他的个人语文教育专长，并形成了博学、儒雅、幽默的"'生·动'课堂"的风格。

因为这项工程，一批在全省基础教育领域的顶尖专业人才，通过走近教育家分类阅读，提升了专业素养；通过聆听高端讲座，实现了知识结构更新；通过牵手乡村教育，实现了责任修炼；通过教育家培养对象影响力论坛，实现了教育家型教师办学的交流和碰撞；通过聚焦教育实践问题，打通了合作研究的通道；通过教育创新，实现了教育教学实践模式的融通和完善；通过带动共同发展，实现了江苏教育领雁团队建设的优化和辐射；通过教育主张的凝练，实现了教育教学的跨越和突破。张长松老师正是在这样的团队中实现了自己专业生涯的涅槃和重生。

因为这项工程，一批教育名师洗练了自己教育的精神和境界，从教育"小我"里走出，走向教育"大我"，甚至"无我"的境界。他们开始从单一学科教学的牵绊中抬起头来，看看教学之外的教育、试试现状之外的改革、想想当下之外的未来。为成长为社会公认的教育家型教师奠定基础，并以此带动和促进全省中小学师资队伍水平的整体提升，为全省率先基本实现教育现代化与满足人民美好教育生活的愿望提供人才支撑。这项工程的实施，还为探索基础教育高端人才的培养政策、制度与实践模式提供范本。在这项工程之后，全国不少省市推出了类似的高端教师培养工程。张长松老师的成长和他所经历的一系列教育家型教师的培养和际遇是分不开的。

张长松老师的教育思想汇报中谈到了语文学科的现状、语文教学的困境，让我们理解了他主张的"生·动"课堂因何而来！"生动"源于"心动"。"心动"强调的是，要打动学生的心，激发学生的学习兴趣，调动学生的学习积极性。有些学生不喜欢上历史课，但央视的《百家讲坛》却每集必看。有些学生不喜欢上地理课，但《中国国家地理》杂志却每期必买。有些学生不喜欢上语文课，但《经典咏流传》上看过的古诗文却能吟会诵。只因"生动"！作为母语的语文，其教学方式本应是一种生动的对话，是老师、学生、教学资源和教学媒介之间的沟通和碰撞。正如罗素所说，教育应该培养追求真理的愿望，而不是相信很快的讲授，应该多从事于讨论，给学生以更多的机会使他们受到鼓励来发表自己的意见，更多地尝试使教育的内容能使学生感到一些兴趣。①

如何让每个学生在语文课堂上得到充分发展？需要老师具有丰富的学识、积极的探索欲望，对多媒体合理的运用，为学生创设激情学习的动态、开放的空间，激发学生自主思考，自觉行动，自由展现。在这样动态生成的课堂上，有老师的用心经营和灵动的智慧，才会有"生·动"课堂的卓然不群。

第二，作何思考？

张长松老师在《语文"生·动"课堂的追寻》的汇报中，谈及语文"生·动"课堂的概念、语文"生·动"课堂的内涵 、语文"生·动"课堂的特征等，对语文教学做了系统的深

---

① 罗素.罗素论教育[M].杨汉麟，译.北京：人民教育出版社，2009：38.

度的思考。什么是语文学科最重要的要义？叶澜教授曾讲过：每一门学科，除了一个领域的知识以外，还要为学生提供认识现实世界的理论资源；为学生形成和实现自己的意愿提供独特的路径和视角、发现的方法和思维的策略、特有的运算符号和逻辑工具；提升学生对独特的学科美的发现、欣赏和表达能力。① 语文学科概莫能外。

我们面对的学生，是被快餐文化浸润长大的“00后”，而课堂中教师传授的许多人生哲理、对客观世界的认知常常被他们看作是空洞的说教。很多时候，我们不明白他们为何会沉浸在“青铜”和“王者”的世界里，但其实那是他们眼里的生动现实，是他们的兴趣使然。孔子在《论语》中说：“知之者不如好之者，好之者不如乐之者。”这其实与教育学家本杰明·布卢姆所说的“学习的最大动力，是对学习材料的兴趣”②是遥相呼应的。当张长松老师带着自己的学生通过语文学习透视学科脉络、穿越文章古今、纵横历史长河时，他所营造的动静交融的课堂，会在瞬间引燃起学生的思维火花，引领他们自主走进全新的语文世界，充满灵动、睿智和不曾预约的精彩。

何为“‘生·动’课堂”？作为一种新的教学主张，张长松老师的“‘生·动’课堂”是基于“以生为本”“学为中心”的理念，正如他自己所解读的“三生三动”之意：“生命”“生活”“生成”这“三生”构筑了语文“生·动”课堂的基础，“主动”“互动”“灵动”这“三动”体现了语文“生·动”课堂的样态。因为突出生命本位，学生方能成为主角；因为找准生活坐标，内容方能亲近生活；因为抓住生成特色，解构方能变为建构；因为有主动的学习参与，方能有课堂的积极表现；因为有互动的课堂沟通，方能有教学的合作顺畅；因为有灵动的教学样态，方能有创造的万千可能。课堂生动了，学生就会微笑；课堂互动了，学生就会快乐；课堂灵动了，学生就会幸福。任何成绩也无法替代孩子的幸福，幸福比优秀更重要！

张长松老师所说的“生·动”课堂，应该是以学生内在需求和学情为前提，以教师引导、点拨和学生自主、合作、探究为基本方式，以学生主动参与、主动探索、主动思考、主动实践为主要路径的一种新型教学观和教学形式。它强调教学的关键在于建构学生的主体性学习活动，通过师生、生生互动以及学生自己动手、动眼、动耳、动口、动脑，促进学生主动学习和自主发展。“‘生·动’课堂”凸显“以生为本”和“学为中心”。教学方式上，教师引导下的学生自主合作探究学习；教学环节上，以学生发现学习、体验学习为主；教学评价上，让每个学生都得到适合自身发展和预期的评价。“生·动”课堂是情境生动、引人入胜的课堂；是内容生动、令人神往的课堂；是过程生动、让人着迷的课堂；是结果生动、催人奋进的课堂。“生·动”课堂是亲和学生、感染学生、点燃学生的课堂。生动和自然是其鲜明的特点，而正是这样的生动和鲜明让学生的语文学科建构卓有成

---

① 李伟平. 追寻学科本真 开发学科独特育人价值——小学语文教学改革的回顾与思考[J]. 江苏教育，2008(14)：3.

② 焦鹏程. 成功的秘诀是兴趣——习作动力生成方法例谈[J]. 湖北教育，2018(1)：2.

效。教师在教学中应当有这样的眼光，有这样的气场，用高超的技艺激发学生的求知欲，让学生的语文学习更上一层楼。

何为"'生·动'课堂"？作为一种新的教学观，张长松老师所提的"'生·动'课堂"的理论依据我觉得可能有以下两个：

一是"心理契约"。从心理学的角度看，美国著名管理心理学家施恩（E. H. Schein）教授提出的"心理契约"是"'生·动'课堂"有效实施的心理基础。根据"心理契约"理论，教师与学生之间存在心理契约，也就是教师与学生相互之间存在着责任和义务的期望。通常师生之间的"心理契约"表现为互相之间的一种心理意向和期望，教师对学生有期望，同样学生对教师也有期望。例如：教师希望学生尊敬老师，努力完成学习目标，成绩优异；学生希望教师幽默风趣，以自己为中心，教学有方。师生之间的"心理契约"具有主观性、内隐性、互惠性和动态性等特点。当师生彼此之间的"心理契约"能够得到满足，就可以在教学中起到激励的效果。

二是"全人发展"。学校教育应根植于自然人性的基础之上，通过教学促进学生认知素质、情意素质全面发展，发现学生个体的独特品质。从这个意义上说，学习即"成为"，成为一个完善的人是唯一真正的学习。"'生·动'课堂"利用非智力因素来促进学生智力发展，将学生放到教育的中心，促使他们向着"全人"的目标发展。

"生·动"课堂应是有声、有色、有味的课堂，是可预约、可预见、可遇见的课堂，是让师生随之哭、随之笑、随之惊叹、随之扼腕的课堂，是能够"让每个孩子都抬起头来走路"的课堂。

第三，有何可为？

张长松老师在《语文"生·动"课堂的追寻》的汇报中，谈及"语文'生·动'课堂的策略"，给出了语文"生·动"课堂的实践路径。确实，一个教育主张的提出，一个学科的教育改良不仅需要有教学理念和教育愿景，还需要教育策略、技术路径和实践方案。语文课堂教学改革应该基于学校和教师的价值觉醒，通过正确的教育理念，从回归教育本源的角度去开展教育教学改革，并对已有的经验进行个体化的辩证的改良、变革。张长松老师所提出的"'生·动'课堂"在追寻什么？追寻语文课堂的本真，追寻学科教学的真谛，追寻学科文化的传承与发展。

在省内各地教学展示活动评课时，我常常讲，当下课堂现状最大的问题常常被教育实践和教育管理者有意无意地忽视。我们所看到的不少教学行为不是由教学活动和学习活动组成的，而是内容的堆积、问题的罗列、形式的呈现、概念的演绎以及结论的传递，甚至简单为由一个个题目和一个个答案堆砌而成。语文教学常常离关注学生的体验情感以唤醒学生的灵魂与精神的"人本主义"较远，而反而离关注接受学习、反复训练以使学生掌握基础知识和基本技能的"科学主义"更近。这既是语文学科教学的悲哀，更是语文学科评价的悲哀！这也是张长松老师在思想汇报时所描述的有些地方语文教育曾经"百花齐开、只要识字似乎人人能上语文讲坛"的悲哀。

“‘生・动’课堂”的实施关键需要课堂、教师、育人模式的转型。转型的关键是“站位”！站位决定了眼界和格局。以知识点为站位，看到的目标只是了解、理解、记忆；以学科为站位，看到的目标才是语文学科育人的关键能力、必备品格与价值观念！课堂教学转型我们常提到“SOS”（学生站在舞台的中央）模式。其并非意味着一定要运用或者创造新潮的课堂教学模式，而是关注学习活动中教和学行为方式的转变，探索教和学的多元化路径，为学习提供多样化的平台，目的在于实现真正意义上的“目标转向”，把教学落实到发展学生学科核心素养的轨道上来，产出最有价值的“可转移知识”，并学会运用这些知识解决问题。

表：传统课堂与“生・动”课堂的知识表征

知识类型	传统课堂	“生・动”课堂
事实的	散乱、孤立、单向的	结构、系统、多向的
概念的	生硬的、浅表的	灵活的、思维导图化、建模化的
结论的	单一维度、非生产性的	多维度、可生产、可转移的

“‘生・动’课堂”的教学策略和模式是什么？张长松老师总结出：激发生命活力、走进生活世界、促进优质生成、精设语文活动、创新交互形式等。从建构主义而言就是：以学生为中心，强调学生学会个性化学习，学会自主建构，学会自我教育。但是建构主义理论强调“以学生为中心的教学并不意味教师放弃指导的责任”。教师的责任在五个方面：创设——学科特色鲜明的教学环境；探索——学科核心教学内容的模型建构；提供——促进学生自主学习的互动平台；研究——任务驱动质性评价的有效路径；开发——校本丰富而有特色的课程资源。“生・动”课堂要求教师随时关注全体、抓住典型、呈现矛盾、突破难点，达到既诊断学情，又能给学生提供舞台，保证学与教有机融合的目的。“‘生・动’课堂”的最终目标是什么？是“悟道”！通过语文教学，使学生内化感悟做人的道理，达到立德树人的根本目的。

张长松老师作为第三批培养对象虽然培养期已近结束，但影响和辐射还在持续，还是走在教育家型教师成长的道路上。哲学家康德说：“真正的自由不是随心所欲，而是自我主宰。自律即自由。”①此后的教育旅程更多的是要从他律走向自律，从他驱走向自驱，从教育名师走向教育名家。更多地激发自己的主体意识，发挥主体作用，在客观评价自我的基础上，认知自身的优势与不足，不断提高自身素质。完善教育主张、注重道德提升、加速思想凝练、重视实践建构、带动团队发展。“‘生・动’课堂”是张长松老师走向语文教育的“通行证”，它不只是高山流水、明月清风式的旗号，它更是去伪存真、落地生根的行动。“生・动”课堂需要读懂学校，为未来而设计；读懂学习，为思维而设

① 白臣．康德责任论探析[D]．石家庄：河北师范大学，2007．

计；读懂学科，为素养而设计；读懂学生，为成长而设计。只有做到不仅眼中有人、心中有人，才能做到推己及人、以人为本。

教学其实总如静水深流，在审视中才能成长自己。语文教学，说易行难！“生・动”是课堂最悠扬的章节，它所打动你的，一定是生命中不可言说的不期而遇！期待张长松老师的“生・动”课堂为学生的发展打开的一扇扇门和窗，更多地泽惠学生、泽惠语文、泽惠江苏教育，期待张长松老师向着“‘生・动’课堂”的未来再出发！

参考文献

有关论著

[1] 雅斯贝尔斯.什么是教育[M].邹进,译.北京:生活·读书·新知三联书店,1991.

[2] 佩西达·希姆勒.让每个学生主动参与学习的37个技巧[M].杨颖玥等,译.北京:中国青年出版社,2014.

[3] 方明.陶行知全集[M].成都:四川教育出版社,2005.

[4] 李振基.生态学[M].北京:科学出版社,2000.

[5] 劳伦斯·克雷明.公共教育[M].宇文利,译.北京:中国人民大学出版社,2016.

[6] 孙振钧,王冲.基础生态学[M].北京:化学工业出版社,2007.

[7] 罗素.教育与美好生活——现代西方资产阶级教育思想流派论著选.[M].杨汉麟,译.北京:人民教育出版社,1980.

[8] 斯坦恩.幽默的艺术[M].王笑东,译.北京:民主与建设出版社,2002.

[9] 皮连生,杨心德,吴红耘.学与教的心理学[M].上海:华东师范大学出版社,2009.

[10] 卢梭.爱弥儿[M].李兴业,熊建秋,译.北京:人民教育出版社,2017.

[11] 裴娣娜.现代教学论[M].太原:山西教育出版社,2010.

[12] 伽达默尔.伽达默尔集[M].严平编选,邓安庆等,译.上海:上海远东出版社,2003.

[13] 刘惊铎.道德体验论[M].北京:人民教育出版社,2003.

[14] 方明.陶行知名篇精选(教师版)[M].北京:教育科学出版社,2006.

[15] 海德格尔.存在与时间[M].陈嘉映,王庆节,译.北京:生活·读书·新知三联书店,2014.

[16] 萨特.存在主义是一种人道主义[M].周煦良,汤永宽,译.上海:上海译文出版社,2005.

[17] 余光中,林辛.听听那冷雨:余光中散文精品选[M].济南:山东文艺出版社,1994.

[18] 阎立钦.语文教育学引论[M].北京:高等教育出版社,1996.

[19] 朱慕菊.走进新课程:与课程实施者对话[M].北京:北京师范大学出版社,2002.

[20] 郭元祥.综合实践活动课程设计与实施[M].北京:首都师范大学出版社,2001.

[21] 何雁. 高中语文活动课设计[M]. 银川:宁夏人民教育出版社,1998.
[22] 皮亚杰. 皮亚杰的认知发展理论[M]. 周高,译. 武汉:华中师范大学出版社,1986.
[23] 小威廉 E·多尔. 后现代课程观[M]. 王红宇,译. 北京:教育科学出版社,2000.
[24] 伽达默尔. 哲学解释学[M]. 夏镇平,宋建平,译. 上海:上海译文出版社,1994.
[25] 柏格森. 形而上学导言[M]. 刘放桐,译. 上海:商务印书馆,1964.
[26] 伽达默尔. 真理与方法[M]. 洪汉鼎,译. 上海:上海译文出版社,1992.
[27] 鲁枢元. 超越语言[M]. 北京:中国社会科学出版社,1990.
[28] 勒内·韦勒克,奥斯汀·沃伦. 文学理论[M]. 刘象愚等,译. 南京:江苏教育出版社,2005.
[29] 罗素. 罗素论教育[M]. 杨汉麟,译. 北京:人民教育出版社,2009.
[30] 叶圣陶. 叶圣陶语文教育论集[M]. 北京:教育科学出版社,2015.
[31] 洛林·W·安德森等编著. 布鲁姆教育目标分类学(修订版)[M]. 北京:外语教学与研究出版社,2009.
[32] 第斯多惠. 德国教师培养指南[M]. 袁一安,译. 北京:人民教育出版社,2001.
[33] 小威廉姆·E·多尔. 后现代课程观[M]. 王红宇,译. 北京:教育科学出版社,2000.
[34] 魏书生. 乐在民主育人中[M]. 北京:高等教育出版社,2009.
[35] 苏霍姆林斯基. 给教师的建议(下)[M]. 杜殿坤,译. 北京:教育科学出版社,1982.
[36] 加里宁. 论共产主义教育和教学[M]. 陈昌浩,沈颖,译. 北京:中国青年出版社,1956.
[37] 中华人民共和国教育部. 普通高中语文课程标准(2017 年版,2020 年修订)[S]. 北京:人民教育出版社,2018.
[38] 何瑞珠,卢乃桂. 从国际视域论析教育素质与平等:PISA 的启示[M]. 北京:教育科学出版社,2015.
[39] 潘新和. 语文教师素养随想[M]. 福州:福建人民出版社,2014.
[40] 夸美纽斯. 大教学论[M]. 傅任敢,译. 北京:教育科学出版社,1999.
[41] 李震,刘立峰. 行走在理论与实践断层之间. [M]. 北京:语文出版社,2011.
[42] 杨九俊,王一军. 让创新思维在课堂飞扬[M]. 南京:江苏教育出版社,2011.
[43] 叶圣陶. 叶圣陶集(第十一卷)[M]. 南京:江苏教育出版社,1991.
[44] 朱绍禹. 中学语文教学法[M]. 北京:高等教育出版社,1988.
[45] 雪莱·B. 维普纳,多萝西·S. 斯特里克兰德,戴安娜·J. 昆西. 阅读项目的管理与监督[M]. 刘正伟,等译. 上海:上海教育出版社,2015.

相关论文

[1] 白臣. 康德责任论探析[D]. 石家庄:河北师范大学,2007.
[2] 张光梅. 课堂管理视角下高中英语课堂学生参与现状及对策研究[D]. 石河子:石河子大学,2019.

[3] 刘相妤.会话合作原则视角下《哈利·波特与魔法石》的言语幽默研究[D].长春:吉林大学.
[4] 余映潮.学生活动充分,课堂积累丰富[J].中学语文教学参考.2000(Z2)(08).
[5] 罗士琰,宋乃庆,王雁玲.基于实证的小学语文阅读素养研究:内涵、价值及表现形式[J].中国教育学刊,2016(10).
[6] 朱忠梅.语文教学生活化的探索与策略[J].海南广播电视大学学报,2008(3).
[7] 唐兆鹏.语文生活化的教学策略[J].语文教学与研究(综合天地),2010(2).
[8] 朱林红.实施语文教学生活化的策略.语文教学与研究(大众版),2005(11).
[9] 乌焕焕,和学新.论面向生活的语文教学策略[J].天津师范大学学报(基础教育版)2011(1).
[10] 邹立群,朱艳林.本期话题:叩问综合性学习(一):语文,请守住自己的领地——综合性学习应强调语文学科素养的综合性[J].人民教育,2005(3).
[11] 郭锋.正视生活实践的价值——从案例《探访奇石》看语文综合性学习[J].人民教育,2005(3).
[12] 巢宗祺.语文综合性学习的价值与目标定位[J].人民教育,2005(5).
[13] 彭小明.论活动教学模式[J].语文建设,2005(8).
[14] 王本华.综合性学习的有关问题与对策[J].语文建设,2006(10).
[15] 史绍典.“综合性学习”拒绝去语文化[J].中学语文教学,2005(6).
[16] 蒋华.语文“综合性学习”教学实践与思考[J].中学语文教学,2009(9).
[17] 高钢.我所看到的美国小学教育[J].中学语文教学,1999(6).
[18] 张长松.众说纷纭,细辨知情——《高祖本纪》的形象刻画之妙[J].语文教学通讯,2020(5).
[19] 张长松,李震.体验:抒情语体教学的价值追求[J].中学语文教学,2011(5).
[20] 沈世红.“生·动”是课堂教学的本真追求[J].教学与管理,2020(7).
[21] 陈昌岑.教学理论和实践的创新——奥苏贝尔“先行组织者”学说评介[J].比较教育研究,1985(5).
[22] 郝元菲.比较阅读漫议[J].语文教学与研究:综合天地,2005(2).
[23] 杨建华.谈生态学的基本法则、规律及假说[J].科学教育,2007(6).
[24] 朱春雷.依据生态原理建构生态课堂[J].小学教学研究:理论版,2015(12).
[25] 金子翔.有责任才有动力[J].时代青年:视点,2014(12).
[26] 姜平.让真情在语文课堂涌动[J].新语文学习:教师版,2012(2).
[27] 刘彭芝.我心中的教育[J].教育(周刊),2019(43).
[28] 顾明远.公平而差异是基础教育的必然选择[J].上海教育,2007(2).
[29] 蒋岭.在“期望”中促进学生的发展[J].内蒙古教育,2001(7).
[30] 戴品芳.教学要关注学生生活经验[J].课程教材教学研究:小教研究,2006(10).

[31] 王绍德.营造良好的课堂心理氛围[J].山西教育:管理版,2007(6).
[32] 叶澜.让课堂焕发出生命活力[J].河南教育:基教版(上),2002(3).
[33] 郭思乐.经典科学对教育的影响及其与教育生命机制的冲突[J].教育研究,2003,24(2).
[34] 马世晔.阅读素养与国家竞争力——国外阅读素养测试对我们的启示[J].教育测量与评价,2010(7).
[35] 李朝阳.教育:为完美生活作准备——斯宾塞《教育论》导读[J].教育科学研究,2012(11).
[36] 唐斌,朱永新.杜威"教育即生活"本真意义及当代启示[J].中国教育学刊,2011(10).
[37] 林芳宇.试谈新课程理念下语文课堂教学的特征[J].吉林教育:现代校长,2005(12).
[38] 袁益芳.中学语文探究式课堂教学特征浅谈[J].成才之路,2010(29).
[39] 严月明.个性化语文课堂的特征分析及思考[J].中小学教师培训,2011(2).
[40] 王立敏.生成性语文课堂特征论[J].教育科研论坛,2007(7).
[41] 蔡明.像叶圣陶那样教语文——生态语文课堂的缘起与描述[J].语文学习,2013(10).
[42] 陈佑清.体验及其生成[J].教育研究与实验,2002(002).
[43] 梁漱溟,清竹摘.谈生命与向上创造[J].出版参考:新阅读,2009(3).
[44] 李尧,李仁甫.生成性学习的特征,机制及其效度[J].中学语文,2021(31).
[45] 陈连林.语文课堂中问题"预设"的可能维度[J].语文学习,2008(5).
[46] 成尚荣.体验:学习的一种过程和方式[J].课程教材教学研究(中教研究),2005(Z6).
[47] 孟平,马玲."学案教学":实现学生"主动性学习"的途径[J].山东教育,2000(7).
[48] 韩松刚.含混的"诗意":小说写作的一种美学倾向[J].文艺争鸣,2016(12).
[49] 赵丽宏.诗意[J].现代语文,2004(12).
[50] 邓木辉.也谈"语文学习的外延与生活的外延相等"[J].课程教学研究,2018(3).
[51] 阎宗学.回归诗意:语文教学的应有情怀[J].中国教师,2004(4).
[52] 凌宗伟.大气磅礴细处摄神——有效语文教育的两个支点[J].中国教师,2008.
[53] 冯建军.让生命在教育中诗意地生活[J].学术评论,2004(6).
[54] 江涛.让学生真正学会课堂讨论[J].四川教育学院学报,2004,20(8).
[55] 肖群忠,霍艳云.董仲舒"德莫大于和"思想探析[J].伦理学研究,2017(4):4.
[56] 葛兴坤.儿童的智慧在他的手指尖上——苏霍姆林斯基和谐教育思想的启示[J].素质教育大参考,2006(03A).
[57] 曾艳.语文教学中的情境创设与情感教育[J].语文学刊:基础教育版,2007(2).

[58] 汪岚.重视语文教学中的情感教育[J].青海教育,2004(Z3).
[59] 孙淑芳.语文教学必须重视情感因素[J].金色年华:下,2009(2).
[60] 王晔.诗画意境欣赏浅谈[J].名作欣赏,1983(02).
[61] 孙莉.开启智慧之门让学习更有魅力[J].教育科学论坛,2010(7).
[62] 伏继东.小学语文阅读教学不能没有“讲”[J].教育革新,2008(11).
[63] 邬静.学习诗歌就是要“死”读硬记[J].科学咨询,2008,(20).
[64] 阳兴明.中师普通话的训练序列浅说[J].语文教学与研究,1987(11).
[65] 李谷鸣.豪放词的出现与发展[J].文史知识,1995(11).
[66] 缪晓斌,唐小兵.论提高课堂教学中的全员参与率[J].中小学教师培训.1999(x2)
[67] 马洲,屈风.为了展开语文教学的双翼——课内外衔接语文教学实验专题研究[J].中学语文教学参考(教师版),1999(Z2).
[68] 周思远.腹有诗书气自华[J].宁夏教育,2009(5).
[69] 余晓萍.蝉联对比,因果不爽——《项羽本纪》《高祖本纪》对读[J].现代语文(学术综合版),2009(6).
[70] 吴开有.生花妙笔得于心神思滚滚性灵来——论李广田散文的艺术风格[J].昭通学院学报,2002(6).
[71] 王诗客,王尚文.语文教学与语言体验[J].课程·教材·教法,2010(10).
[72] 唐圭璋.读李清照词札记[J].南京师大学报:社会科学版,1984(2).
[73] 温儒敏.语文教学中常见的五种偏向[J].课程·教材·教法,2001(1).
[74] 陈日亮.声声慢的愁苦基调读准了吗[J].中学语文教学,2011(1).
[75] 李伟平.追寻学科本真开发学科独特育人价值——小学语文教学改革的回顾与思考[J].江苏教育,2008(14).
[76] 焦鹏程.成功的秘诀是兴趣——习作动力生成方法例谈[J].湖北教育,2018(1).
[77] 李娜.中学语文教学中幽默情趣的问题和应用[J].中学时代:理论版,2014(9).
[78] 袁剑叶.赞美中等生[J].江苏教育,2002(11A).
[79] 白玉国.胡塞尔“生活世界”内涵探析[J].江汉论坛,2005(7).
[80] 陈嘉明.维特根斯坦的“确定性”与“生活形式”[J].哲学研究,1997(1).
[81] 刘悦笛.论哈贝马斯“生活世界”的意蕴[J].河北学刊,2002,22(3).

后　记

怀胎腹中十月分娩。历经三年，这本小册终于能够出版面世了。我要感谢导师们从立意开始一遍遍地批点打磨，感谢学科组秘书王彦明主任在关键时刻的鼓励支持，还有我的“五年同学一世情”的同伴们。曾经想五年工程是多么漫长的一个时段，当与同学们相熟相亲，与导师们相识相知，忽而感觉这样的日子又是过得那么迅疾。当一切都如轻风白云远逝，那些熬神烧脑、焦心抓狂、几至崩溃的日子，留给我们的只有无限的回味与甜蜜的留恋。现在看来，越是被逼在极限的时刻，越是自己长足进步的时候。

感谢南京师范大学邵泽斌教授耐心细致地审稿并提出中肯的修改意见。我深知才疏学浅，难有闪光创见的教育思想，想严谨地表达自己的看法似也勉为其难。但既然有这样的机会来表达，又有那么多前辈们在前面热心地引领，故不揣浅陋，呈出自己的一孔之见，以正大方之家。

我要好好感谢李震老师，是他把我领进语文教研的大门，用生命化语文的教育思想哺育我、引领我、启发我。我还要感谢我的妻子李玲老师，是她包揽家务让我全力写作，并作为第一位读者为我审稿。

在建立框架时，许多语文前辈的著作理论都给予我启迪和借鉴，在此一并致以谢忱。

张长松

2022 年 4 月 30 日